edition suhrkamp 2203

Politainment bezeichnet das Zusammenspiel von Politik und Unterhaltungskultur, das sich – teilweise nach amerikanischem Vorbild – in den 90er Jahren hierzulande herausgebildet hat. Politiker suchen bei unsicher gewordenen Wählermärkten den Kontakt zum Publikum im Unterhaltungsformat, während Unterhaltungsmacher politische Themen und Settings zur Steigerung von Marktanteilen nutzen. Das Buch entwickelt zunächst einige theoretische Perspektiven, um dann konkret Formen und Funktionen des Politainment zu untersuchen: vom inszenierten Wahlkampfauftritt bis zur Vorabendserie, von der Talk-Show bis zum Polit-Krimi.

Dabei zeigt sich, daß die Medienunterhaltung zu einem wichtigen Bestandteil der politischen Kultur geworden ist. Politainment fiktionalisiert, personalisiert und verkürzt zwar das Politische. Zugleich werden jedoch in anschaulicher Weise Modelle des Bürgersinns, der Gemeinschaft und des politischen Engagements vorgeführt.

Andreas Dörner, geb. 1960, lehrt z. Zt. Politikwissenschaft an der Bergischen Universität GH Wuppertal. Veröffentlichungen u. a. zur Symbolsprache der Politik und zur politischen Kultur- und Kommunikationsforschung.

Andreas Dörner
Politainment

Politik in der medialen
Erlebnisgesellschaft

Suhrkamp

edition suhrkamp 2203
Erste Auflage 2001
© Suhrkamp Verlag Frankfurt am Main 2001
Erstausgabe
Alle Rechte vorbehalten, insbesondere das der
Übersetzung, des öffentlichen Vortrags
sowie der Übertragung durch Rundfunk und Fernsehen,
auch einzelner Teile.
Kein Teil des Werkes darf in irgendeiner Form
(durch Fotografie, Mikrofilm oder andere Verfahren)
ohne schriftliche Genehmigung des Verlages reproduziert
oder unter Verwendung elektronischer Systeme verarbeitet,
vervielfältigt oder verbreitet werden.
Satz: Jung Satzcentrum, Lahnau
Druck: Nomos Verlagsgesellschaft, Baden-Baden
Umschlag gestaltet nach einem Konzept
von Willy Fleckhaus: Rolf Staudt
Printed in Germany

4 5 6 – 06 05

Für Noah

Inhalt

6. Die Sichtbarkeit der Mächtigen
Politik in der Talk-Show

7. Serien als alltagsnahe Medienrealität
Zur vorabendlichen Inszenierung republikanischer Identität

8. Ordnungshüter als Priester der Zivilreligion
Politik im Kriminalfilm

9. Politik im Modus des Außeralltäglichen
Der Kinofilm zwischen Pathos und Ironie

10. Politainment in Deutschland
Eine vorläufige Bilanz 235

Vorwort

Die vorliegende Studie stellt in vieler Hinsicht eine Fortsetzung der Untersuchungen dar, die ich in meiner Habilitationsschrift zum Zusammenspiel von politischer Kultur und Medienunterhaltung in den USA durchgeführt habe.[1] An zahlreichen Stellen ergab sich dort die Frage, wie eigentlich im Vergleich die Kommunikationsverhältnisse in Deutschland beschaffen seien und ob sich hierzulande eine ähnliche Symbiose zwischen Politik und Unterhaltungskultur beobachten lasse.

Wie der Leser nun auf den folgenden Seiten erfahren wird, muß die Antwort auf diese Frage differenziert formuliert werden: Einerseits sind zahlreiche Einflüsse der amerikanischen Medienkultur feststellbar, und es bedarf keiner prophetischen Kühnheit, um vorauszusagen, daß in den nächsten Jahren der Amerikanisierungsprozeß weitergehen wird. Andererseits jedoch zeigen sich vielerorts doch Eigenheiten, die vor allem durch spezifische deutsche Traditionen und durch Besonderheiten der politischen Kultur erklärbar sind, wie sie sich nach 1945 herausgebildet hat.

Daß dieses Buch überhaupt geschrieben werden konnte, habe ich hauptsächlich meiner lieben Frau Ludgera Vogt zu verdanken, die mit großer Beharrlichkeit immer wieder die Idee zu *Politainment* ansprach. Sie hat mir trotz vielfältiger eigener Belastungen nicht nur den Rücken für die Arbeit freigehalten, sondern das gesamte Manuskript kritisch diskutiert und dabei der Interpretation des Materials durch präzise Beobachtungen und originelle Thesen zur Seite gestanden. Viel Kraft habe ich schließlich aus der wunderbaren Zeit mit un-

---

1 Andreas Dörner, *Politische Kultur und Medienunterhaltung. Zur Inszenierung politischer Identitäten in der amerikanischen Film- und Fernsehwelt*, Konstanz 2000.

serem kleinen Sohn Noah schöpfen können, dessen unverwüstlich gute Laune noch stets jedes Stimmungstief am Schreibtisch zu überwinden wußte. Ihm möchte ich daher dieses Buch widmen.

Ein herzlicher Dank geht schließlich an meine Wuppertaler Mitarbeiterinnen Frauke Harder und Sonja Pleszewski, die den Text mit Geduld und Engagement korrekturgelesen haben, sowie an Frau Brigitte Sprieß, die den Entstehungsprozeß des Buches mit sorgfältig ausgeführten Schreibarbeiten vorangetrieben hat.

Bleibt am Ende die Hoffnung, daß diese politikwissenschaftliche Analyse der Unterhaltungskultur ihrerseits nicht nur, wie es in der Poetik des Horaz heißt, dem »prodesse«, sondern auch dem »delectare« und somit dem unterhaltenden Vergnügen des Lesers förderlich sein mag.

Hemau, Wuppertal im Juli 2000   *Andreas Dörner*

1. Einleitung

Impressionen aus einem deutschen Herbst

Was hat der Kanzler der Bundesrepublik Deutschland mit Dildos, gepiercten Damenbrüsten und derben Zoten zu schaffen? Für gewöhnlich wohl nichts. Im Zeitalter des entfesselten Politainment jedoch, der immer enger werdenden symbiotischen Beziehung zwischen Medienunterhaltung und Politik, gewann der durch die Fernsehwerbung kreierte und mittlerweile zum sprachlichen Gemeingut avancierte Spruch »nichts ist unmöglich« eine neue, bizarre Realität. Gerhard Schröder, im September 1998 nach einem professionell inszenierten Medienwahlkampf ins Kanzleramt gelangt, fand sich ein Jahr später als sabbernder Sexjunkie im deutschen Fernsehen wieder. Moderatorin Nadja (»Naddel«) abdel Farrag befragte im Rahmen des hybriden Erotik-Comedy-Talk-Magazins *Peep!* (RTL 2, 5. Sept. 1999) eine Gummipuppe mit den Gesichtszügen Schröders nach ihren – sehr eigenen – sexuellen Vorlieben. Der gummierte Kanzler, der nach den Vorbildern der früheren Polit-Puppen-Shows *The Spitting Image* und *Hurra Deutschland* gestaltet war, hielt mit deftigen Details nicht hinter dem Berg.

Allerdings scheint dieser Beitrag, in dem Stimmenimitator Elmar Brand den etwas schwerfälligen Sprachduktus Schröders perfekt nachahmte, die Grenzen des Legitimen in der deutschen Fernsehunterhaltung überschritten zu haben, denn es erhob sich alsbald heftige Empörung in der Medienöffentlichkeit. Regierungssprecher Uwe-Karsten Heye sah sich – auf Anweisung von oben – in einem Brief an die Gesellschafter des Fernsehsenders gar genötigt, die »publizistische Entgleisung« als einen »fahrlässigen Umgang mit demokratischen Institutionen« zu geißeln und auf die »Folgen für das Klima in unserer demokratischen Gesellschaft« hinzuweisen.

Diesem rhetorischen Großkaliber ließ Schröder später noch die Drohung einer Klage folgen, mit der er sein von der Rundfunkgesetzgebung gewährtes »Recht der persönlichen Ehre« verteidigen wolle. Erst mehrere Entschuldigungen von seiten der Moderatorin, des Senders und sogar des Bertelsmann-Chefs Thomas Middelhoff vermochten den Zorn des Kanzlers zu besänftigen und seiner gefährdeten Ehre Genugtuung zu verschaffen. Als Anschlußkommunikation zog das schlüpfrige Medienereignis immerhin noch eine längere Debatte über das Spannungsverhältnis von Meinungsfreiheit, Persönlichkeitsrechten, Satire und Politik nach sich. Eine solche Debatte war früher schon häufiger im Zusammenhang mit politischem Kabarett und Satirezeitschriften geführt worden. Nun jedoch war sie auf das relativ neue Phänomen des Politnonsens im Rahmen einer allseits boomenden Spaßkultur anzuwenden.

Für Gerhard Schröder blieb die »Naddel«-Episode im Herbst '99 indes nicht der einzige Anlaß zur Verstimmung. Kurz zuvor war RTL mit der Ankündigung einer neuen Sitcom (»situation comedy«) an die Öffentlichkeit getreten, in der Schröder und sein Umfeld – von Gattin Doris bis zu Joschka Fischer und Altbundeskanzler Kohl – zum Lacherfolg und Quotenbringer gemacht werden sollten. *Wie war ich, Doris?* zeigte einen Schröder, den seine eigene Eitelkeit und die Anzüge seines Konkurrenten Fischer mehr umtrieben als die politischen Probleme der Nation. Der solcherart als Narziß dargestellte Politiker verstand auch in diesem Fall keinen Spaß. Er ließ seine Empörung verlautbaren und sagte sogar ein seit langem geplantes Interview mit RTL-Chefredakteur Hans Mohr in demonstrativer Boykottstimmung ab. Schröder schien es offenbar geraten, deutliche Distanz gegenüber einer Spaßkultur zu zeigen, die hier durchaus noch harmlos-humoristisch und keineswegs böse oder skandalträchtig einherkam. War es politisch klug, einen im allgemeinen geneigten Sender und seine Spaßarbeiter so zu verprellen? Immerhin war Schröder in der durch Umfragen dokumentierten Wählergunst zu dieser Zeit aufgrund zahlreicher rot-grüner Regierungsprobleme weit abgesunken. Eine Reihe von Wahlen wurde verloren, und lediglich im Comedy-Bereich, etwa in der von zahlreichen Rundfunkstationen ebenfalls im Herbst '99 erfolgreich ausgestrahlten *Gerd-Show* des oben erwähnten Imitators Elmar Brand, genoß Schröder noch große Präsenz und Popularität.

Genau darin aber lag auch das Problem. Schröder, der zuvor geschickt agierende »Medienkanzler«, war mehr und mehr zum Objekt anderer Kräfte, zum »Medienopfer« mutiert. Die Geister, die er im Wahljahr 1998 mit Auftritten in der Daily Soap *Gute Zeiten, schlechte Zeiten,* beim betont amerikanisch inszenierten »Krönungsparteitag« in Leipzig und später auf Thomas Gottschalks Sitzgruppe in der Game Show *Wetten daß?* gerufen hatte, die wurde er nun nicht mehr los. Was zuvor Zustimmung generierte, erschien dem Publikum angesichts einer zunehmend schlechten sachpolitischen Performance als Ausweis mangelnder Seriosität. Schröder hatte auf diese sich abzeichnende Entwicklung bereits im März '99 reagiert, als er sowohl einen Auftritt in der *Harald-Schmidt-Show* als auch eine Kommentatorenrolle in der Sportsendung *ran* absagte.[1]

Hinter diesem Kampf des Kanzlers um das Image eines ernsthaften Politikers, der zudem von einer Reihe von Niederlagen bei der Europawahl und bei Landtagswahlen begleitet wurde, verbirgt sich eine grundsätzliche Frage zur Funktionsweise des Politischen in der medialen Erlebnisgesellschaft: Läßt sich die Logik des Medienbetriebs von den politischen Akteuren instrumentalisieren und beherrschen, oder degradiert diese Logik die Politiker zum Spielball im Kampf um Einschaltquoten, Werbekunden und Marktan-

---

1 Vgl. die Meldung »Kanzlerdämmerung« in der *Frankfurter Allgemeinen Zeitung* (3. März 1999).

teile? Wenn Präsentationsprofis wie Reagan, Clinton, Blair und Schröder mit ihren Politainment-Strategien die öffentliche Kommunikationskultur revolutioniert haben, frißt diese Revolution dann ihre Kinder, indem sie sie zu Statisten eines Geschehens macht, dessen Lenker nicht in Parteien oder Ämtern, sondern in den Zentren der Kulturindustrie zu finden sind?

Da Medienpräsenz jedoch in einer Gesellschaft mit immer knapper werdenden Aufmerksamkeitsressourcen eine unverzichtbare Voraussetzung des Erwerbs und der Stabilisierung von Macht geworden ist, geraten die Akteure in eine dilemmatische Situation: Meiden sie die Medienöffentlichkeit, dann entsagen sie einem zentralen Machtinstrument; suchen sie hingegen die Foren des Politainment auf, dann begeben sie sich in eine Welt, deren Mechanismen nur zum Teil steuerbar sind. In jedem Fall sind hier neue Herausforderungen an die kommunikative Kompetenz politischer Akteure entstanden, denen vorerst nur wenige wirklich gewachsen zu sein scheinen.

* * *

Sind die Medien Schuld an der verbreiteten Politikverdrossenheit? Gerhard Schröder wäre vielleicht aufgrund der oben geschilderten Vorkommnisse geneigt, die Frage ebenso zu bejahen wie viele seiner Politikerkollegen, die auf diese Weise den schwarzen Peter gern weiterzureichen wünschen. Schützenhilfe erhielten sie 1999 auch von kommunikationswissenschaftlicher Seite, als beispielsweise Hans-Mathias Kepplinger seine These von der destruktiven Wirkung der Medienberichterstattung mit großem methodischen Aufwand und zahlreichen Zahlenkolonnen ins Spiel brachte.[2]

---

2 Diese These wurde, wie es sich für einen Kenner der Medienbranche gehört, nicht nur in Form von wissenschaftlichen Publikationen, sondern auch in Form von Zeitungsartikeln in den öffentlichen Diskurs eingespeist; vgl. Kepplinger (1998) und (1998a).

Einen ganz anderen Verlauf nahm jedoch die kurze Debatte, die sich am Tag der Landtagswahlen in Thüringen und der Kommunalwahlen in Nordrhein-Westfalen in der Polit-Talk-Show *Sabine Christiansen* (ARD, 12. September 1999) entwickelte. Unter dem mehrdeutigen Thema »Demokratie auf Sparflamme« hatte die Gastgeberin und frühere *Tagesthemen*-Moderatorin nicht nur den amtierenden Bundesfinanzminister Hans Eichel (SPD), Sachsens Ministerpräsidenten Kurt Biedenkopf (CDU) und Altbundespräsident Walter Scheel (FDP) geladen, sondern neben diesen Politprofis auch den Kölner Rockmusiker Wolfgang Niedecken von der Gruppe Bap sowie, als sachkundigen Vertreter der Politikwissenschaft, den renommierten Wahlforscher Jürgen W. Falter.

Vor den Lichtern der Groß- und Bundeshauptstadt Berlin sprach man zunächst über Sparpläne und Wahlergebnisse, als Biedenkopf schließlich das Thema der Politikverdrossenheit ansprach – diese jedoch nicht mit der üblichen Exkulpation der politischen Klasse auf das Konto der Medien verschob, sondern konkretes Politikversagen, insbesondere eine Problemverkennung durch die politischen Akteure für die Entwicklung verantwortlich machte. Niedecken dagegen, der Vertreter des Entertainment in dieser Runde, machte die Medien und ihre Oberflächlichkeit verantwortlich für ein Desinteresse in der Bevölkerung, das letztlich die gesamte Demokratie hierzulande gefährde. Und Falter führte in guter wissenschaftlicher Manier einige Differenzierungen ein, verwies darauf, daß den Umfragen zufolge gar kein schwindendes Interesse an der Politik zu konstatieren sei, und unterschied zwischen den bösen privaten und den guten öffentlich-rechtlichen Sendern – sorgten doch letztere mit Sendungen wie der Talk-Show, in der er selbst gerade redete, dafür, daß jede Woche ein Millionenpublikum ernsthafte politische Diskussionen verfolge.

Sabine Christiansen als Medium der politischen Aufklärung? Fungiert die Talk-Show tatsächlich als ein Forum deliberativer Politik, in dem offen eine Pluralität von Meinungen so präsentiert wird, daß die Zuschauer sich selbst in kritischer Aneignung ihr Bild von der Lage der Dinge verschaffen können? Oder bietet die Sendung nur eine weitere Plattform für Verlautbarungsprofis, die strategisch Themen und Schlagwörter lancieren, um die jeweils dahinterstehenden politischen Projekte zu propagieren? Unbestritten ist, daß *Christiansen* sich seit 1998 – mit anfänglichen Schwierigkeiten – als ein wichtiges Forum der öffentlichen Inszenierung politischer Meinungen in der deutschen Medienöffentlichkeit etabliert hat. Die Show markiert in einer Fernsehlandschaft, die von Talk-Angeboten geradezu überschwemmt ist, eine Institution, die Woche für Woche die Aufmerksamkeit von 4,5 bis 6 Millionen Zuschauern auf sich zieht. Auf bestem Sendeplatz, am Sonntagabend gleich im Anschluß an den *Tatort* plaziert,[3] ist die Sendung mit respektabler Quote zu einer der wichtigsten Bühnen der Selbstdarstellung für die politische Klasse in Deutschland geworden. Hier gilt es weniger, überzeugende Argumente zu entwickeln und komplizierte Sachverhalte zu erläutern, als vielmehr, in einer gelungenen visuellen Inszenierung das Image eines engagierten und glaubhaften Politikers zu konstruieren. Das gilt für Auftritte in Polittalks wie *Christiansen, Berlin Mitte* oder *Ruge. neunzehnZehn* ebenso wie für Auftritte in den zahlreichen Unterhaltungstalks von *Boulevard Bio* bis zur *Harald-Schmid-Show*. Dem gewieften PR-Virtuosen und Geschäftemacher Oskar Lafontaine gelang es im Herbst '99 sogar, hintereinander eine ganze Reihe von Talk-Shows zu bereisen, um wortreich Werbung zu machen für sein skandalträchtiges Abrechnungsbuch *Das Herz schlägt links*. Es erscheint vor diesem Hintergrund nur konsequent, wenn Politiker mittlerweile

---

3 Vom *Tatort* werden nach Auskunft der Moderatorin jeweils ca. 2 bis 2,5 Millionen Zuschauer zu *Christiansen* herübergezogen.

selbst als Talkmaster fungieren und ihre vormals sporadische Gastrolle nun zum ergänzenden Broterwerb ausgebaut haben. Die Politik hat sich hier zum Ende der 90er Jahre mit Figuren wie Lothar Späth (*Späth am Abend*), Franz-Josef Antwerpes (*Amado und Antwerpes*), Heinrich Lummer (*Auf den Punkt*) und, zum Beginn des neuen Jahrtausends, sogar mit Ex-Bundespräsident Roman Herzog (*Herzog spricht mit…*) gleichsam einen kommunikativen Brückenkopf in der Medienunterhaltung aufgebaut. *eigene Talkshows*

Dies darf aber nicht darüber hinwegtäuschen, daß die Unterhaltungsfunktion bei all diesen Talk-Shows eindeutig im Vordergrund steht. Und so ist ein symptomatisches Charakteristikum darin zu sehen, daß neben politischen Größen regelmäßig auch solche des Entertainments ihre Meinungen zum besten geben. Wie Kölsch-Rocker Wolfgang Niedecken im September '99 haben schon viele Sänger, Schauspieler und andere »Kulturarbeiter« *Christiansen* frequentiert. Auch in der Talk-Show vollzieht sich also eine stetige Interpenetration von Show- und Polit-Business. Die Prominenz der Protagonisten, gleich auf welchem Feld sie ursprünglich erworben wurde, garantiert das Interesse des Publikums, das auf diesem Wege wiederum die in der Medienöffentlichkeit vorhandenen abstrakten Diskurspositionen durch konkrete Personen mehr oder weniger dramatisch visuell präsentiert bekommt. Die Symbiose zwischen Politikern, Medienmachern und Publikum scheint jedenfalls in der bunten Welt des großen Talk-Palavers ihr genuines Aktionsfeld gefunden zu haben. Die Zahl der Shows steigt weiter, und die Nachfrage ist ungebrochen.

* * *

Von der Talk- bis zur Game-Show ist der Weg im Zeitalter des kategorischen Unterhaltungsimperativs nicht weit. Wird im einen Format ein Wettstreit der Meinungen inszeniert, bei dem es – zumindest offiziell – keine Sieger und Verlierer gibt, so wird im anderen Format das in der modernen Gesellschaft omnipräsente Wettbewerbsprinzip zur konstitutiven Spielregel des Geschehens gemacht. Die nicht nur in Deutschland, sondern in ganz Europa aufwendigste und erfolgreichste Game-Show *Wetten daß?* vereinigt dabei einige Zutaten, die offenbar dem Erwartungshorizont des Publikums in der medialen Erlebnisgesellschaft optimal entsprechen: In spektakulären Wetten wird die Leistungsnorm im Rahmen eines Kuriositätenkabinetts inszeniert; die beliebtesten Stars des Showgeschäfts sind als »Wettpaten« und in Musikeinlagen präsent; die Spielshow enthält längere Talk-Sequenzen, in denen Moderator Thomas Gottschalk seine Schlagfertigkeit unter Beweis stellen kann; und dem Publikum ist per TED-Abstimmung die Kür des Siegers überantwortet. *Wetten daß?* beschert dem ZDF sechsmal im Jahr traumhafte Einschaltquoten von teilweise über 50 Prozent, die an jene idyllischen Zeiten vor der Einführung des dualen Rundfunksystems erinnern, als sich im wesentlichen zwei Vollprogramme den deutschen Fernsehmarkt teilten.

Konsequent der Funktionsweise von Prominenz in der Medienkultur folgend, haben von Beginn an auch Spitzenpolitiker von Norbert Blüm bis Gerhard Schröder immer wieder das Forum der Game-Show aufgesucht, um ihre Popularität in der Zuschauer- und Wählerschaft aufzubessern. Neben dem Kanzlerauftritt, der im Februar '99, also nur fünf Monate nach der Bundestagswahl erfolgte, hat sich die Show in der zweiten Jahreshälfte in mehrfacher Hinsicht politisch profiliert. Zum einen fand die Juli-Sendung in der Stierkampf-Arena »Coliseo Balear« in Palma de Mallorca statt – Marktanteil im deutschen Fernsehen: 54,6 Prozent. Fast 6000 deutsche Touristen und über 400 Personen des technischen und künstlerischen Personals trugen hier mit gewaltigem logistischem Aufwand gleichsam das Flair des deutschen Wohnzimmers auf die Balearen. Bei den Einheimischen und in der örtlichen Presse löste dies sowohl Befremden als auch offenen Protest aus, sah man doch in dem Medienereignis einen »Mißbrauch der Gastfreundschaft«. Die zeitgenössische Form des Kolonialismus, der Massentourismus, hatte in der Invasion der deutschen Kulturindustrie offenbar eine symbolische Manifestation gewonnen, die den ansonsten durchaus geschäftstüchtigen Gastgebern unerträglich erschien: als aggressiver Akt der wirtschaftlich potenten Teutonen. Was im Zeitalter der Globalisierung sonst unter der Thematik des amerikanischen Kulturimperialismus verhandelt wird, trat hier im kleineren Maßstab der europäischen Union als Irritation des kulturellen Integrationsgeschehens hervor.

Zum anderen ist bemerkenswert, daß die denkwürdige Mallorca-Sendung von *Wetten daß?* die Zuschauer-Demokratie erstmals auch in Form der elektronischen Demokratie »online« einführte. Das Publikum, das sonst seine Voten fleißig und mit hoher Wahldisziplin per Telefon abgab, konnte nun auch per Mausklick als Souverän im Reich der Unterhaltung zur Tat schreiten. In diesem Detail zeigt sich, daß die Unterhaltungsmedien in Sachen Wahlorganisation dem politischen Feld, wo schon seit langer Zeit folgenlos über die Wahl per Computer nachgedacht wird, um Längen voraus sind. Das Internet als Medium der Demokratie – ein beliebter Topos bei den Propheten der »neuen Medien« – ist im Herbst '99 einstweilen nur in der Spaßkultur angekommen.

* * *

Von vielen Zuschauern ungeduldig erwartet, lief im Herbst '99 eine neue Staffel der seit einem Jahrzehnt in über 100 Folgen höchst erfolgreichen Vorabendserie *Forsthaus Falkenau* an. Mit Förster Martin Rombach betrat nun wieder eine der hellsten Lichtgestalten des deutschen Fernsehens ihr Revier, um im landschaftlichen Idyll des Bayerischen Waldes am südöstlichen Rand der Republik seinen Beamtenpflichten nachzugehen und seine Bürgertugenden zu entfalten. Zwar haftet dem Genre des Heimatfilms, in dessen Tradition sich die Serie mit ihrem Setting und dem knorrigen bajuwarischen Personal bewegt, noch immer das Image des hoffnungslos Rückständigen, ja Reaktionären an, auch wenn Edgar Reitz mit seinen monumentalen Filmzyklen *Heimat* (1984) und *Zweite Heimat* (1992) manches bewegt haben mag. Förster Rombach jedoch, der auf den ersten Blick das Erbe des *Försters vom Silberwald* übernommen hat, erweist sich auf den zweiten Blick als eine durchaus moderne Figur. Seine im Verlauf der Serie wechselnden Lebensgefährtinnen sind selbstbewußt und berufstätig und scheuen sich nicht, die mitunter durchscheinende Paschamentalität des Hausherrn auf Falkenau deutlich zu kritisieren. Weiterhin ist der phasenweise alleinerziehende Vater in typische Generationenkonflikte mit seinen Kindern verwickelt, die ihm Drogenkonsum ebenso zumuten wie unehelich geborene Enkel. Und die ältere Generation, die – unerläßlich in einer Familienserie – ebenfalls zum festen Inventar gehört, verkörpert in deutlicher Distanz zum Genrebild der braven Großeltern die Generation der »neuen Alten«: Sie sind aktiv, weltoffen, unternehmungslustig, mischen sich in öffentliche Angelegenheiten ein und gehen dabei auch einmal unkonventionelle Wege.

Modern aber ist die Försterserie auch in politischer Hinsicht, wie die am 5. November '99 ausgestrahlte Folge *Tizianas Baum* zeigte. Das dominante Politikverständnis entspricht nämlich dem, was die Grünen in den achtziger Jahren in das politische Feld einführten und in der Politikwissenschaft als Bestandteil eines »neuen Paradigmas« jenseits der traditionellen Verteilungskämpfe im politischen Interessenspiel bezeichnet wurde. In *Forsthaus Falkenau* geht es um Umweltpolitik, um die Erhaltung der Natur und um nachhaltige Wirtschaftsformen. Das Heimatidyll des Bayerischen Waldes erweist sich dabei gleichsam als Mikrokosmos von Konflikten, die auch das Geschehen in der »großen Politik« kennzeichnen: Ökonomie versus Ökologie, Arbeitsplatz versus Naturerhaltung, Tourismus versus Umweltschutz. So ist es in der angesprochenen Novemberfolge ein uralter Baum, der im Interesse des Bürgermeisters Walzinger und des Grundstückseigners Brucks einem neuen Tennisplatz weichen soll, um den Wohnwert des Ortes zu steigern, den Fremdenverkehr anzukurbeln und attraktive Einnahmequellen zu eröffnen. Diese Rechnung wird jedoch ohne die engagierten Redakteure der Schülerzeitung »Distel« und deren Chefin Tiziana gemacht. Die Schüler wollen den Baum retten und starten eine ganze Reihe von politischen Aktionen. Einer großen Demonstration, welche die übliche Dorfruhe empfindlich stört, folgt ein öffentliches Hearing mit Experten. Und während der Förster auf legalem Weg versucht, den Baum als Naturdenkmal deklarieren zu lassen, greifen die Schüler im Angesicht von gezückten Motorsägen zu einer Aktion des zivilen Ungehorsams, indem sie widerrechtlich das Grundstück besetzen, sich an den Baum ketten und auch von den Drohungen des Bürgermeisters mit Polizei und Vorstrafen nicht einschüchtern lassen: Das *Forsthaus* als Vorstufe zu einer Greenpeace-Kampagne.

Bürgerengagement und unkonventionelle Formen der politischen Partizipation oder, wie Förster Rombach abschließend konstatiert, eine anerkennenswerte »Zivilcourage« der Schüler retten schließlich den Baum, der dann tatsächlich vom Forstamt unter besonderen Schutz gestellt und den kommerziellen Interessen entzogen wird. Man beschließt, sich später – an einer Art »rundem Tisch« – zusammenzusetzen und gemeinsam über den weiteren Umgang mit dem Baum zu beraten. Bei solchen Sendungen erscheint es kaum verwunderlich, wenn der seinerzeit amtierende Bundespräsident Roman Herzog, immerhin ein gestandener Professor und Verfassungsrichter, sich öffentlich als »begeisterter Zuschauer« der Serie bekannte.[4] Hier war wohl nicht nur niederbayerischer Lokalpatriotismus, sondern auch ein Gespür für gelungenes

4 Vgl. *Berliner Morgenpost*, 14. März 1998.

Politainment ausschlaggebend. Dabei ist das *Forsthaus* weder ein Projekt engagierter Kulturpolitiker noch eine Veranstaltung der politischen Bildung, sondern es steht als familienorientiertes Unterhaltungsangebot für eine veränderte politische Realität in den Bildwelten des Fernsehens.

* * *

Berlin ist im Herbst '99 endgültig in den Mittelpunkt der politischen Wahrnehmungswelt gerückt. Nachdem im Sommer der Deutsche Bundestag seinen logistisch aufwendigen Umzug bewerkstelligt hatte und in den Feuilletons die Debatten um die Charakteristika einer nunmehr sich herausbildenden »Berliner Republik« intensiver wurden, zog das Brandenburger Tor bei den Feierlichkeiten zum 10. Jahrestag des Mauerfalls im November die weltöffentliche Aufmerksamkeit auf sich. Politprominenz von Helmut Kohl bis zu den Expräsidenten Bush und Gorbatschow teilte sich am Abend des Gedenktages die Bühne mit Udo Lindenberg, der eine neukomponierte Berlin-Hymne zum Besten gab, und mit den Scorpions, die ihren Wende-Song *Wind of Change* in den kühlen Abendhimmel schickten.

Einen festen Platz in der Wahrnehmungswelt der Bürger eroberte sich die Ikonographie der Hauptstadt jedoch vor allem durch ihre neue Präsenz in den Unterhaltungswelten von Film und Fernsehen. Namentlich die imposanten Bauten in Berlin Mitte scheinen hier allmählich einen Status zu gewinnen, den die Ikonographie von Washington, D. C. für die politische Kultur der Vereinigten Staaten schon seit langem innehat. Konstitutiv für diese Konstruktion einer politischen Bildwelt sind Kriminalfilme, die nicht nur in zunehmendem Maße politische Themen und Hintergründe aufgreifen, sondern auch die Kulisse Berlins als ästhetischen Rahmen nutzen. Ein herausragendes Beispiel, das schon mit seiner Titelpolitik den Hauptstadtbezug dezidiert herausstellt, ist die Serie *Die Straßen von Berlin*, ausgestrahlt von Pro 7.

Anders als in der doch eher ruhig und intellektbetont inszenierten deutschen Krimi-Tradition à la *Derrick* oder *Tatort* bedient sich diese Serie ungehemmt zahlreicher Actionsequenzen und Special Effects, die wir vormals nur aus dem amerikanischen Kino kannten. Die gesamte Bildästhetik ist den in Hollywood gebräuchlichen Codes und Techniken entlehnt, aber das Setting bildet nun nicht mehr New York, San Francisco oder Washington, sondern die alte Reichs- und neue Bundeshauptstadt Berlin. In der am 2. November '99 ausgestrahlten Folge *CQ 371* ist die Stadt sogar in ihrem gesamten Bestand gefährdet, weil ein perfider Erpresser droht, mit einem genmanipulierten Virus die Trinkwasserversorgung zu kontaminieren. Oberstaatsanwalt Maas und sein SEK-Team, die zunächst die schwierige Arbeit aufnehmen, werden jedoch bald von dem Fall durch einen hohen Beamten des Bundesinnenministeriums sowie eine von diesem eingesetzte Expertin des Bundeskriminalamtes abgezogen. Die Berliner Ermittler lassen sich dies freilich nicht widerstandslos gefallen, und an dieser Stelle nimmt die Handlung eine Wendung, welche die gefährlichen Straßen von Berlin ganz in die Nähe des ostbayerischen Waldidylls rückt. Der Oberstaatsanwalt nämlich greift ebenfalls zu den Mitteln des Ungehorsams. Er mißachtet die Amtshierarchie, ignoriert die Anordnungen seiner Obrigkeit und geht höchst eigenwillige Wege, um den Fall aufzuklären. »Möglicherweise gibt es eine Chance, an den Erpresser heranzukommen – allerdings nicht auf dem Dienstweg«, eröffnet er seinen Mitstreitern, und die sind sofort einverstanden. Der Beamte schließt sogar einen Deal mit einer südamerikanischen Drogenbande ab, die ebenfalls ein Interesse an der Entdeckung des Erpressers hat, weil dieser den wohlgeordneten Berliner Drogenmarkt durcheinanderbringt. Dezentrale Verhandlungsnetzwerke, wie sie in der Politik immer häufiger werden, erscheinen also auch hier in der Verbrechensbekämpfung als probates Steuerungsmittel.

Das Insurrektionshandeln des Oberstaatsanwalts, sein Ungehorsam gegenüber den Befehlen wird schließlich von Erfolg gekrönt. Der Erpresser kann mit Hilfe der Drogengangster dingfest gemacht und die Gesundheit der Hauptstadtbewohner bewahrt werden. Nicht die bürokratische Weisungshierarchie und der Dienstweg, sondern die Handlungsautonomie der Protagonisten wirkt also letztlich gemeinwohlfördernd – eine Schlußfolgerung, die vor dem Hintergrund der obrigkeitsstaatlichen Tradition in Deutschland nicht uninteressant erscheint. Am Ende des Films erfolgt dann sogar noch eine zusätzliche Legitimation des Ungehorsams, weil sich die einsatzleitende BKA-Beamtin als korrupte Komplizin des Erpressers erweist. So wird durch eine vorübergehende »Unordnung«, die Oberstaatsanwalt Maas ebenso wie die Schüler im Bayerischen Wald produziert, die Ordnung in der Hauptstadt wiederhergestellt.

Wie populär diese Handlungsmuster des zivilen Ungehorsams und Insurrektionshandelns mittlerweile im deutschen Politainment geworden sind, zeigt auch das Beispiel des TV-Films *Der Todeszug*, der nur drei Tage nach den *Straßen von Berlin*, am 5. November, ebenfalls von Pro 7 ausgestrahlt wurde. Hier berührt der Plot direkt die »große Politik«, weil der Anlaß der Erpressung in diesem Fall die wohlbekannten »Castor«-Transporte sind, die ja in der Tat die bundesrepublikanische Öffentlichkeit und vor allem die linke Protestkultur in den 90er Jahren ausführlich beschäftigt haben. Ein »Castor«-Behälter mit hochbrisanten radioaktiven Abfällen gerät in die Hand eines früheren Angestellten der Atomindustrie, dessen Tochter durch die Verstrahlung ihres Vaters mit erheblichen Mißbildungen geboren wurde und im Kleinkindalter verstarb. Die Ministerialbürokratie gibt der Polizei die Weisung, scheinbar auf die Forderungen des Erpressers einzugehen, in Wirklichkeit jedoch den entführten Zug unter Opferung der Geiseln zu stoppen, um so jegliches öffentliche Aufsehen und Kritik an der unverantwortlichen Politik zu unterbinden. Auch in diesem Film sind es zwei Polizisten, die sich den Anordnungen der Obrigkeit widersetzen – zumal sich aufgrund eines unglücklichen Zufalls die eigene Tochter unter den Geiseln befindet. »Hör einfach auf dein Gewissen und spring über deinen Schatten«, fordert Martin Koch seine Einsatzleiterin und Ex-Lebensgefährtin Nadja auf, und beiden gelingt es schließlich, die Geiseln zu retten. Persönliche Betroffenheit ist hier die entscheidende Motivation zu einem Engagement, das im Interesse des Gemeinwohls vorübergehend den Rahmen der Legalität verläßt. Besonders interessant an dieser Verbindung von Ungehorsam und Umweltpolitik erscheint, daß der gesamte Film ein ausgesprochen kritisches Bild von der »großen Politik« und ihrer gewissenlosen Verflechtung mit den Interessen der Atomlobby zeichnet. Wohlgemerkt, diese Kritik wurde nicht in einem Pamphlet der Umweltbewegung oder einer linken Tageszeitung, sondern in einem Thriller artikuliert, den der ansonsten staatskritischer Umtriebe völlig unverdächtige Kirch-Sender Pro 7 zur besten Sendezeit im deutschen Unterhaltungsfernsehen ausstrahlte.

* * *

Die Spannungslinie, die sich in den oben skizzierten Beispielen zwischen Befehlsgehorsam und Gewissensentscheidung, zwischen Legalität und Legitimität abbildet, ist angemessen sicher nur vor einem historischen Hintergrund zu verstehen, in dem blinder Gehorsam und Führungsglaube zu einer menschlichen Katastrophe von nie dagewesenem Ausmaß geführt haben. Holocaust und Naziherrschaft bilden in Deutschland das schreckliche »Andere« der eigenen politischen Identität. Die Unterhaltungskultur hat sich diesem heiklen Thema zunächst nur sehr zögerlich genähert. Filmische Auseinandersetzungen mit der Vergangenheit waren in der Regel anspruchsvoll, sehr ernst und betont asketisch gehalten. Erst die amerikanische Miniserie *Holocaust* (1978), die das Thema in der Bildsprache Hollywoods anging und anstelle der analytischen Haltung die emotionale Dimension des Geschehens betonte, brach durch ihre vielbeachtete Ausstrahlung im deutschen Fernsehen das Unterhaltungstabu. Das gewaltige Echo, das die Serie bei den Zuschauern auslöste, zeigte, wie groß der Bedarf nach einer Annäherungsform war, mit der emotionale Intensität – durch die Identifikationslogik einer einfachen Erzählstruktur – erzeugt werden konnte. Dennoch blieb über lange Zeit hinweg der hochkulturelle, asketisch-ernsthafte und didaktisierende Diskurs der spezifische Modus deutscher Vergangenheitsreflexion.

Mit der zwölfteiligen Serie *Klemperer – ein Leben in Deutschland* hat es die ARD im Oktober und November '99 gewagt, das NS-Thema zur *Prime Time* um 20.15 Uhr breitenwirksam auf den Bildschirm zu bringen. Die Pointe der mit viel Sorgfalt produzierten Serie liegt darin, ganz bewußt ein Unterhaltungsformat zu wählen, das sich behutsam den im Ausland produzierten Entertainment-Projekten wie Stephen Spielbergs *Schindler's List* oder Roberto Benignis KZ-Komödie *La vita e bella* annähert, ohne doch den Pfad der in Deutschland diskursüblichen Ernsthaftigkeit zu weit zu verlassen. Victor Klemperers über 1500 Seiten starke Tagebuchaufzeichnungen aus den Jahren 1933 bis 1945, die nach ihrer Veröffentlichung 1995 bald Bestsellerstatus erreichten, wurden hier nicht detailgetreu übersetzt, sondern in die Funktionslogik eines anderen Mediums transformiert. Serialität, dramenförmige Konstellationen mit anschaulichen Figuren sowie ein überblickender erzählerischer Diskurs verbinden sich mit der in den Tagebüchern entfalteten Beobachtungsgenauigkeit und dem spezifischen Humor des sprachmächtigen Romanisten Klemperer. Dem Zuschauer öffnet sich auf diese Weise eine fiktionale Als-ob-Welt, die Miterleben und Identifikation, das heißt eine besonders intensive Form der Erfahrbarkeit ermöglicht.

Die Entwicklungslinie der Serie zeigt die allmähliche Zerstörung der alltagsweltlichen Normalität, in der sich der Professor und deutsche Patriot Klemperer in den Jahren der Naziherrschaft bewegte. Das Häuschen im Grünen, der Erwerb des Führerscheins mit anschließendem Autokauf, ein Rundflug als Geschenk zum Hochzeitstag – das sind die ganz normalen Themen, die zunächst im Vordergrund stehen und dann schrittweise kontrastiert werden mit Elementen der Destruktion. Die Prüfungserlaubnis wird entzogen, Publikationen sind nicht mehr plazierbar, es kommt zu öffentlichen Pöbeleien, Freunde emigrieren. Später folgt der Verlust der Arbeit, des Autos, des Hauses und schließlich der gesamten öffentlichen Identität. In den hinteren Folgen dominiert der Terror und der Schatten von Auschwitz, ohne daß doch die komischen, skurrilen und allzumenschlichen Aspekte dieses »Lebens in Deutschland« vernachlässigt würden.

Klemperer zeigt beispielhaft, wie der gewachsene politisch-kulturelle Konsens, der die NS-Zeit als das identitätsstiftende Gegenbild des eigenen Selbstverständnisses konstruiert, in einer massenwirksamen Form auf Dauer gestellt wird. Jenseits von Historikerdebatten und politischen Bildungsseminaren findet das angenommene Erbe des »Dritten Reichs« und des Judenmords in sinnlich wahrnehmbarer und emotional ansprechender Form einen festen Platz in der Wahrnehmungswelt der Bundesrepublik. Interessant ist dabei, daß diese unterhaltungsöffentliche Form des Gedenkens gleichwohl im Feuilleton auch angegriffen wurde. Während der *Spiegel* die Serie als »Sternstunde des Fernsehens« bezeichnete und Edgar Reitz' erstem *Heimat*-Zyklus gleichstellte, sah Filmkritiker Andreas Kilb in der *Zeit* in dem unterhaltenden Grundton der Serie eine »Infamie«, die dem Druck der Quote geschuldet sei. Die Tagebücher würden entstellt, Kitsch und Klischees verklärten den jüdischen Alltag in der Nazizeit zur »magenmilden Kaffeestunde«.[5] Dem

5 *Die Zeit* Nr. 45, 4. November 1999, S. 49.

Kritiker waren die Sendungen offenbar nicht sperrig und asketisch genug, die »normalen«, ja banalen Alltagssorgen, die auch einen jüdischen Professor etwa im Jahr 1935 noch umtrieben, trugen ihm nicht genug monumentales Pathos. Die Mehrzahl der Stimmen in der deutschen Medienöffentlichkeit jedoch – wie auch Fernsehkritikerin Barbara Sichtermann, die sich, gut einen Monat vor ihrem Kollegen aus dem Kinoressort, in der *Zeit* lobend zu der Serie äußerte – sah das Unternehmen *Klemperer* als rundum gelungen an.

* * *

Wie schwierig das Terrain einer Aneignung der NS-Vergangenheit im Unterhaltungsformat noch immer beschaffen ist, zeigt die heftige öffentliche Kritik, die sich im September '99 anläßlich des Kinostarts von *Nichts als die Wahrheit* erhob. Ende der 90er Jahre hatte das deutsche Kino sich gleich mehrfach der Zeit des »Dritten Reichs« angenähert, indem jenes als Hintergrund für menschliche Dramen herangezogen wurde. Dies gilt für Josef Vilsmaiers *Comedian Harmonists* (1997) ebenso wie für *Aimée und Jaguar* von Max Färberböck (1999) und *Ein Lied von Liebe und Tod – Gloomy Sunday* von Rolf Schübel (1999). In *Nichts als die Wahrheit* haben Produzent Werner Koenig, Regisseur Roland Suso Richter und Hauptdarsteller Götz George jedoch direkt eine der finstersten Gestalten aus der NS-Tötungsmaschinerie in den Mittelpunkt gestellt: Dr. Josef Mengele, den »Todesengel von Auschwitz«. Der Film bedient sich zahlreicher Stilmittel des amerikanischen Gerichts-Thrillers, um die Reflexion über die Wirklichkeit des Holocaust anhand des KZ-Arztes aus der abstrakten Atmosphäre des historischen Seminars herauszuholen und für ein größeres, auch jüngeres Publikum interessant zu gestalten.

Das fiktive Szenario erweckt den 1979 bei einem Badeunfall in Brasilien gestorbenen Mengele wieder zum Leben. Der 87jährige Greis kontaktiert einen engagierten deutschen

Anwalt, stellt sich den Justizbehörden und nutzt schließlich die Prozeßöffentlichkeit dazu, sich und seine Taten in Auschwitz wortreich zu rechtfertigen. Während der Anwalt, hin- und hergerissen zwischen seinen Pflichten im rechtsstaatlichen Verfahren und der Verachtung für den NS-Verbrecher, mit seinem Gewissen ringt, ergreift Mengele die Gelegenheit, sich als kleines Rad im großen Getriebe, ja sogar als Wohltäter der Häftlinge darzustellen, denen er schließlich nur Sterbehilfe geleistet und somit die Flucht aus der Hölle von Auschwitz ermöglicht habe.

Die öffentliche Schelte, die alsbald in Podiumsdiskussionen, Kommentaren und Filmkritiken auf die Macher einstürzte, nahm vor allem die historischen Ungenauigkeiten und die doch recht flachen, im Film unwidersprochen geäußerten Rechtfertigungsdiskurse Mengeles ins Visier. Die thematische Vermengung von Massenvernichtung, Menschenversuchen und Euthanasieproblematik wurde als wenig sinnvoll erachtet. Der Film eröffne, so die Kritiker, insgesamt keine neuen Einsichten in bezug auf die Frage, was einen solchen »Arzt« möglich machte. Besonders interessant aber erscheint die Kritik, die Henryk M. Broder im »Spiegel« entwickelte. Er griff die Tatsache auf, daß alle Beteiligten an dem Filmprojekt auf ihre Gage verzichtet hatten und Götz George sogar selbst eine Million investierte, um den volkspädagogisch ambitionierten Film zu ermöglichen: »Während die Amerikaner Filme produzieren, um Geld zu machen, brauchen ›wir Deutsche‹ Filme als Therapie, um Schuldgefühle loszuwerden, die wir zwar angeblich nicht haben, die uns aber verfolgen wie Phantomschmerzen einen Amputierten. [...] Der deutsche Idealismus hat wieder gnadenlos zugeschlagen. Rette sich, wer kann.«[6] Während also Hollywood zuerst auf den Markt blickt und dann auf mögliche »Botschaften«, die ein Unterhaltungsfilm transportieren kann,

6 *Der Spiegel* Nr. 38 (1999), S. 289.

scheitern – so die Quintessenz dieser Kritik – viele deutsche Unternehmungen an ihrem selbstverordneten Bildungsauftrag, der die Professionalität gelungener Unterhaltung allzu schnell in Vergessenheit geraten läßt. Eine solche Kritik war gegen zwei Komödien, die etwa zur gleichen Zeit in die Kinos kamen, nicht vorzubringen, obwohl auch hier »Vergangenheitsbewältigung« angesagt war. Nicht um den Nationalsozialismus, sondern um die DDR ging es in *Sonnenallee* (Regie Leander Haußmann) und *Helden wie wir* (Regie Sebastian Peterson), beides Verfilmungen von Romanen Thomas Brussigs. Diese Komödien entwickelten sich tatsächlich zu Kassenschlagern – allerdings vornehmlich im Osten der Republik. Auf diese Weise wurde die kulturelle Teilung des politisch vereinigten Deutschland auch zehn Jahre nach dem Fall der Mauer noch einmal bestätigt. Was den Erfolg beim Ost-Publikum ausmachte, geriet dem West-Feuilleton zum Anlaß einer Geringschätzung, wie sie in den Ausführungen von Christiane Peitz in der *Zeit* typisch zum Ausdruck kommt: »In beiden Brussig-Verfilmungen erzählt die DDR sich gleichsam selbst. Zu besichtigen sind zwei Märchen im versöhnlichen Tonfall der Ostalgie, mit spöttischen Dissonanzen gewürzt. Auf daß der bittersüße Nachgeschmack jener frommen Lüge zurückbleibe, der zufolge vier Jahrzehnte Sozialismus doch recht glimpflich verlaufen sind.«[7] Während der Nationalsozialismus als das schlechthin Böse weiterhin ein Gegenbild zur zivilisierten Kultur des demokratischen Deutschland liefert, erscheint die DDR hier im Genre der Komödie als ein Kultobjekt, das den »Ossis« neben der Unterhaltung auch biografische Legitimationen für ihre Existenz in der skurrilen Idylle zwischen Plattenbau und Trabi liefert.

7 *Die Zeit* Nr. 45, 4. November 1999, S. 50.

Politainment – Politik im Unterhaltungsformat

Der Streifzug durch die Medienöffentlichkeit im Herbst des Jahres 1999 hat eine ganze Reihe von Mosaiksteinen zutage gefördert, aus denen sich ein Bild von der kommunikativen Normalität der deutschen Gesellschaft am Ende des 20. Jahrhunderts zusammensetzen läßt. Was hier vor allem deutlich wird, ist die Allgegenwart des *Politainment*. Dieser Begriff, der hier in Anlehnung an den mittlerweile gebräuchlichen des »Infotainment« eingeführt wird, soll darauf aufmerksam machen, daß sich in den 90er Jahren eine enge Koppelung zwischen Politik und Entertainment, politischer und unterhaltender Kommunikation herausgebildet hat, die es so vorher nicht gab. Politainment bezeichnet eine bestimmte Form der öffentlichen, massenmedial vermittelten Kommunikation, in der politische Themen, Akteure, Prozesse, Deutungsmuster, Identitäten und Sinnentwürfe im Modus der Unterhaltung zu einer neuen Realität des Politischen montiert werden. Diese neue Realität konstituiert den Erfahrungsraum, in dem den Bürgern heutzutage typischerweise Politik zugänglich wird. Das Bild, das Wähler und Mediennutzer, Publikum und Elektorat sich von der Politik machen können, ist maßgeblich geprägt durch die Strukturen und Funktionen des Politainment. Politik im Unterhaltungsformat ist daher an der Schwelle vom 20. ins 21. Jahrhundert zu einer zentralen Bestimmungsgröße von politischer Kultur geworden.

Grundsätzlich bildet sich Politainment immer auf zwei Ebenen, die jedoch in der real existierenden Medienrealität oft eng verzahnt in Erscheinung treten: *unterhaltende Politik* und *politische Unterhaltung*. Unterhaltende Politik liegt immer dann vor, wenn politische Akteure auf Instrumente und Stilmittel der Unterhaltungskultur zurückgreifen, um ihre jeweiligen Ziele zu realisieren. Die sichtbarste und prominenteste Variante dieser Handlungsstrategie können wir regelmäßig in Wahlkämpfen beobachten, wo nicht nur Showprominenz zur Gewinnung von Wählergunst in die Dienste von Parteien und Kandidaten gestellt wird, sondern die Polit-profis selbst in den Fundus der Unterhaltungsbranche greifen, um sich in einem günstigen Licht zu präsentieren. Politische PR-Kampagnen aller Art bedienen sich ebenso zahlreicher Politainment-Methoden wie alle anderen Versuche der symbolischen Politik, durch die einzelne Projekte und Vorstöße öffentlich »verkauft« und legitimiert werden sollen. Unterhaltende Politik dient also dazu, politische Macht zu erwerben und stabil auf Dauer zu stellen.

Politische Unterhaltung wird dagegen von der anderen Seite aus betrieben. Die Unterhaltungsindustrie verwendet gezielt politische Figuren, Themen und Geschehnisse als Material zur Konstruktion ihrer fiktionalen Bildwelten, um so ihre Produkte interessant und attraktiv zu gestalten. Aktuelle Bezüge werden als Authentizitätsbeleg eingebaut, die eine Brücke zwischen der fiktionalen Welt eines Films und der für den Zuschauer als »real« geltenden Welt des politischen Geschehens herstellen, wie er sie beispielsweise aus den Nachrichten oder aus der Zeitung kennt. Die Aktivitäten sind hier nicht, oder zumindest nicht primär, auf politische Zielsetzungen ausgerichtet, sondern orientieren sich zunächst einmal am Markt und an dem Erwartungshorizont des zahlenden Publikums. Den Unterhaltungsmachern ist es grundsätzlich gleich, ob nun Polit- oder Showprominenz, ein politischer oder ein ganz privater Handlungsstrang die Quote steigert – die Hauptsache besteht im Erfolg am massenmedialen Markt.

Häufig kann aus dieser Konstellation eine symbiotische Beziehung erwachsen: Der Auftritt des Bundeskanzlers in der großen Game Show stellt einerseits eine gewinnbringende Einschaltquote sicher und bietet dem Politiker andererseits eine Bühne für ein Publikum, das über die konventionellen Kanäle politischer Kommunikation nicht erreichbar wäre. Dabei können natürlich auch Irritationen auftreten: Die Regeln der Unterhaltungswelt verursachen oft, wie oben am Beispiel Schröder gezeigt wurde, eine Eigendynamik, die jegliche Strategie der Akteure zunichte macht. Und andererseits kann ein unvorsichtiges Vorgehen der Entertaiment-Profis auf politischem Terrain heftige Proteste und damit auch deutlich geminderte Absatzchancen bescheren.

Die oben vorgestellten Beispiele – alle aus dem Herbst 1999 – haben das breite Spektrum des modernen Politainment mit seinen verschiedenen Formen und Genres bereits schlaglichtartig erkennbar gemacht und im Ansatz auch die möglichen politischen Funktionen dieser Kommunikationsform berührt:

– Politainment macht in einer Zeit, in der die meisten Bürger keinen direkten Kontakt mit den komplexen Prozessen des politischen Systems haben, Politik wieder sichtbar und sinnlich erfahrbar. Es verleiht dem Abstrakten Gestalt, wie reduziert dies letztlich auch immer sein mag.

– Politainment zieht knapp gewordene Aufmerksamkeiten auf sich und stellt Themen in den öffentlichen Raum. Gleichzeitig eröffnet die Fokussierung auf bestimmte Geschehnisse und Probleme zahlreiche Schnittstellen für Anschlußkommunikation, sei diese nun öffentlich im Medienforum oder privat am heimischen Küchentisch plaziert.

– Politainment konstruiert politische Vorstellungs- und Deutungsmuster, die wir alle in unserer Aneignung des Politischen benutzen und aus denen sich daher in je unterschiedlicher Weise die Selbstverständlichkeiten und Normalitäten unserer politischen Realität zusammensetzen.

– Politainment lanciert, verstärkt und popularisiert politische Werte und Sinnfiguren, die den integrativen Konsensbereich einer politischen Kultur definieren. Dieser Prozeß, der oben vor allem im Zusammenhang mit der deutschen NS-Vergangenheit angesprochen wurde, stellt ein oft unterschätztes Kernelement für die dauerhafte Stabilität einer demokratisch verfaßten Gesellschaft dar.

– Politainment inszeniert konkrete Modelle für politisches

Handeln und unterbreitet dem Publikum im entspannt-angenehmen Modus der Unterhaltung Identifikationsangebote, die dann – wie vermittelt auch immer – in den Horizont der eigenen Alltagswelt übersetzt werden können. In den vorangegangenen Beispielen, etwa im *Forsthaus Falkenau* und den *Straßen von Berlin*, wurde mehrfach das Rollenmodell des engagierten, im Notfall auch jenseits der rechtlich definierten Handlungsoptionen agierenden Bürgers erkennbar.

– Politainment eröffnet schließlich mit seinen professionell gestalteten ästhetischen Bild- und Klangwelten einen emotionalen Zugang zur politischen Welt. Ohne diese in der Unterhaltungskommunikation produzierte Emotionalität und das damit verbundene Wohlbefinden beim Zuschauer wäre die Konjunktur des Politainment in der heutigen Mediengesellschaft gar nicht verstehbar.

Diese später noch genauer zu analysierende Funktionslogik des Politik-Unterhaltungs-Syndroms wirft Fragen nach der Transformation des Politischen in der medialen Erlebnisgesellschaft auf. Können wir heute noch an den »klassischen« Definitionen von Politik über den Staat, das politische System, den Konflikt oder das Gemeinwohl festhalten? Ist Politik, um eine jüngere Definition heranzuziehen, noch immer die jeweils neu zu leistende Lösung für das Problem, bei nicht vorauszusetzendem Konsens und divergierenden Interessenlagen für alle verbindliche Entscheidungen zu produzieren?[8] Sind die Medien eine Größe, die diesen Prozeß transparenter und damit auch demokratisch besser kontrollierbar macht? Oder ist die Politik im Zeitalter der medialen Erlebnisgesellschaft zu einer gigantischen Medieninszenierung degeneriert, in der demokratische Prozesse und Entscheidungsfindungen weitgehend nur noch simuliert werden? Beschränken sich die Partizipationsmöglichkeiten der Bürger weitgehend auf die Teilnahme an einem Kommunikationsritual, das durch die

8 Vgl. dazu Dörner/Rohe (1991).

Inszenierungskünste der Unterhaltungsprofis gute Laune verbreitet und das Publikum ruhigstellt?

Solche Fragen lassen sich nur dann einer seriösen Beantwortung zuführen, wenn das Politainment zunächst einmal nüchtern, ohne positive oder negative Vorurteile beschrieben wird. Erstaunlicherweise liegen bislang von sozialwissenschaftlicher Seite kaum ernsthafte Analysen von Unterhaltungsphänomenen in ihrer Bedeutung für die politische Kommunikation in der Gegenwartsgesellschaft vor.[9] Bevor also weitreichende Schlußfolgerungen gezogen und Bewertungen vorgenommen werden, muß die neue Realität des Politischen genauer in den Blick genommen werden. Dies soll in den folgenden Kapiteln geschehen, wobei die Untersuchungen nicht flächendeckend oder im quantitativen Sinne repräsentativ angelegt sind, sondern sich auf das für die deutsche Medienkultur Typische richten. Die Aufmerksamkeit richtet sich dabei auf die Medien Fernsehen und Kinofilm, weil diese mit Fug und Recht als die zentralen Bildspender der Gegenwartskultur betrachtet werden können.

In Kapitel 2 wird zunächst der Kontext der medialen Erlebnisgesellschaft entfaltet, innerhalb dessen sich das neue Phänomen des Politainment hat entwickeln können. Dabei wird auch ein Blick auf die amerikanische Medienkultur geworfen, da diese in vieler Hinsicht als paradigmatisch für die Entwicklung des modernen Politainment gelten kann. Dieser Blick über den Atlantik ist nicht zuletzt deshalb notwendig,

---

9 Bislang sind vor allem in der amerikanischen Forschungslandschaft einige erhellende Studien vorgelegt worden (zum Stand der Forschung vgl. ausführlich Dörner 2000). Die meisten Publikationen hierzulande beschränken sich, sofern sie überhaupt den Zusammenhang von Politik und Medienunterhaltung thematisieren, auf Schlagworte und Polemik. Wichtige Ausnahmen bilden freilich die Arbeiten von Udo Göttlich und Jörg-Uwe Nieland aus der Duisburger Forschungsgruppe um Heribert Schatz (vgl. u. a. Göttlich/Nieland 1997, 1999) und einige Befunde aus dem Forschungsprojekt zur Theatralität der heutigen Politikinszenierung von Thomas Meyer, Rüdiger Ontrup und Christian Schicha (vgl. Meyer/Kampmann 1998 und Meyer u. a. 2000).

weil zahlreiche Entwicklungen hierzulande durch amerikanische Einflüsse entstanden sind oder gar als Momente eines tiefgreifenden Amerikanisierungsprozesses unserer Kultur angesehen werden müssen. Kapitel 3 entwirft einige theoretische Perspektiven auf die Eigenart und spezifische Funktionsweise von Unterhaltung, so daß auf dieser Grundlage in Kapitel 4 der politische Stellenwert der sich neu herausbildenden Unterhaltungsöffentlichkeiten beschrieben werden kann. Die Kapitel 5 bis 9 behandeln dann konkret und mit ausführlicheren Fallanalysen die wichtigsten Bereiche der politischen Unterhaltung und unterhaltenden Politik in Deutschland: Wahlkämpfe, Talk- und Game Shows, Vorabendserien und Soap Operas, Krimis und politische Spielfilme. Am Ende soll dann ein kritisches Fazit gezogen werden. Hier wird vor dem Hintergrund der vorangehenden Kapitel geklärt, ob das gegenwärtige Politainment im Sinne der Kritischen Theorie lediglich einen neuen Meilenstein im historischen Prozeß des Massenbetrugs durch die kapitalistische Kulturindustrie darstellt oder ob hier auch neue Potentiale einer republikanisch geprägten politischen Kultur entstanden sind, deren Vorhandensein von den meisten Beobachtern bislang übersehen wurde.

2. Die mediale Erlebnisgesellschaft

Neue Muster der sozialen Ordnung

Die moderne Gesellschaft in ihrer »klassischen« Ausprägung war eine klar gegliederte Gesellschaft. Dem hierarchischen Muster ihrer sozialen Struktur entsprach eine ebenso klar gegliederte symbolische Ordnung. Jedem Akteur war – bei gewissen Mobilitätschancen – sein Platz zugewiesen. Der Produktionsprozeß definierte soziale Klassen, und in der Konsumsphäre bildeten sich Stände mit rigiden Anforderungen an die Lebensführung der Mitglieder heraus. Wer die kulturellen Zumutungen der ständischen Ordnung, von den sozialen Kontakten über die Heiratspraxis bis zu all den Dingen, die wir heute unter »Lebensstil« fassen, nicht erfüllen wollte oder konnte, mußte mit harten Sanktionen rechnen.[1] Noch für die 1960er Jahre konnte der französische Soziologe Pierre Bourdieu in umfangreichen empirischen Untersuchungen zeigen, wie durch Geschmacksgrenzen soziale Grenzen befestigt wurden. Die Hierarchie der kulturellen Praktiken, gleich ob es um das Musikhören, die Eßkultur oder die sportliche Betätigung ging, hat gesellschaftliche Hierarchien als quasi-natürlich gegebene Ordnung legitimiert und so auf Dauer stabilisiert.[2]

Die sozialwissenschaftliche Gegenwartsdiagnose zum Ende des 20. Jahrhunderts schlägt demgegenüber jedoch ganz andere Töne an. Hier ist die Rede von der Auflösung festgefügter Klassen und tradierter Ordnungsmuster: Der »klassischen«, industriegesellschaftlichen Moderne folge eine »zweite«, reflexive Moderne, und mitunter spricht man

---

1 Die klassische Analyse dieser Ordnung moderner Gesellschaften findet sich in Max Webers Hauptwerk *Wirtschaft und Gesellschaft* (1976; Erstausgabe 1922).
2 Vgl. dazu Bourdieus Analyse der »Feinen Unterschiede« (1982).

sogar von der postmodernen Gesellschaft. Durch beschleunigte Prozesse der Individualisierung wird demnach der einzelne Mensch aus den einstmals gewachsenen Bindungen und Einbettungen freigesetzt. Vorgegebene Muster der Biographie erodieren ebenso wie die sozialen Milieus, und die unhinterfragt gegebenen Sinnperspektiven des Lebens geben einer Vielzahl von Optionen Raum. Der Schwund der Vorgaben hat ein großes Spektrum von »riskanten Freiheiten«[3] eröffnet, die für den einzelnen nicht einfach als Entlastung, als Abwesenheit von Zwang erlebt werden – zumal diverse ökonomische Restriktionen der eigenen Lebensgestaltung durchaus weiter bestehen. Es zeigt sich zunehmend auch ein Verlust an Orientierung. »Obligationen verwandeln sich in Optionen«, formuliert Peter Gross, aber zugleich geht die Autonomie des Menschen über in eine »Tyrannei der Möglichkeiten«.[4] Wir alle sind dabei konfrontiert mit einem Zwang zur Originalität der Lebensführung: Jeder muß etwas Besonderes sein.

An die Stelle der tradierten Pflicht- und Akzeptanzwerte ist in weiten Teilen der Bevölkerung eine neue Pflicht zur Selbstverwirklichung getreten. Man muß aus sich »etwas machen«, und diese Entwicklungsperspektive ist meist verknüpft mit einem ausgeprägten Hedonismus.[5] »Have fun« lautet der kategorische Imperativ der heutigen Spaßkultur, und wer sich dem zu entziehen sucht, läuft Gefahr, als Sonderling abgestempelt oder als Spielverderber verachtet zu werden. Soziale Anerkennung, so will es scheinen, macht sich weniger an Pflichterfüllung oder beruflichem Erfolg fest als vielmehr an der Fähigkeit, das Leben zu genießen.

3 Vgl. dazu die Beiträge in Beck/Beck-Gernsheim (1994). Zum Prozeß der fortschreitenden Individualisierung vgl. noch immer Ulrich Becks Diagnose der »Risikogesellschaft« (1986).
4 So beschreibt Peter Gross (1994: 29) die Dialektik der »Multioptionsgesellschaft«.
5 Zur Analyse der Wertwandelsprozesse in der Gegenwartsgesellschaft vgl. vor allem Klages (1984).

Gerhard Schulze hat den Begriff der »Erlebnisgesellschaft« geprägt, um diese neuen Verhältnisse zu beschreiben. Nicht mehr der Kampf um Status und Prestige, wie ihn Bourdieu in seiner Analyse der »feinen Unterschiede« offenlegte, sondern Genuß und Erlebnisqualität sind demnach die Dominanten der sozialen Welt.[6] Diese Entwicklung führt jedoch nicht zu einer Anarchie in der symbolischen Ordnung der Gesellschaft, denn es formen sich neue Konstellationen heraus. Die Erlebnishedonisten gesellen sich zu ihresgleichen und frönen in gemeinsamen Erlebnismilieus ihren Geschmackspräferenzen. Diese Milieus freilich sind nicht länger hierarchisch angeordnet und mit eindeutigen Prestigewerten verknüpft. Volksmusik-Fans aus dem »Harmoniemilieu« beäugen zwar Punk-Fans skeptisch und machen sich vielleicht auch mit abfälligen Bemerkungen über sie lustig – und umgekehrt. Aber ein ernster Kampf um Prestige und Anerkennung wird Schulze zufolge hier nicht mehr ausgefochten. Die Milieus sind wählbar, und der einzelne kann, wenn er will, zwischen den nebeneinander angeordneten Erlebnisgemeinschaften wechseln.

Nun nährt schon ein kurzer Blick auf die uns unmittelbar zugängliche Alltagswelt gewisse Zweifel daran, ob dieses harmonische Szenario wirklich so zutrifft. Die Einkommenshöhe und die erworbene Bildung stellen sehr wohl noch Weichen dafür, welche Erlebniswelten einem Akteur zugänglich sind und welche nicht. Der exklusive Golfplatz in Südafrika bleibt vielen ebenso verschlossen wie das Gespräch über neue Trends der experimentellen Kunst auf der Vernissage in Schwabing. Und dennoch scheint Schulzes Diagnose in der Tendenz zutreffend, denn die Schärfe der Distinktionskämpfe nimmt ab, der Verpflichtungscharakter des ambitionierten Bildungserwerbs verblaßt, und die gegenseitige Tole-

6 Vgl. dazu ausführlich Schulze (1992); kritische Einwände zu Schulzes Diagnose finden sich mit Bezug auf Bourdieu bei Neckel (1995).

ranz unterschiedlicher Geschmacksgruppierungen wird immer größer. Vor allem in der ausufernden Spaß- und Unterhaltungskultur nivellieren sich die feinen Unterschiede, weil sich Arm und Reich, simple und gebildete Gemüter gleichermaßen amüsieren.

In jedem Fall ist die strukturierende Kraft der Arbeits- und Produktionssphäre, wie sie für die klassische Industriegesellschaft der Moderne kennzeichnend war, weitgehend verdampft. Konsum und Freizeitaktivitäten sind nunmehr zu den zentralen Sinn- und Identitätsstiftern avanciert. Vielerorts lösen sich die Grenzen zwischen Arbeit und Freizeit sogar auf, wie am Beispiel der Techno-Kultur als paradigmatischem Fall einer posttraditionalen Vergemeinschaftung gezeigt werden konnte.[7]

Die Allgegenwart der Medienunterhaltung

Wenn man nun vor diesem Hintergrund danach fragt, womit denn eigentlich die Mehrheit der erwachsenen Bevölkerung ihre alltägliche Freizeit verbringt, dann wird klar, daß die Erlebnisgesellschaft eine *mediale* Erlebnisgesellschaft ist: Die Massenmedien, und hier insbesondere das Fernsehen, nehmen im Tagesverlauf der meisten Menschen einen ganz erheblichen Raum ein.[8] Das Ausmaß der medialen Interpenetration unserer heutigen Alltagswelt mögen schlaglichtartig einige Befunde aus der neueren Forschung

7 Vgl. dazu die Ausführungen von Hitzler und Pfadenhauer (2000).
8 In der Literatur hat sich vielerorts der Begriff »Mediengesellschaft« eingebürgert. Saxer faßt unter diesen Terminus moderne Gesellschaften, »in denen Medienkommunikation, also über technische Hilfsmittel realisierte Bedeutungsvermittlung, eine allgegenwärtige und alle Sphären des gesellschaftlichen Seins durchwirkende Prägekraft entfaltet« (Saxer 1998: 53). Mit dem Terminus »mediale Erlebnisgesellschaft«, wie er in diesem Buch verwendet wird, soll darüber hinaus die Unterhaltungs- und Genußdominanz innerhalb der etablierten Medienkultur herausgestellt werden.

illustrie- ren.[9] Im Jahr 1997 verfügten nicht weniger als 98,7 Prozent der Haushalte in Deutschland über ein Fernsehgerät, gut ein Drittel davon über zwei oder mehr Geräte. Zusätzlich steht in 62,5 Prozent der Wohnungen ein Videorecorder, mit dem nicht nur Fernsehsendungen aufgezeichnet, sondern auch Leihkassetten mit Kinofilmen abgespielt werden können. Mittlerweile sind etwa 45 Prozent der Haushalte mit einem Kabelanschluß der Telekom versorgt, und fast ein Drittel verfügt über Satellitenempfangsanlagen, so daß die meisten Menschen auch tatsächlich einen Zugriff auf die große Vielfalt der Anbieter haben.

Das Ausmaß der tatsächlichen Mediennutzung zeigt sich in den Daten zum Zeitbudget der Zuschauer. So liegt die durchschnittliche Einschaltdauer der TV-Geräte in Deutschland pro Tag bei 312 Minuten, die tatsächliche Sehdauer beträgt ca. 170 Minuten – einen Teil der Einschaltzeit dient das Fernsehprogramm also eher als Hintergrundrauschen oder als lose gekoppelte Begleitung anderer Tätigkeiten. Dennoch bleibt zu konstatieren, daß im Durchschnitt fast 3 Stunden täglich konzentriert ferngesehen wird. Bei den sogenannten Vielsehern, immerhin etwa 34 Prozent des gesamten Publikums, sehen die Werte noch ganz anders aus: 14 Prozent schauen dreieinhalb Stunden, 10 Prozent muten sich viereinhalb Stunden zu, und weitere 10 Prozent verbringen sogar sechseinviertel Stunden täglich vor dem Fernseher. Zieht man die gesamten Nutzungszeiten der audiovisuellen Massenmedien inklusive Hörfunk, Video und Tonträgern zusammen, dann ergibt sich eine durchschnittliche Gesamtdauer von 364 Minuten. Es ist somit ein Quantum von über 6 Stunden massenmedialer Kommunikation beobachtbar, während man mit personaler Kommunikation »von Mensch zu Mensch« im Durchschnitt gerade einmal eineinhalb Stunden verbringt.

9 Die Daten entstammen der »Media Analyse« und der Langzeitstudie »Massenkommunikation«; vgl. dazu im einzelnen die Angaben bei Dichanz (1998) und Kiefer (1999).

Wenn wir heute von Kultur sprechen, meinen wir daher vor allem die Medienkultur. Konsum ist in der medialen Erlebnisgesellschaft entweder Medienkonsum oder aber ein mediengeleiteter Konsum, denn die massenmedialen Angebote sind ständig von Werbebotschaften aller Art durchzogen. Private Sendeanstalten dürfen nach den Regeln der Rundfunkstaatsverträge nahezu immer, die öffentlich-rechtlichen Anstalten zumindest bis 20 Uhr Werbung schalten, und darüber hinaus sind zahlreiche Sendungen noch gesponsert (»Die folgende Sendung wird Ihnen präsentiert von ...«). Die vielen bunten Werbegeschichten, aber auch die im normalen Programm laufenden Magazine und Filme bieten uns tagtäglich Modelle sozialer Identität, Lebensstile und Verhaltensmuster dar. Diese medialen Bildwelten definieren, was wir als »normal« wahrnehmen, was wir begehren und was wir uns unter einer gelungenen Existenz vorzustellen haben.

Mit der Einführung des dualen Rundfunksystems in Deutschland im Jahre 1984, das nach den Vorgaben des Bundesverfassungsgerichts ein geregeltes Nebeneinander von öffentlich-rechtlichen und privaten Anbietern ermöglicht hat, ist die Unterhaltung zum beherrschenden Element der Medienkultur geworden.[10] War das Fernsehen vorher eine quasistaatliche Angelegenheit, so hat sich in der Folge ein Marktgeschehen herausgebildet, bei dem alle Sender ständig um Quoten und Marktanteile kämpfen müssen. Der Populismus des Marktes hat dazu geführt, daß die vom Publikum hauptsächlich nachgefragten Unterhaltungsformate einen großen Anteil in der Programmstruktur der privaten, aber zunehmend auch der öffentlich-rechtlichen Anstalten ausmachen. Der zur Bertelsmann-Gruppe zählende Marktführer RTL sendete 1996 nicht weniger als 34 Prozent fiktionale und

---

10 Zur Einführung des dualen Systems in Deutschland und deren politischen Folgen vgl. die Analyse von Pfetsch (1991).

42

16 Prozent nichtfiktionale Unterhaltung, demgegenüber aber nur 17 Prozent Informations- und Bildungssendungen.[11] Bei dem vor allem beim jüngeren Publikum beliebten Konkurrenten Pro 7 (Kirch-Gruppe) fanden sich im gleichen Zeitraum 50 Prozent Filme und Serien sowie 7 Prozent Unterhaltungsshows bei insgesamt knapp 12 Prozent Informationssendungen. Dabei muß zusätzlich berücksichtigt werden, daß die Privaten in ihren Informationsformaten vor allem auf Infotainment und »human touch«-Angebote setzen – ein weiteres Indiz für die Allgegenwart der Unterhaltung. Bei der ARD sehen die Zahlen etwas anders aus. Auf Informationsprogramme entfallen hier 42 Prozent (ZDF: 41 Prozent), während die fiktionale Unterhaltung in Filmen und Serien 26 Prozent und Shows 13 Prozent ausmachen (ZDF: 30 bzw. 7 Prozent).

Wie sehr sich auch bei den öffentlich-rechtlichen Anbietern der Unterhaltungsimperativ des Marktes geltend macht, läßt sich vor allem an der Entwicklung der Dritten Programme beobachten. Waren diese früher fast vollständig der Hochkultur und dem Bildungssektor gewidmet, sind dort seit einigen Jahren vermehrt Unterhaltungsformate anzutreffen: zahlreiche Talk-Shows, Spielfilme aus dem ARD-Verwertungsverbund, Schlagerparaden und »heimatlich« geprägte Musiksendungen. Vorreiter ist der Mitteldeutsche Rundfunk (MDR), der mittlerweile erfolgreichste Sender unter den dritten Programmen der ARD. Er sendet fast 10 Prozent mehr Unterhaltung als die anderen Dritten. In Sachsen-Anhalt und Thüringen hat er sich mit einem Marktanteil von 9,5 Prozent hinter RTL, Sat 1 und dem ZDF auf den vierten Rang der Zuschauergunst vorgearbeitet.[12] Mit der *Wernesgrüner Musikantenschänke* und *Achims Hitparade*, mit DDR-Nostalgie und der Kuppelshow *Je t'aime – wer mit*

---

11 Die Prozentzahlen sind hier gerundet worden.
12 Vgl. Gebauer (1999).

wem wird offenbar sehr genau der Geschmack des Publikums in den neuen Bundesländern getroffen.

Allerdings muß eingeräumt werden, daß die beobachtbaren Konvergenzbewegungen zwischen Öffentlich-Rechtlichen und Privaten nicht immer nur zu Lasten der Qualität gehen. So haben Sender wie RTL durchaus die Maßstäbe für eigene Produktionen, insbesondere für die mit großem finanziellen Aufwand hergestellten TV-Filme, immer höher angesetzt. Es läßt sich also keine einfache Verfallsgeschichte erzählen, sondern eine Diversifizierung des Marktes beobachten, auf dem schließlich neben ntv und dem öffentlich-rechtlichen Ableger Phoenix im Januar 2000 mit N 24 ein weiterer Nachrichtenkanal die Arbeit aufgenommen hat.

Der Großteil des Publikums sucht Entspannung durch Unterhaltung. Der »Unterhaltungsslalom« vieler Zuschauer, die den Informationsangeboten durch gezieltes Umschalten aus dem Wege gehen, ist in der Mediennutzungsforschung beschrieben worden. Die Nutzung von Unterhaltungssendungen ist in der Regel höher, als es ihrem Anteil am Angebot entspricht. So lag 1995 der Gesamtanteil der gesendeten Unterhaltung bei 39 Prozent, während ihr Anteil an den tatsächlich eingeschalteten Sendungen bei 46 Prozent lag. Umgekehrt machten die Informationssendungen im Angebot einen Anteil von 38 Prozent aus; ihr Anteil an den genutzten Angeboten lag jedoch nur bei 23 Prozent.[13]

Obwohl die meisten privaten Fernsehanbieter bis zur Jahrtausendwende ihre Anlaufverluste noch nicht wieder hereinholen konnten – lediglich RTL als europaweit größter Werbeträger und Pro 7 fuhren Gewinne ein –, stellt sich der Medienmarkt als ausgesprochene Wachstumsbranche dar. Mit Ende der 90er Jahre immerhin ca. 12 000 Beschäftigten ist hier durchaus ein relevanter Wirtschaftsfaktor vorhanden.[14]

13 Vgl. dazu die Daten bei Hasebrink (1998: 531).
14 Vgl. Meyn (1999: 211).

Dabei ist noch nicht ganz abzusehen, welche Entwicklung die schon wiederholt unternommenen Versuche der Einführung von Pay TV nehmen werden. Sollte sich dieses Prinzip durchsetzen, wird die Dominanz des Unterhaltungssektors langfristig noch zunehmen, da jeder Zuschauer sich selbst sein eigenes Programmenü zusammenstellen kann.

Es kann kaum verwundern, daß Politikvermittlung in der medialen Erlebnisgesellschaft weitgehend mediale Politikvermittlung sein muß.[15] Der Aufstieg der Medienunterhaltung zum Sinn- und Identitätszentrum der modernen Gesellschaft hat jedenfalls die Begehrlichkeit der Politik geweckt, kann sie doch hier die politikverdrossenen und desinteressierten Wähler in ihrer Rolle als Fernsehzuschauer noch erreichen. Im Gegenzug haben die Unterhaltungsmacher zunehmend auf politische Akteure, Themen und Geschehnisse zurückgegriffen, um ihre bunten Bildwelten anschaulich und interessant zu bevölkern. Die 90er Jahre wurden so zum Zeitalter des *Politainment* in Deutschland.

Die USA als Paradigma der medialen Erlebnisgesellschaft

Das, was uns hierzulande noch neu und fremd vorkommt, hat in den USA schon eine lange Tradition. Das Entertainment war in der amerikanischen Kultur nie in gleichem Maße jenen Verdächtigungen ausgesetzt, die von den europäischen Eliten immer wieder gegen das Populäre, den »Kitsch« und das »Triviale« als Verderber der Massen vorgebracht wurden. Radikale Demokratisierung und radikale Marktorientierung haben den Unterhaltungsangeboten auf dem kulturellen Feld in den Vereinigten Staaten immer einen Status der Legitimität

15 Zur Politikvermittlung in der Gegenwartsgesellschaft vgl. vor allem die Arbeiten von Ulrich Sarcinelli (u. a. Sarcinelli 1998, 1998a, 1998b und Hoffmann/Sarcinelli 1999).

belassen. Und mit der gleichen Selbstverständlichkeit wurde auch von vielen anderen Aktivitäten des sozialen Lebens einschließlich der Politik erwartet, daß sie Unterhaltungsqualitäten aufweisen. Im 20. Jahrhundert sind die USA dann, vor allem mit dem Aufstieg der Massenmedien Film und Fernsehen, zur weltweit führenden Nation der Unterhaltungsindustrie geworden. Das Ausmaß dieser Dominanz hat häufig Mißtrauen und Abwehrbewegungen hervorgerufen, da man durch den amerikanischen »Kulturimperialismus« die eigenen Traditionen und damit auch die je eigene kollektive Identität gefährdet sah.

In den Vereinigten Staaten waren Film und Fernsehen von Beginn an vollständig kommerzialisiert. Es handelt sich um Marktprodukte, deren primäre Zielsetzung die Gewinnung von Publikum ist: als zahlendes Publikum an den Kinokassen und als Zuschauer des Fernsehprogramms, die wiederum an Werbekunden verkauft werden können. Die erste Jahrhunderthälfte wurde durch den Aufstieg des Kinofilms und der Hollywood-Studios dominiert, die zweite Hälfte gehörte dann dem in den 40er und 50er Jahren nahezu explosionsartig verbreiteten Fernsehen. Erst in den 80er und 90er Jahren, als die traditionellen Kinosäle mit den großen Multiplex-Gebäuden zu modernen Erlebnisräumen umgestaltet wurden, gewann auch das Filmgeschäft wieder an Attraktivität – zumal man es geschickt verstand, die Gewinne an den Kinokassen durch Zusatzgeschäfte kräftig zu steigern. Zum Erlös aus Eintrittskarten kommen heute in der Regel Einnahmen aus dem Videogeschäft, aus Fernseh-Senderechten und aus dem Verkauf der Merchandising-Produkte. So hat beispielsweise der Film *Batman* im Jahr 1989 in den ersten fünf Monaten ca. 250 Mio. Dollar an den Kinokassen erwirtschaftet. Die Videoveröffentlichung brachte Warner Brothers weitere 400 Mio. Dollar, und der Verkauf der Merchandising-Produkte – Puppen, Plakate, Spielautos, Süßwaren etc. – erzielte eine Gesamtsumme von über 1 Milliarde Dollar. Durch den

Trend zu diesen sogenannten »Event Movies« lag am Ende der 80er Jahre der Anteil der Kinos an den Gesamteinnahmen durch einen Film nur noch bei ca. 30 Prozent.[16]

Den strukturellen Umbruch des Fernsehmarktes markiert in den 50er Jahren der Wechsel vom tradierten Sponsoring-System zum Direktverkauf von Werbezeiten, die in die normalen Sendungen eingefügt werden. Der Werbespot wurde nun zur Determinante eines jeden Programms. Die Sender begannen, Einschaltquoten messen zu lassen und die Preise entsprechend an der Größe der Zuschauerschaft auszurichten. Das einzige große Ziel aller Angebote, die ins Fernsehen aufgenommen wurden, war nun die Maximierung der Zuschauerzahlen und damit die Steigerung der Werbeeinnahmen. »Anspruchsvolle« Sendungen wanderten an die zeitliche Peripherie oder wurden ganz aus dem Programm genommen. Dagegen setzten sich leicht konsumierbare Unterhaltungsserien durch, deren Inhalte – Figuren, Milieus, Problemdefinitionen und Lösungsangebote – immer nahe am kulturellen Mainstream liegen mußten.

Mit dem Prozeß der perfekten Kommerzialisierung, im Zuge dessen Werbepreise von bis zu 900 000 Dollar für einen 30-Sekunden-Spot erzielt wurden, fand auch der Aufstieg der großen Networks ABC, NBC und CBS statt (später kam noch Fox hinzu). Diese Anbieter, die örtliche Fernsehstationen jeweils mit ihrem Material versorgen, beherrschten vor allem in den 70er und 80er Jahren den Fernsehmarkt nahezu vollständig. Öffentlich-rechtliche Anbieter nach europäischem Muster hat es auf dem amerikanischen Markt niemals gegeben. Eine Ausnahme bildet das 1967 gebildete Public Broadcasting Service Network, das von Universitäten, Stiftungen, Kommunen und Sponsoren getragen wird. Es sendet anspruchsvolle Programme, Bildung und Informationen, spielt jedoch mit einem Marktanteil von 3 Prozent nur eine

16 Vgl. Maltby (1995: 77).

untergeordnete Rolle in der amerikanischen Medienöffentlichkeit.

Die Kommerzialisierung des Fernsehens ist in den letzten Jahrzehnten von einer Politisierung begleitet worden – nicht zuletzt deshalb, weil die politischen Parteien und Kandidaten mittlerweile zu wichtigen Werbekunden der Sender geworden sind. Da es öffentlich-rechtlich garantierte Werbezeiten für wahlkämpfende Parteien, wie sie etwa in Deutschland üblich sind, in Amerika nicht gibt, kaufen sich die Campaign-Manager ihre Fernsehzeiten ein. In der Gegenwart werden rund 50 Prozent der Wahlkampfetats für Werbespots ausgegeben. Dies scheint den Parteien auch deshalb geraten, weil das Fernsehen trotz der Kommerzialisierung und ungeachtet der Unterhaltungsdominanz in den Programmschemata noch immer von den meisten US-Bürgern als die glaubwürdigste Informationsquelle angesehen wird. Plaziert man also einen Wahlspot beispielsweise im Kontext eines der erfolgreichen Nachrichtenmagazine, dann kann der Glaubwürdigkeitseffekt auch auf den präsentierten Politiker abfärben.

Politische Inhalte sind aber auch in den fiktionalen Spielserien des Fernsehens gern verwendete Sujets. Wenn man einen weiten Politikbegriff ansetzt, dann wird beispielsweise in der überaus erfolgreichen *Cosby Show* das Politische inszeniert, indem gezeigt wird, wie schwarze Bürger über das kulturelle Kapital der Bildung ihren sozialen Aufstieg und ihre Integration in die oberen Mittelschichten der amerikanischen Sozialstruktur dauerhaft sicherstellen.[17] Eine »Politik der

17 Die *Cosby Show* war eine der erfolgreichsten Serien in der Geschichte des amerikanischen Fernsehens. Sie lief von September 1984 bis September 1992. Der schwarze Schauspieler und promovierte Pädagoge Bill Cosby war bei dieser Show nicht nur Hauptdarsteller und optisches Zentrum der Serie, sondern auch Autor und kreativer Leiter. Er versuchte hier ein positiveres Bild von den amerikanischen Schwarzen zu entwerfen und seine eigenen pädagogischen Theorien umzusetzen. Die Serie war bei schwarzen wie weißen Zuschauern gleichermaßen beliebt. Sie schien vor allem mit den Stereotypen Schluß zu machen, die bislang

Geschlechter« findet ferner in den Serien mit starken Frauen-
gestalten statt. *Roseanne, Ellen* oder *Murphy Brown* führen
hier vor, daß Frauen eigenständig ihr Leben mit beruflichem
Erfolg und privatem Glück jenseits der klassischen Familien-
formen gestalten können.

Auch das Politische im engeren Sinne gehört zur Normal-
lage des amerikanischen Fernsehens. Zum einen werden in
fast allen Serien, auch in Polizei- und Justizserien, immer wieder Kandidaturen für politische Ämter thematisiert.[18] Alf, der
außerirdische Held der gleichnamigen Serie, ist sogar – im
Traum – schon zum Präsidenten der Vereinigten Staaten gewählt worden. Kommentare zur Tagespolitik durchziehen
die Situationskomödien (Sitcoms), weil hier im Produktions-
ablauf schnell auf aktuelle Ereignisse reagiert werden kann.
Darüber hinaus werden immer wieder Serien gesendet, die
sich ganz dem Politischen verschrieben haben: *All in the Family* mit der Hauptfigur Archie Bunker, der mit seinen rechts-
nationalistischen Kommentaren exakt den Geschmack der
amerikanischen »Rednecks« traf, die wiederum den ironi-
schen Unterton souverän überhörten; *Grandpa Goes to
Washington*, wo ein pensionierter Politikwissenschaftler und
Kongreßabgeordneter im Mittelpunkt stand; oder *Spin City*,
eine aktuelle Sitcom, die auf vergnügliche Weise die Kommunalpolitik in New York City auf die Schippe nimmt. In den
Simpsons schließlich, einer seit über 10 Jahren erfolgreich im
Prime-Time-Programm plazierten Zeichentrick-Serie, ist das
Politische thematisch wie personell omnipräsent. Fast alle

meist das Bild der Schwarzen in der Öffentlichkeit geprägt hatten. Statt
arbeitslosen, faulen und dummen Akteuren waren hier gebildete, intel-
ligente und verantwortungsbewußte Bürger zu sehen. Allerdings wurde
diese Familienidylle auch öffentlich angegriffen. Kritische Geister nah-
men die Huxtables als unrealistisch wahr, und einige Schwarze sahen die
implizite Theorie der Serie – jeder kann seinen sozialen Aufstieg aus eigener Kraft schaffen, wenn er nur auf Bildung baut und diszipliniert genug ist – als interessenpolitisch kontraproduktiv an (vgl. dazu u. a.
Jhally/Lewis 1992, Fiske 1996: 99ff., und Fuller 1992).
18 Vgl. Combs (1984: 86ff.).

amerikanischen Präsidenten hatten in den *Simpsons* schon ihren Auftritt, Abraham Lincoln allein 18 mal. Ständig werden Seitenhiebe auf den politischen Apparat und seine Akteure plaziert, und zahlreiche Folgen wie *Mr. Lisa Goes to Washington* (1991), *Sideshow Bob Roberts* (1994) und *Lisa, the Iconoclast* (1996) bauen ihre Plots ganz als politische Erzählungen auf.[19]

Der amerikanischen Kinofilm ist schon seit Beginn seines kommerziellen Erfolgs immer auch politisch dimensioniert gewesen. »Hollywood is too deeply embedded in America's culture to be isolated from its politics«, konstatiert Ronald Brownstein in seiner Untersuchung zur »Hollywood-Washington-Connection«.[20] So ist die amerikanische Filmindustrie schon seit den 20er Jahren immer wieder das Objekt von gesetzgeberischen Initiativen gewesen und hat im Gegenzug sehr bald einen wirkungsvollen Lobbyismus in Washington aufgebaut. Grundsätzlich ging es den Industriellen immer darum, defensiv die eigenen ökonomischen Interessen zu schützen, das heißt, einerseits staatliche Eingriffe im Sinne einer Zensur zu verhindern und andererseits die großen Studios, später die Medienkonzerne, vor Restriktionen durch eine zu weitreichende Antikartellpolitik der Regierung zu bewahren.

Zwar galten ausgesprochen politische Filme ökonomisch als riskant, als »box office poison«, das schlecht fürs Geschäft war (Ausnahmen wie Oliver Stones *JFK*, der 1991 über 70 Millionen Dollar einspielte, bestätigen nur die Regel); nur in Ausnahmefällen wurden sie daher überhaupt produziert. Aber zahlreiche Filme spielen durchaus in politischen Settings oder nehmen Bezug auf aktuelle politische Vorkommnisse. Das Politische ist dabei meist reduziert auf den Bereich des Konsensfähigen, auf Handlungen und Aussagen, die po-

---

19 Vgl. dazu ausführlich Dörner (1998).
20 Brownstein (1990: 391); vgl. auch Maltby (1995: 363ff.).

litische Überzeugungen der Mehrheit nicht verletzen und somit auch niemanden von den Kinokassen fernhalten.

Auffällig ist dabei, daß viele derjenigen Filme, die explizit den politischen Prozeß thematisieren, ein kritisches oder zumindest distanziertes Bild entwerfen. Das gilt insbesondere für den Bereich des Campaigning, der in vielen Filmwelten mit einer hohen Diskrepanz zwischen Schein und Wirklichkeit, zwischen zur Schau gestelltem Anspruch und realer Amoralität dargestellt wird. So zeigt *The Best Man* (1960) mit Henry Fonda, wie ein intelligenter und moralisch integerer Kandidat sich der Schlammschlacht gegen seinen Konkurrenten verweigert. *The Candidate* (1972) mit Robert Redford in der Hauptrolle führt vor, wie ein junger Kandidat seine Ideale im Verlauf der Kampagne den strategischen Zielen unterordnet, und *Bob Roberts* (1992) mit Tim Robbins inszeniert die gesamte Kampagne eines populistischen Bewerbers als einen einzigen Betrugsvorgang.

Dennoch überwiegt letztlich die Aussicht, daß sich immer wieder individuelle Heroen finden, die gegen den korrupten Apparat aufbegehren und die Moral in der Politik wieder heimisch machen. Das klassische Muster entwarf Frank Capra's *Mr. Smith Goes to Washington* (1939), wo ein naiv-rechtschaffener Pfadfinderführer als Strohmann einer Interessengruppe in die Hauptstadt entsendet wird. Dort deckt er wider Erwarten die Korruptheit der politischen Akteure auf und bewirkt so schließlich die Wiederherstellung eines funktionsfähigen politischen Systems.[21] Das Muster kehrt später in satirisch zugespitzter Form in *Dave* (1993) wieder. Hier ist es ein Doppelgänger, der den Präsidenten ersetzt, nachdem der beim Liebesspiel mit der Sekretärin einen Schlaganfall erlitt. Dave Kovic spielt die Rolle des Präsidenten zunächst willig als Marionette des mächtigen Stabschefs, und es wird deutlich, daß die Politik tatsächlich zu einem reinen Show Busi-

---

21 Vgl. dazu Dörner (1999).

ness verkommen ist. Jeder beliebige Schauspieler – die Reminiszenz an Ronald Reagan ist unübersehbar – kann den Posten des mächtigsten Politikers der Welt übernehmen. Dennoch wächst auch hier der »kleine Mann« über sich selbst hinaus, führt sein Amt gewissenhaft und zeigt der Nation, daß es doch noch Raum gibt für eine moralisch integere »gute Politik«. Die Zweifel am Zustand des Politischen werden also in der Regel utopisch aufgehoben.

Ein wichtiges Themenfeld war und ist schließlich auch der Krieg. So wurde im neueren amerikanischen Film vor allem das Vietnam-Trauma verarbeitet. Der Film wurde hier zu einem wichtigen Reflexionsmedium, in dem die gesellschaftlichen Kontroversen um den Krieg und die Niederlage fokussiert werden konnten. Zwar hielt sich Hollywood zu Kriegszeiten noch weitgehend zurück. Patriotische Filme wie *The Green Berets* (1968), bei dem John Wayne Regie führte, bilden die Ausnahme. Nach Kriegsende begann die Auseinandersetzung, zunächst mit distanzierten und kritischen Sichtweisen, indem vor allem die dehumanisierende Seite des Kriegs vorgeführt wurde.[22] In den 80er Jahren erfolgte jedoch eine Offensive des militärisch definierten Patriotismus, der die Niederlage als Folge mangelnder Unterstützung der Truppen durch die Politik und die Gesellschaft darstellte. In dieser amerikanischen Version der Dolchstoßlegende waren es Action-Helden wie John Rambo (Sylvester Stallone) und Colonel Braddock (Chuck Norris), welche die Ehre der Nation wiederherstellten und neues amerikanisches Selbstbewußtsein demonstrierten. Dieser Trend zur Rehabilitation des US-Militärs fand in Militärfilmen wie *Top Gun* (1986) seine konsequente Fortsetzung. Die Gegenposition wurde vor allem in den Filmen Oliver Stones formuliert, die nicht nur die barbarisierende Wirkung des Krieges, sondern auch

22 So zum Beispiel *The Deer Hunter* (1978) und *Apocalypse Now* (1979) sowie, mit einer linken politischen Stellungnahme, *Coming Home* (1978).

das interessegeleitete Handeln der Politik im Hintergrund anprangerten.[23]

Die Gestaltung des Politainment von seiten der politischen Akteure erfuhr dann zu Beginn der 90er Jahre eine neue Qualität. Brennpunkt dieses Wandlungsprozesses war der Präsidentschaftswahlkampf, in dem Bill Clinton als demokratischer Herausforderer gegen Amtsinhaber George Bush antrat. Clinton bekannte sich durchaus offen dazu, von den Kommunikationstechniken des »Great Communicator« Reagan gelernt zu haben. Das Clinton-Team setzte von Beginn an auf eine Strategie, welche die etablierten seriösen Medien weitgehend im Hintergrund beließ und statt dessen auf den direkten Kontakt des Kandidaten mit der Bevölkerung sowie auf Unterhaltungsmedien setzte.[24] So waren Talk-Shows, insbesondere auf den Sendern MTV und CNN, das bevorzugte Forum Clintons. Hier konnte er ohne Filterung durch die Journalisten direkt zu seinen Wählern sprechen in Fernsehformaten, die diesen aus ihrer alltäglichen Medienpraxis gut vertraut waren. Clinton kreierte mit dem Konzept der *Electronic Townhall* ein populistisches Instrument des Wählerkontaktes, auf das auch Ross Perot und George Bush später zurückgriffen. Die Kandidaten präsentierten sich in Shows wie *Larry King Live*, *Donahue*, aber auch *Choose or Loose* auf MTV, um Fragen des Studiopublikums zu beantworten.

Das Clinton-Team hat sich die Kommunikationsmaterialien der populären Medienkultur ganz bewußt als Instrumente des Wahlkampfs angeeignet. Der Kandidat suchte systematisch die Nähe bekannter Hollywood-Stars, die seine Kampagne mit erheblichen Geldsummen unterstützten. Die Band Fleetwood Mac zeichnete für das Wahlkampflied des

23 *Platoon* (1986), immerhin der Film mit dem drittbesten Einspielergebnis 1986, *Born on the Fourth of July* (1989), *Heaven and Earth* (1993) und natürlich *JFK* (1991).
24 Vgl. dazu Rosenstiel (1993), Just u. a. (1996) sowie Rybarczyk (1997).

demokratischen Kandidaten verantwortlich, das mit Mainstream-Pop und Aufbruchstimmung (*Don't Stop Thinking About Tomorrow*) vor allem die jüngeren Wählerschichten ansprach. Clinton bezog sich in seinen Äußerungen zudem oft auf Elvis Presley. Elvis symbolisierte eine unkonventionelle und nonkonformistische Kultur und eine Generation, die sich von der älteren kaum noch etwas sagen ließ. Dieses Image des Rebellen ließ sich rhetorisch gut verbinden mit der Proklamation des Wechsels, die in Clintons Motto »Time for a change in America« Ausdruck fand.

Viele dieser Strategien wurden später von den Sozialdemokraten in der Schröder-Kampagne zur Bundestagswahl aufgenommen – darauf wird später noch ausführlicher zurückzukommen sein. An dieser Stelle bleibt vorerst festzuhalten, daß die Medienkultur und damit auch die politische Kultur in der Bundesrepublik Deutschland durch die Charakteristika des amerikanischen Marktes nachhaltig geprägt worden ist. Es läßt sich ohne Übertreibung konstatieren, daß die nach 1945 auf den Markt strömenden amerikanischen Unterhaltungsangebote eine weitgehende Modernisierung und Verwestlichung der Alltagskultur mit Konsequenzen nicht nur für den Lebensstil der Bevölkerung, sondern auch für Wertorientierungen und politische Einstellungen bewirkt haben.[25] Jazz, Rock 'n' Roll und die eng mit der linken Protestbewegung verbundene Rockmusik der 60er und 70er Jahre haben ebenso wie zahlreiche Filmprodukte aus Hollywood eine Informalisierung der sozialen Umgangsformen und einen skeptisch-antiautoritären Habitus popularisiert. Ohne den aber wäre letztlich die 68er-Bewegung und die weitergehende Demokratisierung der politischen Kultur in der Bundesrepublik nicht denkbar gewesen.

US-Importware dominierte über Jahrzehnte hinweg nicht

25 Vgl. dazu die Befunde bei Schildt (1995), Lüdtke u. a. (1996) sowie Bude/Greiner (1999).

nur die Kinosäle, sondern auch zumindest denjenigen Teil des Fernsehprogramms, welcher der Unterhaltung gewidmet war. Serien von *Kojak* und *Magnum* bis zu *Dallas* und *Denver Clan* (orig.: *Dynasty*) prägten den deutschen Fernsehalltag, und das Ausmaß der Importe nahm unmittelbar nach der Etablierung des dualen Rundfunksystems noch drastisch zu, weil die privaten Anbieter sich zunächst mit billig einzukaufender US-Ware, insbesondere mit Soap Operas und Sitcoms eindeckten. Dieser Trend ist nun zwar seit einigen Jahren rückläufig, da die Marktanalytiker beobachtet haben, daß deutsche Eigenproduktionen beim Publikum mittlerweile besser ankommen. Dies darf aber nicht darüber hinwegtäuschen, daß heutzutage fast alle unterhaltenden Fernsehformate nach Vorbildern aus Amerika gefertigt werden: Spielshows und Quizsendungen, Stand Up Comedy und Sitcom haben ihre geistige und bildästhetische Heimat ebenso in den Staaten wie Soap Operas und Talk-Shows, die teilweise bis in die Details der Dekoration hinein bei amerikanischen Vorbildern abgekupfert sind.[26]

Vor allem aber hat sich in den 90er Jahren in den fiktionalen Genres, bei Krimis und Fernsehspielen, eine deutliche Annäherung des Inszenierungsstils vollzogen. Die deutschen Drehbuchautoren und Regisseure bedienen sich hier munter der in Hollywood erprobten Instrumentarien. Bei genauerem Hinsehen zeigt sich zudem, daß auch Inhalte und Figurentypen häufig ihre amerikanische Prägung nicht verleugnen können. Wie sich die Synthese aus eigenen Traditionen und amerikanischen Einflüssen in der deutschen Medienunterhaltung der Gegenwart artikuliert, wird in diesem Buch noch genauer zu analysieren sein. Zuvor sollen jedoch kurz

---

26 Man denke hier nur an den obligatorischen Schreibtisch aus der *Letterman Show*, der sich sowohl bei *Harald Schmidt* als auch bei *Johannes B. Kerner* wiederfindet. Zur Entwicklung der US-Vorbilder im deutschen Fernsehen vgl. Thomsen (1989), Ludes (1991) und Schneider (1992).

einige theoretische Perspektiven eingeführt werden, die das Verständnis von Struktur und Funktionsweise des Politainment erleichtern.

3. Unterhaltungswelten

Als-ob-Realität mit Feel-Good-*Faktor*

Was ist Unterhaltung?

Ein Charakteristikum der Gegenwartsgesellschaft liegt in der Omnipräsenz massenmedial inszenierter Unterhaltungsangebote. Da wir tagtäglich mit den Produkten der Unterhaltungsbranche konfrontiert sind, wissen wir intuitiv sicher, was »Unterhaltung« ist. Wenn man jedoch versucht, analytisch eine Bestimmung des Phänomens durchzuführen, gerät man schnell in Schwierigkeiten. Dies wird schon deutlich bei der Frage der Abgrenzung. Ein probates Mittel, die Konturen eines Begriffs herauszuarbeiten, besteht darin, daß man einen Gegenbegriff formuliert.

In der Medien- und Kommunikationswissenschaft hat man zu diesem Zweck traditionellerweise das Begriffspaar »Unterhaltung« versus »Information« verwendet. Diese Dichotomie dient auch heute noch dazu, in der Diskussion über das duale Rundfunksystem den Vorsprung der öffentlich-rechtlichen Anbieter im Informationssektor gegenüber den unterhaltungsorientierten Angeboten der Privaten zu betonen. Eine Game-Show oder eine Vorabendserie sind »Unterhaltung«, eine Nachrichtensendung oder eine Reportage werden der »Information« zugerechnet. Schon beim zweiten Blick auf die Medienrealität indes wird deutlich, daß diese Unterscheidung Probleme aufwirft. Zum einen wird gerade in der Medienkultur unserer Gegenwartsgesellschaften Information zunehmend in unterhaltend inszenierten Rahmungen, als Infotainment oder Docutainment dargeboten.[1] Damit Informationsangebote auf dem Medienmarkt ihre Ab-

---

1 Zum Infotainment vgl. Wittwen (1995) und Nieland/Schicha (2000).

nehmer finden, müssen ästhetisch ansprechende Gestaltungen dabei ebenso verwendet werden wie Elemente der Spannungsdramaturgie. Keine Nachrichtensendung kann es sich heute leisten, das Publikum mit dem bloßen Verlesen von Meldungen abzuspeisen. Es müssen aufregende Bilder hinzukommen, und abstrakte Sachverhalte werden in poppige Grafiken und Computeranimationen übersetzt. Nicht nur die Präsentationstechnik hat sich geändert, auch bei der Auswahl der Themen und Gegenstände findet die Unterhaltungswelt immer stärker Berücksichtigung. Das gilt insbesondere für den Bereich des Sports, der heute zu einem festen Bestandteil sogar der ehrwürdigen Tagesschau geworden ist. Zudem finden Berichte über das Leben und Ableben von Showgrößen immer stärker Eingang in die vormals so ernste Welt des Nachrichtengeschäfts.

Neben diesen internen Veränderungen sticht die Herausbildung von neuen, hybriden Genres ins Auge, die alle Grenzen zwischen Information und Unterhaltung mühelos überschreiten. Ein typisches Beispiel sind die in den 90er Jahren entstandenen *Docu-Soaps*, die zuerst bei der britischen BBC entwickelt wurden und dann sehr schnell von zahlreichen anderen Sendern aufgegriffen wurden. In der Docu-Soap fanden zwei Formate zueinander, die als geradezu klassische Vertreter ihres jeweiligen Sektors gelten können: der Dokumentarfilm bzw. die Dokumentation mit dem Anspruch, Realität möglichst authentisch und genau abzubilden, und die Soap Opera, die mit dem Anspruch purer Unterhaltung nach tausendfach erprobten Schemata im realitätsfernen Mikrokosmos eines Fernsehstudios frei erfundene Geschichten erzählt. Die Docu-Soap sucht die Geschichten in der Realität auf und verarbeitet sie mit den dramaturgischen Mitteln der Unterhaltungsserie, gleich, ob es um das Geschehen auf einem Ozeandampfer oder um den Versuch einer Gruppe von Frauen geht, ihr Gewicht zu reduzieren.

Auf der anderen Seite wird durch »klassische« Unterhaltungssendungen durchaus Information vermittelt. Dies gilt etwa für die Quiz-Shows wie *Hätten Sie's gewußt?* und *Jeopardy,* die immer auch den volkspädagogischen Anspruch der Bildungsvermittlung erheben. Dabei ist freilich zu beobachten, daß dieser televisionäre Bildungsanspruch zunehmend selbstreferentiell funktioniert – abgefragt wird ein Wissen, das man primär im Fernsehen erwirbt – und daß im so definierten Bildungskanon das traditionelle, ernsthafte Wissen über historische, technische oder hochkulturelle Gegenstandsbereiche verdrängt wird durch ein Wissen über die Welt des Entertainment: Welche Schauspielerin hat in Film X mitgewirkt, welcher Schlagzeuger hat die Popgruppe Y gegründet, welcher Moderator leitete in den 60er Jahren das Magazin Z?

Informationsvermittlung in einem breiten Sinne erfolgt auch in fiktionalen Fernsehsendungen. Das beginnt bei ganz profanen Dingen. Die zahlreichen Arztserien vermitteln Wissen über neue Therapieformen und Fortschritte in der Medizintechnik, Krimis wie die der Reihe *Schwarz Rot Gold* führen in die komplexe Welt des Zoll- und Steuerrechts ein, bei den *Drombuschs* erfährt man etwas über die Tücken des Erbens und Vererbens, die *Lindenstraße* schließlich führt vor, wie man eine Bürgerinitiative gründet und bei der eigenen Kommune die Verkehrsberuhigung einer Wohnstraße erreichen kann. Vor allem aber wird in Spielfilmen und Serien ein erhebliches Quantum an Wissen über psychische Mechanismen und soziale Zusammenhänge vermittelt, das von den Zuschauern tatsächlich auch gern benutzt wird, um Probleme ihrer eigenen Alltagswelt zu reflektieren. Wie löse ich in der Familie ein Generationenproblem, wie komme ich als alleinerziehende Mutter zurecht, welche Techniken gibt es, um eine in die Lieblosigkeit geratene Beziehung wiederzubeleben – auf all diese Fragen wissen die fiktionalen Welten der Fernsehunterhaltung Antworten zu formulieren, die vom Publikum durchaus als realitätsrelevant angesehen werden.

Die Kommunikationswissenschaftler Kepplinger und Tullius kommen daher im Rahmen einer empirischen Untersuchung über die Nutzung von Fernsehserien zu dem Schluß, daß die Klassifikation von Sendungen nach Form und Inhalt in Unterhaltungs- und Informationssendungen wenig Sinn macht.[2]

Die Diskussion über mögliche Produktions- oder Rezeptionskriterien zur Abgrenzung von Unterhaltung soll hier nicht weiter verfolgt werden.[3] Statt dessen wird nach dem spezifischen Realitätsmodus gefragt, in dem Unterhaltungskommunikation sich bewegt. Diese Frage soll im Rückgriff auf Alfred Schütz geklärt werden. Schütz gilt als Begründer der phänomenologisch orientierten Soziologie und hat sich ausführlich mit den Prozessen der sozialen Realitätskonstruktion beschäftigt (vgl. Schütz 1971). Was wir in unserer Alltagswelt für real halten, ist die »ausgezeichnete Wirklichkeit«. Sie ist von anderen Realitätsmodi unterschieden, wobei die Definitionen verschiedener Akteure durchaus differieren können. Was für mich real ist, kann in den Augen anderer als Hirngespinst gelten. Schütz hat an dem bekannten Beispiel des eifrigen Romanlesers Don Quichote dargelegt, wie durch eine große Menge an »Übersetzungsregeln« auch noch so absurde Wirklichkeitskonstruktionen als real wahrgenommen werden können. Auch moderne Ideologien bieten ja letztlich nichts anderes als solche Wirklichkeitskonstruktionen, die – allem Anschein zum Trotz – immer wieder Übersetzungsregeln anbieten, durch welche die sichtbare Realität mit einem welt- und heilsgeschichtlichen Szenario ineins gesetzt werden kann.

Auf der Grundlage der Schützschen Wissenstheorie kann Unterhaltung als ein geschlossener Sinnbereich definiert werden, der durch einen Als-ob-Modus charakterisiert ist: »Unterhaltungswelten sind grundsätzlich ›Als-ob-Welten‹, und

2 Vgl. dazu Kepplinger/Tullius (1995: 154f.).
3 Vgl. dazu u. a. Dehm (1984: 171 ff.) und Hallenberger/Foltin (1990).

zwar in dem Sinne, daß sie eine von der Wirklichkeit des Alltags abgeleitete, eigene Wirklichkeit erschaffen, in der jeweils
bestimmte Handlungen nach jeweils bestimmten Regeln oder
Gesetzen erfolgen.«[4] Die Als-ob-Welt ist demnach eine im
klassischen Sinne fiktionale Welt, wie sie zum Beispiel in Romanen, Spielfilmen oder Fernsehserien entworfen wird.
Oder aber es handelt sich um Spielwelten, deren Als-ob-Realität erst durch die (konstitutiven) Spielregeln erschaffen
wird. Wettkampfspiele (Sport, Quiz, Game-Show) und
Glücksspiele wären hier zu subsumieren.

Als-ob-Welten bleiben dabei stets auf die Logik der Alltagswelt als »ausgezeichnete Wirklichkeit« bezogen, haben
aber einen anderen Erkenntnisstil. Sie sind zunächst einmal
freigestellt von pragmatischen Handlungsnotwendigkeiten,
sind gelöst von den üblicherweise geltenden raum-zeitlichen
Regeln, denen unser Alltagsleben unterliegt, und sie bieten
vor allem über die Identifikation eine Möglichkeit, ganz unterschiedliche Rollen und Erfahrungsräume durchzuspielen.
Identifikation stellt die Brücke zwischen der fiktionalen Welt
und der eigenen Erfahrung dar. Sie ermöglicht Teilnahme an
der fiktionalen Realität und ist somit auch Voraussetzung für
mögliche spätere Transfers von Wissens- und Erfahrungs-
segmenten in den Alltag der Unterhaltungsnutzer. Die Als-
ob-Welt eines amerikanischen Kinofilms kann mir also die
Möglichkeit eröffnen, mich in die sonst ferne Realität des
amerikanischen Präsidenten hineinzuversetzen, mit ihm
durch entschlossenes und kluges Handeln die Welt vor dem
Untergang zu retten und den Triumph der entsprechenden
Anerkennung durch die Mitbürger zu genießen. Gleichzeitig
kann ich darüber reflektieren, wie es der Präsident in einer
bestimmten Szene geschafft hat, seine ärgsten Widersacher
von der Richtigkeit seines Handelns zu überzeugen, und ich
kann die eine oder andere Kommunikationsstrategie durch-

4 Vgl. Stumm (1996: 147).

aus probeweise auch in meiner eigenen Alltagswelt bei Aushandlungsprozessen zur Anwendung bringen.

Dabei sind die Als-ob-Welten in der Regel durch eine reduzierte Komplexität gekennzeichnet und somit besonders orientierungsfreundlich. Diese Orientierungsfreundlichkeit aber macht das Unterhaltende wiederum politisch so bedeutsam: Politikbilder, Deutungsmuster, Wahrnehmungsfolien der Unterhaltungskultur sind deshalb ein so wichtiges Moment von politischer Kultur, weil sie Mediennutzern in entspannten, von Alltagslasten befreiten Situationen eingängige Materialien zur Wahrnehmung, Deutung und Sinngebung von politischer Realität vermitteln. Man fühlt sich wohl, glaubt sich in einer von pragmatischen Zwecken und politischen Ideologien losgelösten Situation zu befinden und nimmt daher die dargebotenen Deutungsmuster bereitwillig auf.

Entertainment als Utopie

Wenn man die besonderen Wirkungsmöglichkeiten von Unterhaltungsangeboten auf einen Begriff bringen will, bietet sich die dem angelsächsischen Sprachgebrauch entlehnte Formulierung des »*Feel-Good*-Faktors« an. Diese Formulierung ist nicht zuletzt auch im Hinblick auf bestimmte Inszenierungstechniken in amerikanischen Präsidentschaftswahlkämpfen verwendet worden, um darauf aufmerksam zu machen, daß hier von den Campaign Managers in immer stärkerem Maße die emotionale Verfassung des Publikums ins Zentrum der Bemühungen gestellt wurde. Nicht Argumente oder Problemlösungsangebote, sondern positive Stimmungen müssen von den Kandidaten geboten werden, damit die Akzeptanz im Elektorat steigt. Ronald Reagan hatte diese Logik modellhaft vorgeführt, als er in den schwierigen Jahren nach dem Vietnam-Desaster und der demütigenden Geiselnahme amerikanischer Bürger im Iran das Selbstbewußtsein der Bevölkerung mit geschickt aufgeführten »Cheerleader«-Inszenierungen wieder herstellte.

Der Verweis auf Ronald Reagan, der sein Handwerk nicht zuletzt in Hollywood lernte, macht schon deutlich, daß die Steuerung des *Feel-Good*-Faktors zunächst einmal ein genuines Unterfangen der Unterhaltungskultur ist. Ins Kino oder in ein Musical gehen die meisten Leute vor allem deshalb, weil sie dort positive Stimmungen erfahren, die in der normalen Alltagswelt eher die Ausnahme bilden.

Unterhaltungserlebnisse sind daher in der Regel mit einem *Feel-Good*-Faktor verbunden. Die Als-ob-Welten des Entertainment sind deshalb so attraktiv, weil sie sich zwar einerseits auf unsere alltagsweltlichen Erfahrungen mit der »ausgezeichneten Wirklichkeit« im Sinne von Schütz beziehen, gleichzeitig jedoch »besser« erscheinen. Unterhaltende Als-ob-Welten sind utopisch – und zwar weniger in der Weise, daß sie uns Modelle einer besser organisierten Gesellschaft präsentieren, sondern indem sie eine Emotion des Utopischen, ein Gefühl der besseren (politischen) Wirklichkeit vermitteln. Der britische Medienwissenschaftler Richard Dyer, der sich ausführlich mit den Funktionsweisen der Unterhaltungskultur beschäftigt hat, beschreibt dieses utopische Element wie folgt: »Entertainment does not, however, present models of utopian worlds, as in the classic utopias of Sir Thomas Moore, William Morris, et al. Rather the utopianism is contained in the feelings it embodies. It presents, head-on as it were, what utopia would feel like rather than how it would be organised. It thus works at the level of sensibility, by which I mean an effective code that is characteristic of, and largely specific to, a given mode of cultural production.«[5]

Mit Hilfe einer semiotischen Unterscheidung kann die Produktion des politischen *Feel Good* noch genauer analy-

5 Dyer (1981: 177).

siert werden. Unterhaltungserlebnisse spielen sich auf zwei analytisch zu trennenden, aber stets zusammenwirkenden Zeichenebenen ab. Auf der Ebene der repräsentierenden Zeichen sind beispielsweise die Charaktere klarer, die Helden moralischer, die Konflikte einfacher zu lösen als in der realen Welt unserer Alltagserfahrung. Auf der Ebene der nichtrepräsentierenden Zeichen wird unsere Emotionalität besonders intensiv angesprochen, weil es hier Parallelen zwischen der Logik der Zeichen und der Logik des Fühlens gibt, die eine besonders unmittelbare Wirkung ermöglichen.[6] Musik, Farbigkeit, Struktur des Bildaufbaus, Bewegung und Rhythmus sind solche Zeichenformen. Ob beispielsweise eine Filmszene als spannend, beängstigend, trostlos oder aber ermutigend und triumphal erfahren wird, ist maßgeblich durch die begleitende Musik gesteuert. Und es muß schließlich, hier ist Dyer zu ergänzen, eine utopische Handlungsführung, eine Erzählung mit einem sinnstiftenden Geschehen hinzukommen.

Machen wir uns die Trias von Handlung, Bildlichkeit und Musik an einem besonders exponierten und den meisten von uns bekannten Beispiel deutlich. *Titanic* von James Cameron hat in der Saison 1997/98 als erster Film in der Kinogeschichte weit über 1 Milliarde Dollar eingespielt, obwohl die Geschichte vom Untergang des Luxusliners schon etliche Male in verschiedenen Medien verarbeitet worden war. Wie kann ein so »alter Hut« das Publikum dermaßen mobilisieren? Die Antwort ist einfach: Der Film hat auf der Klaviatur des *Feel Good* perfekt gespielt. Zunächst einmal wurde auf der Ebene der Handlung eine sinnstiftende utopische Perspektive gleich in zweifacher Hinsicht entfaltet: Die Hauptfiguren Jack Dawson (Leonardo DiCaprio), ein junger, mittelloser Einwanderer, und Rose DeWitt Bukater (Kate Winslet), eine ebenso junge, aber aus reichem Hause stam-

6 Dyer (1981: 178).

mende Lady, entwickeln auf der Überfahrt nach Amerika intensive Gefühle füreinander und verwirklichen ihre Liebe über alle Klassengrenzen hinweg. Sinnlich wahrnehmbar wird diese Utopie der Klassentranszendenz durch das Auftreten der Liebenden zunächst bei einer Geselligkeit der High Society auf dem Oberdeck, bei der sie sich jedoch bald langweilen, so daß sie nach kurzer Zeit auf das Unterdeck wechseln und dort alsbald mit den Proletariern fröhlich und ausgelassen tanzen. Später, als die Katastrophe eingetreten ist und alle Passagiere um ihr Leben kämpfen, zeigt sich, daß die Liebe auch noch eine zweite, unüberwindlich scheinende Grenze überschreitet: die zwischen Leben und Tod. Jack opfert sein Leben für Rose, und diese wiederum bleibt ihrem Retter ein Leben lang in Liebe treu. In der Schlußszene des Films wirft sie zum Zeichen der unerschütterlichen Liebe einen außerordentlich kostbaren Edelstein an jener Stelle ins Meer, an der die Titanic einst gesunken war.

Auf der Ebene der Bildästhetik bietet der mit 200 Millionen Dollar Produktionskosten sehr aufwendige Film sorgfältige Inszenierungen, die sich dem visuellen Gedächtnis des Zuschauers schnell einprägen. Herausragendes Beispiel ist eine Sequenz in der Mitte des Films. Die beiden Liebenden treffen sich zur Abenddämmerung am Bug des Schiffes, und er überredet sie, mit ihm vor die Reling zu treten und dort das Gefühl von Wind, Meer und Geschwindigkeit zu genießen. Rose überwindet ihre anfängliche Angst und breitet, von Jack gehalten, ihre Arme aus wie zum Flug. In diesen Bildern wird ein Gefühl der Schwerelosigkeit und, durch das riesige Schiff unter den Liebenden visualisiert, der endlosen Kraft vermittelt, die aus Liebe und gegenseitigem Vertrauen erwachsen kann.

Musikalisch untermalt ist diese Schlüsselszene des Films durch die Melodie des Liedes *My Heart Will Go On*, das als Titelsong mit der weltbekannten Interpretin Céline Dion später auch als eigenständige CD millionenfach verkauft wurde. Dieses Lied, eine Hymne über die Unsterblichkeit der

Liebe, setzt die utopische Perspektive von Erzählung und Bildästhetik um in eine eingängige Folge von Tönen, die das Publikum offenbar so intensiv emotional anrührte, daß nicht nur Liebespaare hierin eine ästhetisch gelungene Umsetzung ihrer Gefühle sahen. Auch trauernde Eltern beispielsweise vermochten in einem Gefühlstransfer die Musik als angemessenen Ausdruck einer den Tod transzendierenden Liebe zu ihren verstorbenen Kindern zu erkennen – so hörbar auf einem virtuellen Friedhof, der dem Gedenken der Kinder gewidmet ist.[7]

Richard Dyer macht in seiner Untersuchung schließlich darauf aufmerksam, daß die Gefühlsqualitäten utopischer Unterhaltungserlebnisse auf ganz bestimmte Entbehrungen und Probleme in der realen Welt bezogen sind. Aus dieser »Passung« erklärt sich, warum Unterhaltung so gut funktionieren kann. Die entsprechenden Gefühlsqualitäten sind: Überfluß im Gegensatz zur realen Knappheit, Energie im Gegensatz zur realen Verbrauchtheit und Schwäche, Intensität im Gegensatz zu Langeweile und Monotonie, Transparenz und Spontaneität im Gegensatz zu Manipulation und Täuschung, Gemeinschaft im Gegensatz zur Fragmentierung der realen Alltagswelt.[8] Unterhaltung als politische Kommunikation bedeutet also, daß das Politische im Modus orientierungsfreundlicher Als-ob-Welten erfahren und verarbeitet wird. Diesen Welten eignet zugleich das Potential eines utopischen Emotionsmanagements, das uns fühlen läßt: Die politische Welt kann auch anders sein, nämlich intensiv, energiegeladen, transparent und gemeinschaftlich.

Machen wir das Gesagte nun schließlich an politischen Beispielen deutlich. In dem amerikanischen Film *Top Gun* (1986) wird mit professionell gehandhabten ästhetischen Mitteln das Bild einer voll integrierten militärischen Gemein-

---

7 Vgl. dazu www. geocities. com/Heartland/Flats/1449/dedication. html.
8 Vgl. Dyer (1981: 184).

schaft entworfen. Ehrgeizige und schöne junge Menschen kämpfen im Dienste einer guten Sache nicht nur sinnvoll für die nationale Gemeinschaft, sondern können dabei gleichzeitig auch ihre Abenteuerlust ausleben und Karriere machen. Kraft und Dynamik drücken sich im eleganten Flug der Düsenjets aus. Die Waffen der Flugzeuge, mit denen der Feind vernichtet wird, symbolisieren in ihrer Entscheidungsgewalt über Leben und Tod, die sie den Piloten verleihen, so etwas wie göttliche Allmacht. Die Hauptfigur, der Marineflieger Tom Mitchell (Tom Cruise), Codename »Maverick«, ist ein Draufgänger, der Befehle auch schon mal mißachtet – aber wirklich böse kann ihm dafür niemand sein. Er durchlebt einen Bildungsroman im Zeitraffer, in dessen Verlauf er seinen besten Freund verliert, charakterlich geläutert wird, Aufklärung über den Verbleib seines heldenhaft gestorbenen Vaters (ebenfalls Militärflieger) erhält und die Liebe einer attraktiven jungen Frau gewinnt. Am Ende darf er durch fliegerische Höchstleistungen schließlich noch mehrere Kameraden retten und einige russische MIG-Flugzeuge abschießen. All dies wird durch die Rhythmen von einprägsamen Rock- und Popsongs noch zusätzlich ästhetisch überformt. Es entsteht das utopische Bild einer attraktiven Gemeinschaft, in der freiheitsliebende Einzelgänger (»Mavericks« wie Tom Mitchell) gleichzeitig ihre Individualität ausleben und der Nation dienen können. Dieses Bild hat in Amerika nicht nur das positive Image des Militärs wiederhergestellt, das nach der Vietnam-Erfahrung stark in Frage gestellt war, sondern es hat durch sein geschicktes Emotionsmanagement auch zahlreiche junge Männer dazu bewogen, sich freiwillig zu den US-Marinefliegern zu melden.[9]

Zehn Jahre später inszeniert der Film *Independence Day* (1996) ähnliche Gefühle in einem Geschehen, das die Existenz der gesamten Menschheit durch aggressive außerirdische

9 Vgl. dazu Kellner (1995: 80).

Invasoren bedroht erscheinen läßt. Entfaltet wird hier die Utopie einer (unter amerikanischer Führung) solidarisch vereinten Weltgemeinschaft, die durch gemeinsames Handeln die Gefahr abwendet. Der amerikanische Präsident ist ein junger, attraktiver und mutiger Militärflieger (Bill Pullman), und den entscheidenden Schlag gegen die Aggressoren führt ein Team, das aus einem vergeistigten Intellektuellen (Jeff Goldblum) und einem lebenslustigen Schwarzen (Will Smith) besteht – eine durchaus anschauliche Integrationsutopie. Aber politische Utopien sind auch in weniger martialischen Kontexten präsent. So wird in der Doppelgänger-Komödie *Dave* (1993) die Möglichkeit einer guten, integeren und sozial gerechten Politik im Weißen Haus vorgeführt. In dem Polit-Thriller *Götterdämmerung – morgen stirbt Berlin* (1999) schließlich, um hier auch ein deutsches Beispiel anzuführen, steht eine junge Historikerin (Christiane Paul) im Mittelpunkt. Im Verlauf des Films gelingt es ihr durch hartnäckige Recherchen und schließlich auch durch beherztes Handeln, einen geplanten Terroranschlag durch Alt- und Neonazis aufzudecken, mit Hilfe ihres Freundes zu verhindern und so die gesamte Hauptstadt vor dem Untergang in einem Flammeninferno zu bewahren.[10] In all diesen Fällen ist zu beobachten, daß die Attraktivität und emotionale Wirksamkeit der Erzählungen durch eine ausgefeilte Bildästhetik und vor allem durch gezielt eingesetzte Musikpassagen sichergestellt wird.

Politisches Cheerleading

Die Bildwelten der Unterhaltungskultur bewegen sich in einem Modus des Als-ob. Sie stellen somit keine auf Wahrheit oder Authentizität zielenden Widerspiegelungen von politi-

10 Zu diesem Film, der in vieler Hinsicht eine neue politische Ästhetik der »Berliner Republik« repräsentiert, vgl. die ausführliche Analyse in Kap. 8.

scher Realität dar, sondern alternative Konstruktionen von Wirklichkeit. Innerhalb deren entfaltet sich so etwas wie das »politische Imaginäre« der Gesellschaft: ein fiktionaler Raum, in dem Vorstellungen, Visionen, Träume und Gefühle des Politischen verhandelt werden. Hier wird nicht eine Abbildung von politischen Prozessen und Akteuren geliefert, sondern eine Transformation der politischen Realität, die mit dem Potential einer hohen emotionalen Intensität verknüpft ist. Diese »übersetzte« Wirklichkeit kann sich von dem, was wir aus eigener Anschauung oder auch aus der Realitätskonstruktion von Informationsmedien kennen, ziemlich weit entfernen. Es deutet sich hier eine Zweiteilung der politischen Bühne in einen vorderen und einen hinteren Teil an, wie sie in der Diskussion über »symbolische Politik« im Anschluß an Murray Edelman üblich geworden ist. Während demnach einem Massenpublikum auf der Vorderbühne durch Kommunikationsprofis eine Show der guten Politik geboten wird, machen die Eliten hinter den Kulissen, also im Reich der Realpolitik, in Ruhe ihre interessegeleiteten Tauschgeschäfte und Kuhhändel aus.[11] Entsprechend könnte man mutmaßen, Politainment sei lediglich eine Showveranstaltung der verschworenen Eliten, damit sich das gemeine Publikum in seiner Machtlosigkeit behaglich einrichtet und aufgrund des *Feel-Good*-Faktors den Herrschenden seine Zustimmung nicht verweigert.

Dem kann freilich entgegengehalten werden, daß allzu große Diskrepanzen zwischen Symbol- und Realpolitik, Politainment und meßbarer politischer Performance regelmäßig von öffentlichen Beobachtern und von den Wählern abgestraft werden. Dies mußte auch Gerhard Schröder im Jahr 1999, im Jahr nach seiner Wahl zum Bundeskanzler, schmerzlich erfahren. Während er von einem Show-Event zum näch-

---

11 Vgl. dazu die klassischen Analysen bei Edelman (1976) sowie, differenzierter und auf den deutschen Kontext bezogen, Sarcinelli (1987).

sten eilte und zwischen Fototermin im Brioni-Mantel und *Wetten-daß?*-Auftritt immer wieder betonte, daß das Regieren Spaß mache, ergab die reale Politik mit breitem Koalitionsgerangel, Lafontaine-Rücktritt, Kompetenzwirrwarr sowie stets aufs neue korrigierten Maßnahmen ein desolates Bild. Die heftige publizistische Kritik und eine schier endlose Reihe von Wahlschlappen führten dann dazu, daß Schröder seinen Inszenierungsstil im Hinblick auf mehr Seriosität korrigierte, zahlreiche Auftritte absagte und seine Energien auf eine Verbesserung der Bilanz im sachpolitischen Bereich konzentrierte.

Von solchen heftigen Kurskorrekturen einmal abgesehen, ist es wichtig, die unterschiedlichen *Funktionen* von Politainment und Sachpolitik im Blick zu halten. Das Politainment ist ein Instrument der Inszenierung und der unterhaltenden Vermittlung von Politik, und es hat als solches seinen Eigenwert. Der nämlich liegt, und hier ist auf den *Feel-Good*-Faktor zurückzukommen, auch darin, daß die Stimmung in der öffentlichen Diskussion wie in der Bevölkerung verbessert wird. Niemand hat die Relevanz dieser Dimension des Politainment besser vorgeführt als der amerikanische Präsident Ronald Reagan. Als Profi der Unterhaltungsindustrie wußte er genau, wie wichtig das *Feel Good* als Grundlage der Legitimität und damit auch der Sachpolitik sein kann. Reagan verfügte über eine außerordentliche Fähigkeit zur sprachlichen Konstruktion von Wirklichkeit, insbesondere zum Entwurf anschaulicher Bilder und zur Visualisierung von Gedanken. So wird berichtet, daß er als junger Sportreporter für einen kleinen Radiosender, der sich nicht einmal Stadionpräsenz leisten konnte, Footballspiele ganz anschaulich auf der Grundlage von laufenden Fernschreiberberichten kommentierte. Als der Fernschreiber eines Tages während eines Spiels ausfiel, erfand Reagan kurzerhand den weiteren Verlauf und schilderte ihn seinen Zuhörern so, daß diese von dem Ausfall gar nichts merkten.[12] Abgesehen von einem besonderen Instinkt für den Spielverlauf, zeigt der Vorfall, wie Reagan es gelernt hat, anschauliche Visionen für verschiedene Öffentlichkeiten zu entwerfen. Darüber hinaus ist er nach seinen Tätigkeiten als Reporter, Schauspieler und Präsident der Schauspielergewerkschaft von 1954 bis 1962 als Wanderprediger der amerikanischen Zivilreligion kreuz und quer durch die Lande gereist. In dieser Zeit, als er auf der Gehaltsliste von General Electric stand, hat er sich die inszenatorischen Mittel dazu angeeignet, das Publikum in eine positive und damit letztlich auch konstruktive Stimmung zu versetzen.[13] Als Reagan 1981, 20 Jahre nach dem Beginn seiner politischen Laufbahn, ins Präsidentenamt kam, befand sich die amerikanische Identität in einer tiefen Krise. Vietnam, Watergate, schließlich die Entehrung der Nation in der Geiselaffäre, dies alles in Verbindung mit erheblichen ökonomischen Problemen, hatte im Selbstbewußtsein der Amerikaner tiefe Spuren hinterlassen. Reagans Projekt war die Erneuerung des Optimismus bei den Bürgern durch eine öffentliche Rückbesinnung auf die kulturelle Tradition und die darin enthaltenen politischen Identitätsoptionen.

So verwendete Reagan in seiner Antrittsrede die berühmte Eingangsformel »We the people« aus dem Verfassungstext von 1787. In dieser Formulierung konstituiert sich ein souverän auftretendes Volk, und jeder einzelne Bürger kann sich in diese Position des aktiven, souverän handelnden Akteurs hineinlesen. In Verbindung mit Lincolns Formulierung aus der *Gettysburg Address*, »a government for, by, and of the people«, bot Reagan in seiner Rede allen Amerikanern eine Vision von der aktiven Partizipation an einer starken, handlungsfähigen Republik. Reagan stützte diese Vision in seinen Reden stets mit einer Vielzahl von Aktionsverben, die dem

12 Vgl. Cannon (1982: 46).
13 Vgl. dazu Leuchtenberg (1983: 233).

Publikum einen ausgeprägten »can-do-spirit« vermittelten und den Präsidenten zu »the Nation's First Cheerleader« werden ließ.[14] Unbestritten selbst von seiten des politischen Gegners, gelang es Reagan, im öffentlichen Wahrnehmungsraum der USA die depressive Phase zu beenden und den Bürgern tatsächlich das positive Gefühl zu vermitteln, daß die Probleme lösbar seien und die Zukunft besser aussehen werde als die unmittelbare Vergangenheit.

Natürlich läßt sich mit dem *Feel-Good*-Faktor auch Illusionspolitik betreiben und von realen Problemen oder Schwächen ablenken. Politisches Emotionsmanagement ist von den Akteuren zur Erreichung ihrer je eigenen Ziele strategisch einsetzbar. Das sollte aber nicht zu einer einseitigen Sicht verführen. Denn grundsätzlich ist die Wahrnehmung und das Gefühl, daß die Welt »machbar« und veränderbar ist, die wichtigste Voraussetzung dafür, daß überhaupt gehandelt wird. Depressiv gestimmte Menschen sind in der Regel wenig geneigt, Probleme anzupacken und mit Elan zu arbeiten, sich zu engagieren oder selbst Politik zu machen. Die Objektivität des Subjektiven besteht hier darin, daß auch auf der emotionalen Ebene eine subjektive Disposition zum Handeln vorhanden sein muß, damit die objektiven Verhältnisse gestaltet und gegebenenfalls verändert werden können. Politische Emotionen und Sachpolitik gehören also durchaus eng zusammen, und es wäre eine grobe Verkürzung der politischen Realität, wenn man Symbolpolitik, *Feel-Good*-Faktor und »Cheerleading« immer schon vorab mit negativen Vorzeichen versehen würde.

---

14 Vgl. Hart (1984: 215); Reagan stand zwar nicht mit bunten Papierbüscheln und kecker Uniform am »Spielfeldrand«, aber seine gekonnte Inszenierung vermochte dennoch große Teile der amerikanischen Bevölkerung effektiv »anzufeuern«.

Verdächtigungen

Die Verwendbarkeit der Emotionen für die Ziele politischer Akteure legt ideologiekritisches Mißtrauen nahe. Und in der Tat ist nicht zuletzt der *Feel-Good*-Faktor dafür verantwortlich, daß die Unterhaltungskultur mit ihren emotionalen Wirkungspotentialen schon seit Beginn der intellektuellen Auseinandersetzung mit der »leichten Muse« in grundsätzlichen Verdacht geraten ist. Im wesentlichen lassen sich dabei zwei Hauptstränge der Verdächtigung unterscheiden, deren Argumente sich in der öffentlichen Diskussion mitunter auch gegenseitig stützen.

1. Auf der einen Seite findet sich der *Verdacht der Kulturzerstörung*. Die leicht zugängliche und von allen verstehbare Populärkultur unterläuft in dieser Sicht gleichsam das Niveau und damit auch die hehren Absichten der Hochkultur, indem sie sich den »Massen« anbiedert und damit zugleich deren Geschmacksbildung verdirbt. Kann die hohe Kunst den Menschen nicht nur ästhetisch, sondern auch moralisch veredeln, wie dies beispielsweise in den theoretischen Schriften Friedrich Schillers projektiert wird, so muß notwendigerweise die niedere Kunst negative Auswirkungen auf diejenigen Menschen haben, die sich den Unterhaltungsgelüsten hingeben. Dieser asketische Aspekt hat im Bildungsbürgertum, das sein Selbstbewußtsein und seine soziale Anerkennung vor allem aus der Sphäre der Hochkultur beziehen wollte, eine ganz zentrale Rolle gespielt. Der Hedonismus des Populären bildet für diesen Diskurs, der sich von der idealistischen Philosophie bis zu den Kitsch-Diskussionen der 70er und 80er Jahre erstreckt, das identitätsbildende »Andere«, von dem es sich stets und überall abzusetzen gilt. Dort, wo Kultur einfach strukturiert ist und Spaß macht, setzt sie sich unverzüglich dem Verdacht ästhetischer und moralischer Minderwertigkeit aus. Ein Blick auf die neuere Geschichte der Diskussion über Kitsch und Trivialität zeigt sogar, daß

häufig kriminalistische Kategorien Verwendung fanden, um den Verdacht gegen das Populäre direkt zu überführen in öffentliche Verurteilungen, deren Rechtskraft zu sichern den institutionalisierten Hütern des guten Geschmacks – den Kunst- und Literaturkritikern – anvertraut wurde.[15] Aus der analytischen Distanz betrachtet wird freilich klar, daß die »hohe Kultur« paradoxerweise ohne das Gegenbild der bösen Unterhaltungskultur den eigenen Status gar nicht definieren könnte. Und von einem wissenssoziologischen Standpunkt aus betrachtet fällt auf, daß die kulturellen Eliten hier eine Apologie ihrer eigenen unverzichtbaren Rolle als Hüter der Kultur und volkspädagogischer Vermittler vornehmen.

2. Auf der anderen Seite findet sich der *Verdacht des Massenbetrugs*. Die Ideologiekritik als Zentrum des kulturellen Betrugsdezernats ist bekanntlich eine Domäne marxistischer oder marxistisch inspirierter Ansätze. Noch in der neueren Diskussion über politische Funktionen der Massenmedien wird auf die »klassische« Denkweise von Marx und Engels zurückgegriffen, der zufolge das Sein – sprich: die Produktionsverhältnisse – das Bewußtsein bestimmt und die herrschenden Gedanken immer die Gedanken der Herrschenden sind.[16] So ist der theoretische Ansatz des traditionellen Marxismus u. a. von Murdock und Golding aufgenommen worden. Sie kritisieren die Ablösung vieler neuerer Studien von der politischen Ökonomie und fordern, an der deterministischen Lesart der Marxschen Konzeption festzuhalten.[17] Die in den Massenmedien dargebotene Unterhaltungskultur dominiert demzufolge als Instrument der herrschenden Klassen

15 Zu dieser Kriminalistik des Kitsches vgl. ausführlich Vogt (1994).
16 Zu diesen zentralen Topoi des marxistischen Denkens vgl. zum einen Karl Marx' *Kritik der politischen Ökonomie* (1859: 8 f.) sowie zum anderen die berühmten Passagen in der *Deutschen Ideologie* (Marx/Engels 1845/46: 46 ff.).
17 Vgl. Murdock/Golding (1977: 18 f.).

das Denken der Beherrschten. Sie rechtfertigt soziale Ungleichheiten und stabilisiert den gesellschaftlichen Status quo. Der Marktmechanismus begünstigt die Konzentration der Medien im Besitz weniger, mächtiger Akteure, und auch die öffentlich-rechtlichen Medien werden zunehmend durch diese Marktgesetzlichkeiten beherrscht. Den Hintergrund für diese Sichtweise bildet jene beliebte Erzählung von den »kulturellen Drahtziehern«, die dem realen Geschehen eine Verschwörungsgeschichte nach Art der romantischen Schauerromane unterlegt, wie Niklas Luhmann mit einem spöttischen Blick auf die Kulturkritiker konstatiert.[18]

Ungleich subtiler, aber in der Stoßrichtung doch ähnlich angelegt, ist der einflußreichste Entwurf einer radikalen Ideologiekritik der Unterhaltungskultur in den Schriften der Frankfurter Schule formuliert worden. Die These von der »Kulturindustrie« als gigantischem Verblendungszusammenhang, der jene Massen immer wieder pazifiziert, die eigentlich unzufrieden gegen den real existierenden Kapitalismus aufbegehren müßten, wird auch heute noch gern in kritischen Studien zur Medienunterhaltung aufgegriffen und – kaum modifiziert – zur Anwendung gebracht.

Der bekannteste Text ist ohne Zweifel das Kapitel zur »Kulturindustrie« aus der *Dialektik der Aufklärung* von Max Horkheimer und Theodor W. Adorno (1947). Das Kapitel stellt eine einzige große Polemik gegen die moderne Unterhaltungskultur dar. Das durchgängige Muster, um das alle Einzelbeobachtungen gruppiert werden, ist ein funktionalistisches: Die Kulturindustrie dient gesamtgesellschaftlich dazu, den »Massen« standardisierte Vergnügungen als Ersatz für eine wirkliche Bedürfnisbefriedigung zu verabreichen, um sie dumm zu halten und ihnen eine relative Zufriedenheit innerhalb des kapitalistischen Systems zu verschaffen. Die Funktion der Kulturindustrie ist also Integration und Af-

18 Vgl. Luhmann (1996: 10).

firmation oder, wie es der Untertitel des Kapitels drastischer ausdrückt, der »Massenbetrug«. Dies geschieht in einem marktförmigen Rahmen, der den Produzenten hinreichend große Profite gewährt, den Konsumenten die Illusion einer freien Auswahl verschafft und die Produkte hinter der Fassade der Unterschiedlichkeit völlig nivelliert: »Der Schematismus des Verfahrens zeigt sich daran, daß schließlich die mechanisch differenzierten Erzeugnisse als allemal das Gleiche sich erweisen. Daß der Unterschied der Chrysler- von der General-Motors-Serie im Grunde illusionär ist, weiß schon jedes Kind, das sich für den Unterschied begeistert. Was die Kenner als Vorzüge und Nachteile besprechen, dient nur dazu, den Schein der Wahlmöglichkeit zu verewigen. Mit den Präsentationen der Warner Brothers und Metro Goldwyn Mayers verhält es sich nicht anders.«[19]

Horkheimer und Adorno argumentieren hier mit der Hegelschen Denkfigur einer Differenzierung von Schein und Realität bzw. dem Wesen einer Erscheinung: Was dem Konsumenten als große Vielfalt erscheint, ist in Wirklichkeit nur eine minimale Variation des Immergleichen. Alles das, was nicht nachgefragt wird, was nicht unmittelbar attraktiv und verwertbar erscheint, wird abgeschoben in Randbereiche. Die große Demokratisierung des Geschmacks bewirkt also eine ebenso große Nivellierung der Produktion. Den Hinweis auf das, »was die Leute haben wollen«, der von Kulturproduzenten häufig ins Feld geführt wird, können die Vertreter der kritischen Theorie nur zynisch nennen, da die Kulturindustrie lediglich jenen Bedarf bedient, den sie selbst im Rahmen des Marktkapitalismus erst geschaffen hat.[20] Das nach Kapitalinteressen konstruierte Angebot auf dem kulturellen Markt schafft sich also seine Nachfrage selbst, indem es authentische Bedürfnisse der Konsumenten zugunsten der

---

19 Horkheimer/Adorno (1947: 111).
20 Horkheimer/Adorno (1947: 130).

marktgerechten Kauf- und Genußlust ausblendet. Der Arbeiter oder Angestellte, der den ganzen Tag mit entfremdetem Tun verbracht hat, stürzt sich abends oder sonntags ins Amüsement, um wenigstens so der Entfremdung zu entfliehen. Damit aber wird die vorhandene Gesellschaftsstruktur weiter verfestigt, denn: »Vergnügtsein heißt Einverstandensein.«

Adorno und Horkheimer behalten die politische Dimension kultureller Produktion dabei immer im Blick. Die These lautet, daß die Entmündigung des Kulturkonsumenten verknüpft ist mit der Entmündigung des Staatsbürgers: Die kulturelle Nivellierung bereitet die Vollendung der politischen vor. Zwar, so räumen Horkheimer und Adorno ein, erinnert das Mittelmaß der kulturindustriellen Produkte daran, daß die hohe Kunst und Literatur immer etwas für exklusive Minderheiten Produziertes war. Indem nun aber die Kulturindustrie das Hohe »aufsaugt« und assimiliert, löscht es mit der Exklusivität zugleich dessen kritisch aufklärerisches Potential. Der Star-Kult um einen Dirigenten wie Arturo Toscanini, der die immergleichen »Greatest Hits« der klassischen Musik einem Millionenpublikum darbietet, wäre ebenso als eine solche Trivialisierung des Hohen anzusehen wie heutige Literaturverfilmungen, die den Zuschauern die Mühe der Buchlektüre durch opulente Bilder im Modus »Klassiker Light« ersetzen. Zurück bleibt einzig der große Brei des Amüsierbetriebs. Die Autoren gehen davon aus, daß in dieser Weise Hoch- und Massenkultur zusammenwirken, um die Massen zu integrieren, kritisches und revolutionäres Potential umzupolen und alles beim Alten bleiben zu lassen.

Adorno hat in späteren Schriften ausgeführt, daß nur das autonome Kunstwerk und, im Zusammenspiel damit, der kongeniale Interpret es vermögen, sich dem Zugriff der Kulturindustrie partiell zu entziehen. Diese Kunstwerke weisen sich jedoch primär durch ihre hermetische Formensprache, ihre schwere Verständlichkeit und ihren Abstraktionsgrad aus. Damit sind sie per se nur einem kleinen Teil gebildeter Eliten zugänglich. Das Hohnlachen über das demokratische Element der Massenkultur findet hier seine konsequente Umsetzung in einer geistesaristokratischen Haltung, die sehr genau jenen Strategien gleicht, wie sie Pierre Bourdieu in seiner empirischen Untersuchung kultureller Distinktionsmechanismen beschrieben hat. Horkheimer und Adorno lassen keinen Zweifel an ihrer Verachtung für alles Populäre und damit letztendlich auch für den Populus selbst.

Aus heutiger Sicht werfen die Frankfurter Autoren vor allem wichtige Fragen auf. Sie sollen im Schlußkapitel dieses Buches vor dem Hintergrund der eigenen Befunde noch einmal aufgegriffen und diskutiert werden. Schon an dieser Stelle sind jedoch einige Einsprüche zu den zentralen Argumenten zu formulieren. Die entscheidende Pointe des Kapitels über die »Kulturindustrie« besteht darin, daß die Autoren jeglicher Unterhaltungskultur eine systemstützende und integrative Funktion unterstellen. Dies wird jedoch nicht durch empirische Studien gestützt. Statt dessen handelt es sich um eine deduktiv abgeleitete, geschichtsphilosophischspekulativ vorgetragene Hypothese, die an der Wirklichkeit gar nicht scheitern kann. In jeder Formulierung wird dabei der Abscheu der Gebildeten vor den niederen Vergnügungen spürbar. Weiterhin behaupten die Autoren eine völlige Gleichförmigkeit der unterhaltungskulturellen Produkte. Die Argumentationsstrategie von Horkheimer und Adorno unterscheidet immer wieder zwischen einem stets gleichbleibenden »substantiellen« Gerüst und einer bloß oberflächlichen, »akzidentiellen« Variation der populären Kulturgüter. Das ist bei näherem Hinsehen jedoch ein bloßer Argumentationstrick, denn man kann auch gerade in den Variationen das Entscheidende sehen. So hat beispielsweise Bernard Gendron in einem Artikel überzeugend aufgezeigt, daß Adorno bei der populären Musik tatsächlich zentrale Differenzen übersieht, weil er immer nur von seinem Ideal der modernen »ernsten« Musik her denkt.[21]

Die Nutzer der massenkulturellen Angebote erscheinen in der Optik der Kritischen Theorie stets als passiv, abgestumpft, ja hörig – ein Bild, das zwar auf einzelne Rezipienten zutreffen mag, vor dem Hintergrund der empirischen Forschung als allgemeine Hypothese jedoch völlig unhaltbar ist. Derartige Differenzierungen liegen den geschichtsphilosophischen Spekulationen der kritischen Frankfurter fern. Sie wollen nicht akzeptieren, daß selbst bei Gegebenheit von sehr schematisch angefertigten, einander gleichenden Objekten wie Heftchenromanen oder Urlaubsandenken die Aneignung ganz unterschiedlich erfolgen kann. Gerade das aber haben neuere Studien herausgearbeitet.[22] Zwar läßt sich die von Horkheimer und Adorno konstatierte befriedende Funktion der Unterhaltungskultur empirisch stützen: Schwer arbeitende Menschen sind nach einer gewissen Zeit des Fernsehkonsums ausgeglichener, sozialverträglicher und zufriedener, wie etwa in einer Studie über Fluglotsen gezeigt werden konnte. Daraus ist jedoch nicht ohne weiteres auf »Massenbetrug« und mediale Tranquilizer zu schließen. Um diese Schlußfolgerung zu ziehen, müßten zumindest zwei Prämissen akzeptiert werden: Es müßte erstens ein Konsens darüber bestehen, daß die Gesellschaft, in der die Rezipienten leben, grundsätzlich unterdrückend, entfremdend und schlecht ist und somit deren Ablehnung durch die Bürger die einzig rationale Handlungsweise wäre. Weder überzeugende theoretische Konzepte noch die verfügbaren empirischen Daten vermögen derzeit eine solche Sichtweise plausibel zu stützen. Zweitens aber müßte davon ausgegangen werden, daß Medienrezeption insgesamt einer wie auch immer gearteten politischen Aktivität entgegensteht. Diese Prämisse ist

21 Vgl. Gendron (1986).
22 Vgl. etwa die Studien von David Morley (1980, 1992) sowie, im deutschen Kontext, die Ausführungen von Pross (1984) und Soeffner (1988).

jedoch empirisch vor dem Hintergrund der Befunde neuerer Studien so pauschal keinesfalls haltbar.[23] Problematisch erscheint schließlich, daß Horkheimer und Adorno sich anmaßen, die falschen und die richtigen Bedürfnisse der Massen zu kennen. Dies aber kommt letztlich einer Elitendiktatur gleich, in der »Philosophenkönige« vorschreiben, was die »wirklichen« Bedürfnisse des Volkes sind. Die an dieser Stelle formulierte Kritik an der Kritischen Theorie sollte freilich nicht dazu führen, die möglichen Manipulationspotentiale und Restriktionen der Medienkultur zu übersehen.

Rehabilitationen

Eine gründliche Rehabilitation als Forschungsobjekt wie als Größe der politischen Welt hat die Medienunterhaltung in den letzten Jahren vor allem in einigen Arbeiten der British Cultural Studies erfahren.[24] Populäre Unterhaltungskultur wird hier als ein zentraler Bestandteil der Gegenwartsgesellschaft betrachtet, da sich in diesem Bereich zunehmend die Orientierungs-, Sinn- und Identitätsbildungsprozesse unserer Zeit abspielen. Wird das Populäre hauptsächlich durch Massenmedien vermittelt, müssen konsequenterweise die Medien, insbesondere das Fernsehen, in den Mittelpunkt rücken. Vermieden wird in den Arbeiten der Cultural Studies, die Analyse des Gegenstandsbereichs Populärkultur automatisch mit einem normativen Vorurteil bezüglich ihrer Qualität und ihrer politischen Funktion zu verbinden. Zwar wird jede kulturelle Praxis als eine politische Praxis gesehen, aber diese ist keineswegs immer affirmativ angelegt.

Eine der wichtigsten Pointen besteht darin, daß die Auf-

23 Vgl. etwa Holtz-Bacha (1990) und Norris (1996).
24 Vgl. zur Genese und zu den wichtigsten Anliegen des Cultural-Studies-Ansatzes u. a. Grossberg u. a. (1992), Turner (1996), Hepp (1999) und Hepp/Winter (1999).

merksamkeit nicht mehr, wie bei vielen marxistisch inspirierten Arbeiten, einseitig auf den Produktionskontext, auf die Kulturindustrie und ihre Produkte beschränkt wird. Statt dessen rücken viele Studien der Cultural Studies die Rezipienten und ihre Aneignung der Medienangebote ins Zentrum. Eine Reihe von sorgfältigen Publikumsstudien hat dabei herausarbeiten können, daß es sich bei den Mediennutzern keineswegs um passive Marionetten kultureller Drahtzieher handelt, sondern um eigensinnige Akteure, die mediale Vorgaben kreativ verarbeiten. Sie entwickeln eine Vielzahl von Deutungen, die wiederum in den alltäglichen Kampf um Sinnbildung und Anerkennung eingehen.

Um diesen Prozessen empirisch auf die Spur zu kommen, hat man von Beginn an das Fahrwasser der quantitativen Umfrageforschung verlassen und hermeneutische oder semiotische Verfahren eingesetzt. Zum anderen wurden, um die Medienaneignung im Kontext der Alltagswelt zu erfassen, umfangreiche Ethnographien des Publikums durchgeführt. So konnte etwa gezeigt werden, wie die Briten ein Nachrichtenmagazin nutzen, wie Seifenopern in diversen sozialen Kontexten wahrgenommen werden, wie das Fernsehen in der Familie verläuft und wie schließlich amerikanische Obdachlose den Actionfilm *Die Hard* gegen den Strich lesen.[25]

Die verschiedenen theoretischen Diskussionen und empirischen Projekte haben sich in den 90er Jahren auch zu komplexen Theorien von Kultur und Politik in der Mediengesellschaft verdichtet. So hat John Fiske (1996) Medienereignisse als Auslöser politischer Benennungskämpfe untersucht. Medien erscheinen hier als zentrale Schaltstationen. Sie nehmen Diskurse, Wert- und Sinnentwürfe auf, verstärken und verändern sie. Auf diese Weise fungiert die Medienkultur als Faktor politisch-kulturellen Wandels. Medien und Unterhal-

---

25 Vgl. dazu Morley (1980, 1986), Ang (1985), Liebes/Katz (1993) und Fiske (1993).

tungskultur sind daher auch eine höchst relevante Bezugsgröße für politische Akteure, denn die Wählerschaft besteht aus Mediennutzern, und »voting demographies do show patterned similarities to audience demographies«.[26] Medienfiguren fungieren als hyperreale Größen zwischen Realität und Fiktion, in denen sich Sinnsyndrome anschaulich verdichten. So ist, um ein bekanntes deutsches Beispiel herauszugreifen, der ewiggestrige »Onkel Franz« aus der Lindenstraße zu einer hyperrealen Symbolfigur der Rechtsradikalität geworden. Mit seiner senilen Borniertheit, der immergleichen Beschwörung »deutscher Tugenden« und nationalistischen Kommentaren zur Tagespolitik – eingebettet in einen Lebensstil zwischen Trachtenkleidung, Volksmusik und Wildschweinkopf als Wandschmuck – verkörpert diese Figur das sinnlich faßbare und somit identitätsstiftende Gegenbild zur linksliberalen politischen Korrektheit, die zuverlässig den Grundton der *Lindenstraße* bildet.

Fiske macht schließlich auch deutlich, daß an die Stelle eines simplen Oben gegen Unten dynamische Machtgeflechte getreten sind, die sich entlang der Achsen Klasse, Ethnizität, Geschlecht, Alter usw. formieren. Diese Geflechte geraten durch Medienereignisse immer wieder in Bewegung. Die Medientechniken sind ambivalent und können daher immer wieder auch gegen die Mächtigen gewendet werden.

Vor allem Fiske war es, der von Beginn an auf den politischen und sozialen Widerstandspotentialen der Medienunterhaltung insistiert hat. Die entscheidende Prämisse dieser Position liegt in der Annahme, daß Texte Bedeutungen nicht einfach wie ein Container »enthalten« und »transportieren«, sondern daß sie Bedeutungen »provozieren«.[27] Das heißt indes nicht, daß Form und Struktur der Texte völlig belanglos

26 Vgl. Fiske (1996: 11).
27 Vgl. Fiske (1997: 80).

wären. Fiske verwendet in seinen Analysen das Konzept der »strukturierten Polysemie«, um das Spiel zwischen Offenheit und Bedeutungssteuerung zu erfassen. Jeder Text ist mehrdeutig, das heißt, er kann auf unterschiedliche Weise gelesen und decodiert werden, auch wenn es verschiedene Grade an Polysemie gibt. Das »schwarz auf weiß« ist dabei insofern relevant, als es durch bestimmte Merkmale die Offenheit oder Geschlossenheit des Bedeutungspotentials selbst mit steuert. Solche Merkmale sind beispielsweise Ironie, Witz, Parodie, Widerspruch, Wortspiel und Übertreibung.

Neben diesen Merkmalen sind es kontextuelle Faktoren, die das freie Spiel der Bedeutungen begrenzen können. Man denke hier nur an die Kompetenz der Rezipienten oder deren institutionelle Einbindung beispielsweise in den schulischen oder universitären Lektüreprozeß. Über Text und sozialen Kontext hinaus sind schließlich die intertextuellen Netzwerke entscheidend. Fiske unterscheidet dabei primäre, sekundäre und tertiäre Texte: »Die Populärkultur zirkuliert intertextuell zwischen dem, was ich primäre Texte genannt habe (die ursprünglichen Kulturwaren – Madonna selbst oder ein Paar Jeans), den sekundären Texten, die direkt auf diese Bezug nehmen (Werbung, Zeitungsartikel, Kritiken), und den tertiären Texten, die im stetigen Fluß des Alltagslebens verhaftet sind (Unterhaltungen, die Art und Weise, wie man eine Jeans trägt oder sein Appartement bewohnt, das Bummeln durch die Stadt oder das Aufgreifen von Madonnas Bewegungen im Tanz einer Oberstufenklasse)«.[28] Jeder neu in den intertextuellen Raum eingefügte Text kann die Bedeutung eines schon vorhandenen Textes entscheidend verändern. Michael Jacksons obszöne Bühnengestik wurde im Licht von Pressemeldungen über Kindesmißbrauch völlig anders gelesen, Dokumente über NS-Aktivitäten lassen plötzlich »faschistoide« Gedanken im Werk eines Schriftstel-

28 Fiske (1997: 80).

lers erkennbar werden. Die Bedeutung bildet sich in intertextuellen Konstellationen stets neu.

Vieldeutigkeit ist eine entscheidende Voraussetzung dafür,
daß ein Text überhaupt populär wird und bei weiten Teilen der
Bevölkerung Akzeptanz findet. So erklärt sich auch die Popularität des Mediums Fernsehen mit daraus, daß die televisionären Texte in der Regel ein hohes Maß an Deutungsoffenheit
aufweisen. Diese Eigenschaft verdankt sich vor allem dem
kommerziellen Hintergrund von Unterhaltungskultur. Da
die Objekte einerseits möglichst viele Nachfrager auf dem
Markt erreichen sollen, die Gruppe des Publikums andererseits jedoch in sich heterogen ist, müssen die Texte offen und
vielfältig anschlußfähig sein.

Die Polysemie darf allerdings nicht so stark werden, daß
der Text semantisch leer und somit völlig beliebig lesbar wird.
Statt dessen bedarf er eines Kerns an »noncontroversial con-
tent«, oder anders formuliert, an kulturellen Selbstverständlichkeiten, um die herum der Text organisiert ist. Deshalb sind
populäre Texte in der Regel in einer Balance gehalten zwischen dominanter Ideologie und den Möglichkeiten wider-
ständiger Lesarten. Daraus folgt, daß populäre Objekte einen
Einblick in den kulturellen Bestand konsensfähiger, unum-
strittener Bilder von Gesellschaft sowie als »normal« empfun-
dener Werte und Sinnentwürfe geben. Populäre Bilder des
Politischen ermöglichen interpretative Rückschlüsse auf den
Konsensbereich politischer Kulturen. Sie zeigen das, was innerhalb dieser Kulturen die relativ unumstrittenen Normal-
lagen definiert – den Bereich dessen, was »man« normaler-
weise denkt und tut. Eine weitere wichtige Voraussetzung von
Popularität nach Fiske steht mit der Offenheit der Texte in
Zusammenhang. Sie müssen für die Nutzer tatsächlich relevant sein, ihnen auf kognitiver oder emotionaler Ebene etwas
geben, das sie in ihrer eigenen Alltagswelt in irgendeiner
Weise nutzen können.

Diese sozialen und alltagsweltlichen Relevanzen aber stehen oft quer zur herrschenden Ideologie, und daraus erwächst für die populärkulturelle Praxis ein Widerstandspotential. Anders als in Horkheimers und Adornos Formel »Vergnügtsein heißt Einverstandensein« sind für Fiske die Vergnügungen der Medienunterhaltung durchaus mit einer Zurückweisung von herrschenden Deutungsmustern und Identitätszumutungen vereinbar, da nämlich die Akteure sich ihre Kulturobjekte eigensinnig auf ihre Bedürfnisse hin aneignen.

Fiske macht diesen Zusammenhang anhand eines drastischen Beispiels deutlich. In einer ethnographischen Untersuchung hat er Obdachlose in einem kirchlichen Heim beobachtet.[29] In diesem Rahmen beschreibt er die Rezeption des Action-Films *Die Hard*. Die Heiminsassen sehen sich ein Videoband, das sie in der öffentlichen Bibliothek kostenlos ausleihen konnten, gemeinsam an. Der Film erzählt die Geschichte eines Polizisten, der zufällig in einen Überfall von Terroristen auf eine japanische Firma in Los Angeles gerät und dann in einem typischen Hollywood-Szenario allein den Kampf gegen die Bösen aufnimmt und gewinnt. Fiske zeigt auf, wie die Rezipienten den Film »gegen den Strich« lesen. So wird laut bejubelt, daß die Terroristen einen Panzerwagen der Polizei samt Besatzung in die Luft jagen. Und auch die Tötung einer Geisel, des Firmenvorsitzenden, dessen Bildungs- und Aufstiegskarriere von den Terroristen vor dessen Liquidierung demonstrativ verlesen wurde, stößt auf großen Beifall. Nachdem der Film jedoch seine Wendung »zum Guten«, das heißt, zum Sieg des Polizisten über die Terroristen genommen hat, sind die Obdachlosen kaum noch interessiert. Lange vor dem Ende des Films wird das Videoband abgeschaltet.

Das Publikum genießt also die Destruktion der etablierten Ordnung und ihrer Repräsentanten ganz unverhohlen, es

29 Vgl. dazu Fiske (1993).

durchlebt gleichsam für kurze Zeit deren Überwindung. Die Zuschauer demonstrieren mit ihrem Beifall die Ablehnung der normalen Welt, während die Wiederherstellung der Ordnung auf ihr demonstratives Desinteresse stößt. Die Akteure entziehen sich durch Abschalten des Films der integrativen Wirkung der Geschichte, die den Sieg der institutionellen Ordnung als Happy-End für die gesamte Gesellschaft inszeniert. Das Vergnügen der Obdachlosen, ihr *Feel-Good*-Faktor, scheint gerade darin zu liegen, daß sie während der kollektiven Gruppenrezeption gemeinsam demonstrativ die Ablehnung der etablierten Ordnung und somit ihre eigene Selbstachtung inszenieren.

Es soll nun hier nicht weiter auf den theoretischen Hintergrund von Fiskes Arbeiten eingegangen werden. Festzuhalten bleibt, daß mit Fiske und insgesamt mit den Arbeiten der British Cultural Studies eine interessante Perspektive auf die zuvor meist nur als affirmativ und verdummend eingestufte Medienunterhaltung eröffnet wurde. Ohne unkritisch in das Lob des Populären als Hort des Widerstandes einzustimmen, läßt sich doch konstatieren, daß der Unterhaltungskultur grundsätzlich immer auch im weiteren Sinne demokratisierende Funktionen zukommen können. Daher soll im folgenden Kapitel unter Rückgriff auf das Konzept der Öffentlichkeit eine differenzierte Sicht der sozialen und politischen Funktionen von Medienunterhaltung entwickelt werden, bevor der Blick sich dann genauer den konkreten Objekten und Prozessen zuwenden kann.

4. Medienkommunikation und Unterhaltungsöffentlichkeit

Zirkulation der Diskurse und virtuelle Vergemeinschaftung

In der medialen Erlebnisgesellschaft sind die Massenmedien zur zentralen Infrastruktur der Kommunikation geworden. Wenn im folgenden nach den politischen Implikationen dieser Entwicklung und nach den Funktionen der neu entstandenen Unterhaltungsöffentlichkeit gefragt wird, dann müssen zunächst die Besonderheiten von massenmedial vermittelter Kommunikation bestimmt werden. Es macht nämlich durchaus einen Unterschied, ob ich in direkter *Face-to-face*-Kommunikation eine Diskussion meiner Kollegen beobachte oder ob ich im Fernsehen die Debatte zwischen Kanzler Schröder und Oppositionsführer Merz verfolge; und es macht einen Unterschied, ob ich mit meinem Nachbarn ein Streitgespräch über den begrenzenden Maschendrahtzaun hinweg führe oder ob ein solches Gespräch im Rahmen der Fernsehsendung *Richterin Barbara Salesch* bundesweit ausgestrahlt wird.[1]

Denn das erste wichtige Spezifikum massenmedialer Kommunikation besteht darin, daß die Zugänglichkeit von Nachrichten, Informationen oder auch Bildern für potentiell jeden Bürger gewährleistet wird. Die Reichweite des politischen Diskurses ist insbesondere mit den elektronischen Medien so stark erweitert worden, daß selbst aktuellste Nachrichten innerhalb kürzester Zeit von sehr vielen Menschen aufgenommen werden können. Die Rede vom »glo-

---

1 Vor allem, wenn dieser Auftritt dann von Stefan Raab in *TV total* als Gag eingeblendet und später zu dem Country-Hit *Maschendrahtzaun* verarbeitet wird, wie geschehen im Herbst 1999.

balen Dorf« zielt nicht zuletzt auf diese neue Schnelligkeit und Engmaschigkeit der Informationsverteilung ab.

Das zweite, damit eng zusammenhängende Spezifikum liegt in einer Veränderung der raum-zeitlichen Ordnung von Kommunikation. Raumgrenzen können mit moderner Technologie mühelos überwunden werden, und die Mediennutzer werden in die Lage versetzt, gleichzeitig in ihrem eigenen Wohnzimmer zu sitzen und bei einem wichtigen Ereignis irgendwo in der Welt »dabei zu sein«. Man kann sich heute kaum noch vorstellen, daß eine der ersten Live-Übertragungen des Fernsehens, die Krönung von Königin Elisabeth II. im Jahre 1953, bei vielen Beobachtern einen Schock der Gleichzeitigkeit auslöste. Demgegenüber war die Fernsehübertragung der Beisetzung von Prinzessin Diana im Jahre 1997, die von einem Milliardenpublikum auf allen fünf Kontinenten gleichzeitig gesehen wurde, schon kommunikative Routine.[2]

Der Erfahrungsraum des einzelnen Menschen ist auf diese Weise erweitert worden, was natürlich auch zu einer Komplexitätssteigerung unseres Alltagserlebens geführt hat. Die Welt, mit der wir uns auseinandersetzen müssen, ist größer, vielfältiger und durch die in rasender Schnelligkeit aufeinander folgenden Meldungen auch temporeicher geworden. Wir sind ständig mit Ereignissen und Veränderungen konfrontiert, gleich, ob diese nun in unserem eigenen Dorf, in Berlin, Tokio oder Atlanta stattfinden. Darüber hinaus haben sich mit der Internationalisierung der Medienprogramme auch die Räume des kulturell Selbstverständlichen verändert. Ein deutscher Zuschauer wird über die Kino- und Fernsehprogramme mit Bildwelten aus fremden Kulturen und daher auch mit ganz anderen »Normalitäten« konfrontiert. Er ist in der Unterwelt Londons oder in der Zeichentrickwelt von

2 Zum Live-Schock bei den Krönungsfeierlichkeiten vgl. Elsner u. a. (1994: 182).

South Park, Colorado, ebenso zu Hause wie in der *Linden-straße* und im *Marienhof*. Und diese teils exotischen, teils vertrauten, aber dennoch fiktionalen Welten werden in unserem Erleben immer wieder mit den Segmenten der Erfahrung aus der eigenen Alltagswelt zu einer neuen, komplexen Wirklichkeit vermengt.

Erfahrungsbeschleunigung und globale Gleichzeitigkeit sind die eine Seite der medialen Neudefinition von Realität. Daneben haben die elektronischen Massenmedien aber auch eine zeitstrukturierende Wirkung. Programmschemata teilen – in Verbindung mit den jeweiligen Präferenzen der Nutzer – den Alltag ein. Schon die Erkennungsmelodie einer bestimmten Sendung markiert eingängig, in welchem Zeitabschnitt der Zuschauer sich befindet. Beim Frühstück ist man im *Morgenmagazin* zu Gast, die Zubereitung des Essens begleitet die mittägliche Talk-Show, *Gute Zeiten, schlechte Zeiten* leitet den Abend ein, und mit der *Harald-Schmidt-Show* bereitet man sich auf das Zubettgehen vor. Auch der Jahresrhythmus wird durch die Ikonographie des Fernsehschirms, durch Schneelandschaften, Coca-Cola-Trucks und Weihnachtsbäume ebenso zuverlässig angezeigt wie durch Frühlingswiesen und Osterhasen. Die Zyklik der Bilder und Programme leistet heute das, was früher Kirchenglocken und religiöse Feiertage geleistet haben.[3]

Das dritte und vielleicht wichtigste Spezifikum massenmedialer Kommunikation besteht in einer eingeschränkten und verzögerten Entgegnungsmöglichkeit. Auch wenn heutzutage der Fernsehzuschauer oder Radiohörer durch vielfältige Formen der Partizipation als Kandidat, als Ratsuchender oder Diskussionsteilnehmer in die Sendungen einbezogen wird und viele Sendungen per Internet eine weitere, interaktive Kommunikationsschiene zu ihren Zuschauern eröffnet haben, so ist doch die typische Situation eine andere als die

3 Vgl. Reichertz (1996: 4).

der personalen Alltagskommunikation. Man antwortet nicht direkt auf das Gesagte und Gezeigte, sondern hört oder sieht zunächst einmal nur zu. Dies ist jedoch nicht nur ein Manko, sondern entlastet auch den Kommunikationsteilnehmer, der – anstatt sofort reagieren zu müssen – in Ruhe über das Kommunikationsangebot reflektieren und sich in seinem eigenen Umfeld über das Gehörte austauschen kann. Allerdings bleiben personale Kommunikation und Massenkommunikation stets eng verknüpft, denn wir sprechen morgens am Arbeitsplatz genauso über das Fernsehprogramm vom letzten Abend, wie das Fernsehen – etwa in Magazinen und Talk-Shows – die Themen aufgreift, über die man sich gestern noch mit den Kollegen unterhalten hat.[4]

Die eingeschränkte Interaktivität der Massenmedien, dies scheint auf den ersten Blick paradox, hat trotz ihrer vielbeschworenen anonymisierenden und vereinsamenden Wirkungen durchaus vergemeinschaftenden Charakter. Auf der Ebene der Anschlußkommunikation, wie sie gerade erwähnt wurde, geben die Medien gemeinsame Themen und Kommunikationsanlässe, die von den Mediennutzern herangezogen werden, um in der Familie, am Arbeitsplatz oder mit Freunden zu sprechen und eigene Probleme zu reflektieren. Darüber hinaus ergeben sich Effekte der virtuellen Vergemeinschaftung.[5] Die Medien nehmen nicht nur eine Auswahl von Themen, Informationen, Bildern und Geschichten vor, sondern der Zuschauer weiß im Prozeß der Medienaneignung genau, daß diese Selektion auch für viele andere Zuschauer gilt. Wir wissen stets, was die anderen lesen, hören oder sehen können. Wir bewegen uns also in einem wohldefinierten massenmedialen Bildraum, den andere Mitglieder des Publikums mit uns teilen. Wir wissen, daß sie ihn mit uns teilen und können uns daher problemlos auf diese gemeinsame Bildwelt beziehen.

4 Vgl. Schmidt (1994: 64 f.).
5 Vgl. dazu Meyrowitz (1985) und Merten (1977).

Eine letzte wichtige Besonderheit ergibt sich schließlich noch aus der Tatsache, daß die meisten Massenmedien in unser Alltagshandeln so integriert sind, daß wir durch sie die »große weite Welt« direkt in unser Wohnzimmer hineinholen können. Es hat sich eine neue Wirklichkeitssphäre zwischen den traditionellen Polen von Öffentlichkeit und Privatheit etabliert, da die öffentlichen Angelegenheiten über den Bildschirm in das frühere Privatissimum des Wohnzimmers hineinkommen und dort Gespräche über das Gesehene anstoßen. Die typische Institutionalisierungsform dieser Sphäre innerhalb des Fernsehprogramms ist die Talk-Show, in der je nach Sendeformat prominente oder unbekannte Personen Meinungen und Bewertungen zu öffentlichen Themen äußern. Hier werden also neue Teilnehmer am öffentlichen Diskurs rekrutiert. Auf der anderen Seite sind ehemals private Angelegenheiten wie Liebesgeständnisse in der Fernsehwirklichkeit von Sendungen wie *Nur die Liebe zählt*, *Traumhochzeit* und den zahlreichen Daily Talks zu öffentlichen Angelegenheiten geworden. Hobbys, sexuelle Vorlieben, Probleme der Zweierbeziehung avancieren zu Gegenständen des Raisonnements, wie niedrig auch immer das intellektuelle Niveau der hier ausgetauschten und diskutierten Ansichten sein mag. Neue Mischformen des Diskurses sind so entstanden.

Die Massenmedien erscheinen somit als Institutionen, die eine soziale Zirkulation der Diskurse gewährleisten. Medien fungieren, so John Fiske, im Fluß der Diskurse als Relaisstation, die bestimmte Diskurstendenzen aufnimmt, gemäß ihrer eigenen Bedingungen leicht modifiziert und in verstärkter Form wieder aussendet.[6] Medien »machen« nicht die Realität im Sinne eines autonomen Konstruktionsprozesses, aber sie prägen nachhaltig jene Bausteine, die zur Realitätskonstruktion von den Mediennutzern verwendet werden. Der Zeichen- und Wahrnehmungsraum, der durch die Medien in die-

6 Vgl. dazu ausführlich Fiske (1996).

ser Weise umschrieben wird, definiert unsere Selbstverständlichkeiten und Normalitäten. Das zeitigt zugleich zwei mögliche Konsequenzen, die auch empirisch stets beobachtbar sind. Zum einen fungiert der Mediendiskurs als Befestigung des kulturellen Status quo. Mediensysteme sind heute in der Regel marktförmig organisiert, und die Anbieter müssen darauf achten, daß sie die Erwartungen des Publikums möglichst genau bedienen. Dadurch werden umgekehrt Erwartungen und damit Normalitätsvorstellungen, Werte und Sinnkonstrukte verfestigt. Die Medien führen uns – beinahe rituell – die geltenden Selbstverständlichkeiten in immer wieder neuer Form vor und halten sie somit im kulturellen Gedächtnis lebendig.

Zum anderen werden bestimmte Diskurstendenzen unterstützt – wenn sie von einflußreichen Akteuren gefördert werden oder aufgrund ihres Aufmerksamkeitswertes besonders mediengängig sind. Daher können Medien auch Verstärker von Wandlungsprozessen sein, indem sie etwas »Neues« – eine neue Wertpräferenz, einen neuen *Way of Life* – immer wieder in den öffentlichen Wahrnehmungsraum bringen, dadurch »normalisieren« und bei anderen Teilen der Bevölkerung akzeptabel machen. Der Wandel wird aufgegriffen und medial verstärkt. Ein typisches Beispiel für diesen Normalisierungsdiskurs ist die *Lindenstraße*. Hinter der Fassade einer geradezu miefig-durchschnittlichen Mietshausszenerie entfaltet sich ein Panoptikum sozialer Umbrüche, wo es »Normalfamilien« im herkömmlichen Sinne gar nicht mehr gibt. Statt dessen sehen wir ein Patchwork von Beziehungen, innerhalb dessen auch homosexuelle Bindungen mit (Pflege-)Kindern gesegnet sind und Trennungen sowie neue Konstellationen ständig auf der Tagesordnung stehen. Nicht mehr die traditional verfestigten Muster der Lebensführung, sondern einzig der Kanon linksliberaler politischer Korrektheit definiert hier noch die Grenzen dessen, was »man« darf und was von der Gemeinschaft als legitim akzeptiert wird.

Öffentliche Kommunikation im Umbruch

In der wissenschaftlichen Diskussion ist bislang noch kaum danach gefragt worden, was die Durchdringung unserer Alltagswelt durch die Bildwelten der Medienunterhaltung eigentlich für die Konstitution von Öffentlichkeit bedeutet. Sie ist immerhin als ein Kernstück demokratisch verfaßter politischer Systeme anzusehen. Über lange Zeit haben zeitdiagnostische Verfallsszenarien die Diskussion beherrscht. Diese »großen Erzählungen« über den Niedergang von Öffentlichkeit sind durch Autoren wie Hannah Arendt, Jürgen Habermas und Richard Sennett geprägt worden. Vor allem Sennetts Ausführungen über die »Tyrannei der Intimität« haben vor dem Hintergrund einer Medienkultur, in der das klassische öffentliche Raisonnement immer mehr in den Hintergrund tritt und private Angelegenheiten immer häufiger zum Gegenstand öffentlicher Ausstellung gemacht werden, einige Plausibilität gewinnen können.

Sennett entwirft in einer Verbindung von Sozialphilosophie und historischer Soziologie ein Bild der »Verdrängung der res publica durch die Annahme, gesellschaftlicher Sinn erwachse aus dem Gefühlsleben der Individuen«.[7] Wie im nachaugustinischen Rom sei heute für die meisten Menschen das öffentliche Leben zu einer lästigen Pflicht geworden, der man sich nach Möglichkeit entzieht, um seine Energien in die Verwirklichung des privaten Lebensglücks zu investieren. Problematisch sei vor allem die Vermischung der im Aufklärungszeitalter klar voneinander geschiedenen Sphären.

Der kosmopolitische »public man« des 18. Jahrhunderts, so Sennett, hatte den privaten Raum der Familie als Raum der Entfaltung von Natur, die Öffentlichkeit jedoch als Raum der Zivilisiertheit verstanden. Zivilisiert heißt dabei, daß man die anderen nicht mit den Gestalten des eigenen Innenlebens

---

7 Sennett (1983: 426).

belästigte, sondern als Schutz des Persönlichen einen Raum distanzierter Geselligkeit unter Ausblendung der Intimität bewahrte. Dieser öffentliche Raum ist jedoch seit dem 19. Jahrhundert zunehmend aufgelöst und von veröffentlichten Privatheiten durchzogen worden. Einen nicht unbeträchtlichen Anteil an diesem Prozeß haben Sennett zufolge im 20. Jahrhundert die elektronischen Medien. Diese Medien, vor allem das bald alles beherrschende Fernsehen, haben eine paradoxe Situation von Sichtbarkeit und Isolation produziert, in der zwar nahezu jeder Bereich der Gesellschaft visibilisiert wird, jedoch gleichzeitig der Sphäre sozialer Interaktion verwehrt bleibt. Daraus folgt politisch: »Die Massenmedien steigern das Wissen der Menschen von dem, was in der Gesellschaft vor sich geht, erheblich, zugleich jedoch schränken sie die Fähigkeit, dieses Wissen in politisches Handeln umzusetzen, erheblich ein.«[8] Die Medien befestigten somit das, was sich schon im 19. Jahrhundert in der Publikumskultur von Konzert und Theater vorbereitet habe: »das Schweigen der Menge«.

Dieses Bild von der schweigenden Menge muß jedoch vor dem Hintergrund der empirischen Forschung deutlich relativiert werden. So haben zahlreiche Studien belegen können, daß in der die Mediennutzung begleitenden und an sie anschließenden Kommunikation über das, was man gesehen oder gehört hat, ausgiebig diskutiert wird.[9] In sozialer Interaktion findet sehr wohl Meinungsbildung und Meinungsäußerung statt, die dann unter bestimmten Umständen auch in politisches Handeln münden kann.[10] Die »schweigende Menge« besteht in Wirklichkeit aus einer Vielzahl unterschiedlicher Individuen, denen durchaus ein weites Spektrum der Reaktion auf die kommunikativen Angebote der Medien zur Verfügung steht. So kann man mit Protest auf Sendungen

8 Sennett (1983: 358).
9 Vgl. dazu jetzt Dahlgren (1995: 148ff.).
10 Vgl. dazu vor allem Gamson (1992).

oder Filme reagieren, und dieser Protest ist seinerseits wieder organisierbar und kann sich als Demonstration oder als Kampagne einer Interessengruppe äußern.

Überdies findet sich in der gegenwärtigen Medienkultur eine ganze Reihe von Sendeformaten, bei denen die aktive Partizipation des Publikums zu einem konstitutiven Bestandteil geworden ist. Das Spektrum dieser Partizipationsformen beginnt bei rudimentären Formen wie Wunschoptionen für Musiktitel und führt über Fragen und Problemvorträge bei Ratgebersendungen bis zu Angeboten, die sich hauptsächlich aus Gesprächsanteilen der Zuschauer zusammensetzen. Dies gilt beispielsweise für *Domian* (WDR) oder die psychologische Beratungssendung *Lämmle Live* (SWR), wo Zuschauer anrufen und ihre persönlichen Probleme besprechen können.

Weiterhin wird das Publikum beteiligt in Talk- und Gameshows, sei es als Kandidaten oder als Studiopublikum, das mitdiskutieren oder zumindest nach »demokratischen« Grundsätzen abstimmen kann (zum Beispiel beim Klassiker *Pro und Contra*). In politischen Diskussionssendungen gehört es nach dem amerikanischen Vorbild der »Electronic Townhall« mittlerweile vielerorts zum guten Ton, das Publikum in Fragen und Kommentaren zu Wort kommen zu lassen. Und es muß an dieser Stelle auch an die Ergänzung der Fernseh- durch die Internetkommunikation gedacht werden. Die meisten TV-Angebote haben heutzutage über www-Adressen einen interaktiven Kanal zum Publikum eröffnet, durch den Anregungen, Fragen und Kommentare in die massenmediale Kommunikation zurückgespielt werden können. Polit-Talks wie *Sabine Christiansen* und *Berlin Mitte* bieten jeweils im Internet erfolgreich Diskussionforen an, damit die Zuschauer sich auch untereinander über die Themen austauschen können.

Nun scheint freilich die ausufernde Talk-Kultur im Fernsehen mit ihren intimen Themen Sennetts These voll zu stützen, und auch Zygmunt Bauman führt in einem kritischen

Essay den Fall der jungen Französin Viviane an, die an einem Mittwochabend des Oktobers 1983 mit einer Klage über die Ejaculatio praecox ihres Ehemannes in einer Talk-Show den beschleunigten Niedergang der öffentlichen Kultur eingeleitet habe.[11] In den Daily Talks werden oft freimütig Themen aus dem Sexual- und Innenleben der Gäste entfaltet. Aber selbst diese Palaverkultur kann als Indiz dafür herangezogen werden, daß die Menge keineswegs nur schweigt. Immer mehr Menschen suchen den Weg ins Fernsehen, um ihre Meinung zu privaten, aber auch zu genuin politischen Themen in der neuen Form von Talk-Öffentlichkeiten zur Debatte zu stellen. Zwar vermischt sich hier Öffentliches und »Privates«, aber ein völliges Verschwinden des öffentlichen Diskurses ist daraus nicht ohne weiteres abzuleiten. Die Geldnöte des Sozialhilfeempfängers werden zum Ausgangspunkt von sozialpolitischen Stellungnahmen, das NS-Tattoo des Skinhead wirft Fragen nach den Grenzen der Toleranz auf. Damit sollen die vielen Sendungen, die ihre Partizipanten zu Belustigungsanlässen sensationsgieriger Zuschauer instrumentalisieren, nicht beschönigt werden. Dennoch liegen die Dinge komplizierter, als es Sennetts einfache Verfallsformel unterstellt. Es sind vor allem die Formen, die sich in der medialen Erlebnisgesellschaft verändern. Der klassische, physisch konstituierte »öffentliche Raum« wird immer kleiner; aber dieser Raum bildet sich im Bereich der Medienkommunikation anders neu.[12] Es ist dann letztlich immer eine Frage der zugrundegelegten Wertmaßstäbe, ob man den Wandel als Verfall oder als Eröffnung neuer Möglichkeiten interpretiert.

11 Vgl. Bauman (1999: 14).
12 Vgl. dazu Hartley (1992: 35).

Funktionen von Unterhaltungsöffentlichkeit

Öffentlichkeit kann allgemein mit dem Soziologen Friedhelm Neidhardt verstanden werden als »offenes Kommunikationsforum für alle, die etwas sagen oder das, was andere sagen, hören wollen«.[13] Dieses Forum kann sich als Versammlungsöffentlichkeit konstituieren, und auch im heutigen Medienzeitalter können solche Versammlungsöffentlichkeiten sowohl für soziale Bewegungen als auch für etablierte politische Parteien vor Ort noch partiell wichtig sein. Die persönliche Präsenz etwa eines Bundestagsabgeordneten in seinem Wahlkreis oder in der Ortsvereinsversammlung generiert Authentizität und Vertrauen in einem Maße, wie das über Medienkommunikation nicht erreichbar wäre. Dennoch steht im Zentrum moderner Gesellschaften zweifelsohne die massenmedial vermittelte Öffentlichkeit. Mit dem Terminus *Unterhaltungsöffentlichkeit* sollen dabei im folgenden massenmedial vermittelte, im Modus von Unterhaltung und fiktionalen Spielhandlungen gerahmte Öffentlichkeiten bezeichnet werden. Es ist also nun zu klären, wie sich die unterhaltenden Als-ob-Welten mit *Feel-Good*-Faktor, die heutzutage einen großen Bereich der Medienkultur konstituieren, auf die Beschaffenheit des öffentlichen Diskurses auswirken.

1. Unterhaltungskultur als Interdiskurs: Der erste Punkt knüpft an dem Problem an, daß in der ausdifferenzierten modernen Gesellschaft die Gefahr einer Fragmentierung droht. Die Vielzahl der verschiedenen Sonder- und Subkulturen mit je eigenen Lebensstilen und Kommunikationskulturen – eine Vielzahl, die sich auch in einer Differenzierung und Pluralisierung des Fernsehpublikums bemerkbar macht – scheint Öffentlichkeit als gemeinsames Forum zu gefährden. Es fehlt dann ein von allen geteilter Verständnishorizont, der eine ver-

13 Neidhardt (1994: 9).

nünftige Erwägung von Entscheidungen und Zielsetzungen überhaupt erst ermöglicht.

Die populäre Medienkultur mit ihren Unterhaltungsangeboten hat in dieser Situation die Funktion eines »Interdiskurses«.[14] Interdiskurse stellen eine gemeinsame Zeichenwelt zur Verfügung, die einzelne Spezialdiskurse überschreitet und so eine Infrastruktur für das gemeinsame Gespräch zur Verfügung stellt. Die Bildwelten und einfachen Geschichten der Unterhaltungskultur bieten einen solchen anschaulichen Interdiskurs. Fernsehsendungen zur *Prime Time* und erfolgreiche Blockbuster-Filme werden von vielen Menschen gesehen, und man kann sich auf diese Bilder und Erzählungen beziehen, wenn man ein Problem veranschaulichen oder über Lösungswege nachdenken will. Deshalb auch greifen politische Akteure gern auf solche Medienvorlagen zurück, um Mißstände oder Zukunftshoffnungen der Gesellschaft zu thematisieren. Eines von vielen Beispielen ist ein Plakat der SPD im Bundestagswahlkampf 1998, auf dem der Kinohit *Titanic* verarbeitet wurde. Der zum Untergang bestimmte, vermeintlich unsinkbare Ozeanriese wurde hier mit der seit 16 Jahren in Amt und Würden befindlichen, daher scheinbar nicht abwählbaren Regierung Kohl gleichgesetzt. Dieses Bild konnte in dem Jahr, in dem *Titanic* zum größten Filmerfolg aller Zeiten avanciert war, jeder Betrachter mühelos dekodieren.

Unterhaltungsöffentlichkeiten sind also in gewissem Maße dazu geeignet, den Fragmentierungstendenzen des öffentlichen Diskurses entgegenzusteuern. Hinzu kommt, daß soziale Asymmetrien in der gesellschaftlichen Wissensverteilung, die als Abschließungsmechanismus von Öffentlichkeit beobachtbar sind, in diesem Bereich weniger greifen. Die bekannte »Wissenskluft«-Hypothese, die davon ausgeht, daß mit dem vermehrten Medienangebot die Differenz zwischen

---

14 Zum Konzept des Interdiskurses vgl. Link/Link-Heer (1990).

gebildeten und weniger gebildeten Schichten in der Bevölkerung weiter zunimmt, bezieht sich in der Hauptsache auf den Faktor der Informationsvermittlung und damit auf die Nutzung der »seriösen« Informationsformate.[15] Im Unterhaltungssektor dagegen sind derartige sozialstrukturelle Unterschiede weitgehend zu vernachlässigen. Der Film *Jurassic Park* ist Professoren und Politikern ebenso bekannt wie Angestellten, Arbeitern und Schülern. Will man also bestimmte Probleme der Gentechnologie erörtern, kann man sich getrost auf die anschaulichen Bildwelten dieses kommerziell erfolgreichen Films beziehen – zumal das Szenario mit den Dinosauriern, die nach ihrer gentechnischen Wiederbelebung in einem Vergnügungspark als Publikumsattraktion dienen sollen, dort aber den Aufstand wagen und ihre Schöpfer davonjagen, durchaus einen seriösen wissenschaftlichen Hintergrund hat. Die Erreichbarkeit der Kommunikationsteilnehmer, das ist die entscheidende Pointe, ist im unterhaltungskulturellen Interdiskurs besonders groß.

2. Bewirtschaftung von Aufmerksamkeiten: Filme und erfolgreiche Fernsehserien wirken an der Setzung von öffentlichen Themen und damit am gesellschaftlichen »Agenda setting« mit. In einer Zeit der Informations- und Reizflut ist Aufmerksamkeit ein besonders kostbares Gut. Daher müssen die Bildwelten, an denen sich eine Reflexion anschließen kann, bewirtschaftet und somit knapp gehalten werden. Die Marktmechanismen der populären Medienkultur leisten unerbittlich eine solche Verknappung, da hier ein relativ kleines Segment der insgesamt produzierten Angebote jeweils so in den Mittelpunkt rückt, daß viele Menschen ihre knappe Zeit und Aufmerksamkeit diesem Angebot zuwenden können. Der Markt sorgt gleichsam unabsichtlich für eine synchrone Kanonisierung des modernen Bildungsgutes. Es ist eine bei der Dämonisierung der allmächtigen »Kulturindustrie« häu-

15 Vgl. dazu ausführlich Bonfadelli (1994).

fig übersehene Tatsache, daß auch heute noch – allen Profes-
sionalisierungstendenzen des Entertainment zum Trotz – 80
bis 90 Prozent aller Produktionen erfolglos bleiben. Der Geschmack des »Massen«-Publikums ist offenbar doch nur in
begrenztem Maße berechenbar.

Nehmen wir als Beispiel für die marktgesteuerte Kanonisierung noch einmal das Beispiel von Spielbergs *Jurassic Park*.
Der Film hat im Jahre 1993 ein Millionenpublikum gefunden
und weltweit eine Summe von weit über 900 Mio. Dollar eingespielt. Das ist mehr als doppelt soviel wie der zweitpla-
zierte Film in diesem Jahr und liegt um ein Vielfaches über
dem Ergebnis anderer Filme, die in dieser Zeit produziert
und auf den Markt gebracht wurden. *Titanic* hat in der Saison
1997/98 sogar weit über 1 Milliarde Dollar erwirtschaftet und
weltweite Diskussionen nicht nur über die den Tod überwin-
dende romantische Liebe, sondern auch über den Fort-
schrittsmythos am Ende des 20. Jahrhunderts ausgelöst. Die
anderen Filme kennen oft nur ein Spezialpublikum, während
es in der amerikanischen wie in der deutschen Gesellschaft
nur wenige Menschen gibt, denen *Jurassic Park* und *Titanic*
nicht bekannt sind.

3. Anschlußkommunikation: Der dritte wichtige Aspekt
von Unterhaltungsöffentlichkeiten wurde in der Auseinandersetzung mit Richard Sennetts Verfallserzählung schon
kurz angesprochen. Massenmediale Kommunikation ist keineswegs eine Einbahnstraße, an deren Ende eine »schweigende Menge« steht. Die Menge oder besser: die Pluralität der
Mediennutzer setzt ihre Erlebnisse in kommunikative und
interaktive Praxis um. Diese Möglichkeit ist keineswegs auf
professionelle Öffentlichkeitsakteure, auf »Repräsentanten«
und »Advokaten« beschränkt.[16] Auch soziale Gruppen oder
Privatpersonen können in der Anschlußkommunikation aktiv werden. Das Spektrum der Handlungsmöglichkeiten be-

16 Zur Rolle dieser Öffentlichkeitsakteure vgl. Peters (1994: 57f.).

ginnt bei Protest- und Leserbriefen, geht aber weit darüber hinaus. So hat die wohlhabende Hausfrau Terry Rakolta aus Michigan eine regelrechte Kampagne gegen die Fernsehserie *Married... with Children* (dt. *Eine schrecklich nette Familie*) durchgeführt. Die dort gezeigten Figuren – verantwortungslose Eltern und respektlose Kinder, die mit gegenseitigen Bosheiten ihren bedingungslosen Hedonismus ausleben – verletzten die konservativen Familienwerte der Dame so stark, daß sie öffentlich aktiv wurde. Sie brachte viele ähnlich gesinnte Zuschauer dazu, sich ebenso gegen die Serie zu äußern, und entfaltete schließlich einen so großen öffentlichen Druck, daß mehrere Firmen wie McDonald's, Procter & Gamble und Coca-Cola ihre Werbeaufträge zurückzogen oder zumindest eine schärfere Prüfung der Sendungen zusagten. Die Produktionsfirma entschuldigte sich daraufhin öffentlich für einige Inhalte der Sendungen und gelobte Besserung.[17]

Ein anderes Beispiel aus Deutschland ist die Aktion »Contra Sieben«, die ihre Mitglieder vor allem über das Internet rekrutiert (www.contra-sieben.de). Diese Gruppe griff den Fernsehanbieter Pro 7 nicht nur auf ihrer Website, sondern auch in öffentlichen Briefen mehrfach wegen seiner Sendepraxis an. Insbesondere störte die Gruppe, daß der Sender einige Folgen der Zeichentrickserie *The Simpsons* dem deutschen Publikum vorenthielt und den Abspann der Folgen, in dem regelmäßig noch einige Gags aus dem *Off* geboten und die vollständigen Credits aufgeführt werden, einfach wegfallen ließ. Nach mehreren Protestaktionen und Verhandlungen im Sender begann Pro 7 dann im Herbst 1999, die Abspänne mitzusenden und die fehlenden Folgen nachzuliefern. Bevor man derartige mikropolitische Erfolge von Fangruppen belächelt, sollte man bedenken, daß hier tatsächlich eine Gruppe von Menschen – und zwar eine Gruppe der sonst oft

17 Vgl. dazu Fiske (1996: 117f.).

als »Couch Potatoes« verachteten Fernsehzuschauer – sich aufrafft, um die eigenen Interessen und auch die anderer Zuschauer durch öffentliche Aktionen in der direkten Konfrontation mit den mächtigen Sendeanstalten durchzusetzen.

Protest kann sich also organisieren und so ein besseres Fundament für die kommunikative Sichtbarkeit im öffentlichen Diskurs schaffen. Auf diese Weise haben sich in Amerika zahlreiche Gruppen gebildet, die das Fernsehprogramm überprüfen und bei nicht genehmen Inhalten öffentlich Protest erheben. Christliche Gruppen haben mitunter bis zu 10 000 Mitglieder mobilisieren können, um gegen bestimmte Sendungen vorzugehen. Insgesamt hat sich auf diese Weise in der amerikanischen Medienkultur ein relativ stabiler Zusammenhang von medienbezogener öffentlicher Kommunikation herausgebildet, in dem Interessengruppen und Verbände aller Art Stellung nehmen, protestieren oder auch Sendungen unterstützen.[18]

In den frühen 80er Jahren hat man nicht weniger als 250 fernsehbezogen aktive Interessengruppen in den USA gezählt. Schwerpunkte dieser Bewegungsöffentlichkeit bilden zunächst einmal Minderheiten, Frauenrechtsgruppen, Schwule, Lesben, Senioren und Behinderte. Weiterhin sind konservative religiöse Gruppen wie die »Moral Majority« und die »National Federation for Decency« sowie zahlreiche soziale Themengruppen aktiv, die sich für Sonnenenergie, Gewaltfreiheit oder sonstige Anliegen einsetzen. Die Interventionsformen reichen vom öffentlichen Protest auf der Straße oder in der Presse über Briefkampagnen bis zum Lobbying bei den Networks.

Anläßlich der Ausstrahlung des Fernsehfilms *The Day After*, in dem die Folgen eines Nuklearkrieges vorgeführt werden, gab es umfassende öffentliche Aktionen durch Atomwaffengegner aus über 1000 Gruppen im ganzen Land. Man

18 Vgl. dazu ausführlich Montgomery (1989).

führte Märsche und Mahnwachen durch, lancierte Anzeigen-kampagnen in der Presse und provokative Spots im Fernsehen. Dem standen Aktionen der »Moral Majority« gegenüber, die u. a. eine Briefkampagne mit 80 000 Briefen an den verantwortlichen Sender aufzog. Im Fernsehen fand schließlich eine ausführliche Podiumsdiskussion mit prominenten Befürwortern und Gegnern der nuklearen Aufrüstung statt. In Deutschland ist zwar noch nicht eine so ausgeprägte Protestöffentlichkeit wie in den Vereinigten Staaten vorhanden, aber auch hier kann zunehmend beobachtet werden, daß unterhaltungsöffentliche Events als Ausgangspunkt für politische Interventionen genutzt werden.

4. *Konsonanzbildung*: Wenn man mit Neidhardt »öffentliche Meinung« versteht als ein »kollektives Produkt von Kommunikationen, das sich zwischen den Sprechern als ›herrschende Meinung‹ darstellt«,[19] dann kann Öffentlichkeit über eine solche Konsonanz von Meinungen auch eine Orientierungsfunktion für die Bürger ausüben. Sie stellt Konsens her und macht bestehenden Konsens sichtbar. Diese Funktion wird durch Unterhaltungsöffentlichkeiten in starkem Maße unterstützt. Attraktiv gestaltete und von gezielt eingesetzten Musikpassagen begleitete Bildwelten in Film und Fernsehen führen uns den Bereich des politisch Selbstverständlichen und des politisch-moralisch »Richtigen« immer wieder vor. So haben Fernsehserien in Deutschland schon seit langem einen erheblichen Anteil an der Herausbildung eines öffentlichen Meinungskonsenses. Toleranz gegenüber Minderheiten aller Art, die Ablehnung von Antisemitismus, Ausländerfeindlichkeit und Rechtsradikalismus werden in einer Vielzahl von Vorabendserien täglich auf den Bildschirm gebracht. Und die verschiedenen Kommissare der erfolgreichen *Tatort*-Reihe stellen schon seit 30 Jahren bei ihrem Kampf um Recht und Gerechtigkeit Modellfiguren der im legitimen

19 Vgl. Neidhardt (1994: 26).

Meinungsspektrum der Republik angesiedelten politisch-korrekten Verhaltensweisen dar.

 5. Bewahrung von politisch-kulturellen Traditionsbeständen: Politisch-kulturelle Vorstellungswelten sind, wenn sie wirksam und lebendig bleiben sollen, auf eine stetige Aufführung und zeitgemäße Neuinszenierung ihrer »Partitur« angewiesen. Traditionslinien drohen zu verblassen, wenn die Grundmuster nicht immer wieder in der öffentlichen Bildwelt vorgeführt werden. Es muß daher Medien und Formen geben, die den Kern der Traditionen aufgreifen und ins Forum der Öffentlichkeit stellen. Unterhaltungskultur ist einer der wichtigsten Bereiche moderner Gesellschaften, wo diese Institutionalisierung von Traditionen in der Gegenwart geleistet wird. Die populäre Medienkultur macht politisch-kulturelle Traditionen sichtbar, und aus dieser Visibilität erwächst die Möglichkeit, daß diese im öffentlichen Diskurs aufgenommen, thematisiert, reflektiert und auch kritisiert werden. Film und Fernsehen sind in diesem Sinne Medien des kulturellen Gedächtnisses, in denen Sinnfiguren und Deutungsmuster auf Dauer gestellt werden.

Dies kann auf ganz unterschiedliche Weise erfolgen. Traditionen können explizit thematisiert werden, etwa in Dokumentations- und Bildungssendungen im Fernsehen. Weiterhin können sie bewußt zelebriert werden; das ist beispielsweise dort der Fall, wo man im fiktionalen Unterhaltungssektor Ereignisse oder Figuren aus der Vergangenheit, die als traditionsbegründend gelten, in aufwendig produzierten Spielfilmen in Szene setzt. Die spezifischen Tugenden der historischen Helden werden als Charaktereigenschaften der Filmhelden lebendig vorgeführt. Eine solche visuelle Zelebration von Traditionen findet sich beispielsweise in den Revolutionsfilmen von Sergej M. Eisenstein, in deutschen Historienstreifen über den »Alten Fritz«, in denen der Schauspieler Otto Gebühr zu Zeiten der ausgehenden Weimarer Republik und der Nazi-Herrschaft die Ikonographie der Preußen-Tradition auf der Leinwand verkörperte, und natürlich in dem großen Bürgerkriegsepos *The Birth of a Nation* von D. W. Griffith (1915), das den visuellen Grundstein für die Entwicklung des politischen Films in Amerika legte.

Ein besonders wichtiger Bereich liegt jedoch jenseits dieser expliziten Ebenen von Traditionsinszenierung. Er liegt dort, wo in Filmen und Serien ganz andere Dinge und Probleme thematisiert und doch Traditionsbestände von politischer Kultur wirksam sind: in der Art und Weise, wie die Welt konstruiert wird, wie die Akteure handeln und welche Problemlösungen als sinnvoll und erfolgreich gezeigt werden. Gerade dort, wo nicht historische Sujets behandelt werden, sondern Alltagsprobleme der Gegenwartsgesellschaft, die wir alle aus unserer eigenen Erfahrung kennen, erweist sich die populäre Medienkultur als wichtige Bewahrungs- und Erneuerungsagentur von Traditionen, denn diese werden als im Hier und Jetzt präsent gezeigt. Im Einleitungskapitel wurde bereits auf einen für die Bundesrepublik Deutschland zentral wichtigen Traditionsbestand der Republik hingewiesen: die Ablehnung des Nationalsozialismus und des Antisemitismus. Diese politischen Deutungsmuster werden, heute häufiger denn je zuvor, als Konsenskern in immer wieder neuer Variation in Spielfilmen, Vorabend- und Kriminalserien lebendig aufgeführt. Sie schreiben im »unpolitischen« unterhaltungskulturellen Diskurs dieses Selbstverständnis der politischen Kultur stets aufs neue fort.

6. Inszenierung von politischer Identität: Kulturelle Traditionen sind nicht per se oder als museales Ornament der öffentlichen Wahrnehmungswelt relevant. Wichtig sind sie vor allem als gegenwartswirksame Größen. In der Alltagswelt der Bürger wie in der inszenierten Bildwelt der Medienunterhaltung treten uns die Traditionsbestände vor allem in der Form von politischen Identitätsmodellen entgegen. Was ist damit genau gemeint? Eine Identität verortet zunächst einmal den Akteur im sozialen Raum. Sie markiert symbolisch eine Grenze zwischen mir/uns und den »anderen«, und diese Grenze wird definiert über bestimmte Merkmale, die man in jeweils unterschiedlicher Gewichtung durch Zuweisung und Aneignung erlangt. Wir wachsen mit Sozialisationsprozessen in symbolische Ordnungen hinein, die uns bestimmte Positionen anbieten, und mit diesen Angeboten können wir uns im Verlauf der alltäglichen Kommunikationsprozesse auseinandersetzen, um Schritt für Schritt eine eigene Identität herauszubilden. Wir begegnen konkreten Mitmenschen mit ihren Erwartungen, und in der Verarbeitung dieser Begegnungen bilden wir aus den unterschiedlichen Erwartungshorizonten einen »generalisierten Anderen«, wie George Herbert Mead diese normative Kontrollgröße der sozialen Identitätsbildung genannt hat.

Das Charakteristikum der medialen Erlebnisgesellschaft besteht nun darin, daß dieser generalisierte Andere in immer stärkerem Maße durch die Medienkommunikation und immer weniger durch die personale Konfrontation mit anderen Personen konstruiert wird.[20] In diesem Sinne hat auch Dieter Grimm, der bis 1999 für den Bereich des Medienrechts zuständige Bundesverfassungsrichter, ausgeführt: Das Fernsehen »erreicht die meisten Menschen, und zwar längst bevor sie lesen lernen. Weltverständnis, Sinngebung und Standards für ›Normalität‹ werden weitgehend vom Fernsehen geprägt. In dieser Hinsicht ist es vermutlich schon einflußreicher als Familie und Schule.«[21] Es sind die Unterhaltungsmedien, die heutzutage in weitem Umfang soziale Erwartungen formulieren und Identitätsmodelle vorführen. Diese Modelle kann der Mediennutzer sich aneignen, indem er die fiktionalen Welten mit Prozessen der Identifikation und der Distanznahme durchlebt und die Materialien der Medienkommuni-

20 Vgl. dazu die Studie von Meyrowitz (1985).
21 Vgl. Grimm (1996: 59).

kation selektiv als Bausteine in seine alltagsweltliche Kommunikation überführt.

Politische Identität setzt sich zusammen aus spezifischen Wahrnehmungsweisen und Deutungsmustern. Diese definieren für mich, was die politische Welt konstituiert, welches ihre Triebkräfte und inneren Logiken sind und welche Handlungsgrößen das Geschehen bestimmen – etwa das Individuum, die Klasse, der Staat oder die Nation. Weiterhin enthält jede politische Identität Handlungsnormen und politische Rollensets. Diese geben vor, wie man sich adäquat als politischer Akteur verhält, indem man beispielsweise wählen geht oder nicht, indem man demonstriert oder einer Partei beitritt, sich »einmischt« oder das Feld den politischen Profis überläßt. Politische Identitäten enthalten auch Werte und Sinnkonstrukte. Die Werte bestimmen meine politischen Zielsetzungen, und erst aus einer spezifischen Identität können Sinngebungen für meine politische Existenz erwachsen, sei es etwa im Gemeinschaftserlebnis oder im individuellen Streben nach Glück. Politische Identität aber bestimmt schließlich auch über Zugehörigkeiten und politische Heimaten. Dies ist der Bereich der kollektiven Identität, und diese Bindungen sind von besonderer Wichtigkeit, da das politische Feld in hohem Maße durch politische Gemeinschaften und kollektive Akteure strukturiert wird. Politische Identität ist stets eng gekoppelt mit kollektiver Identität, sei es die einer Nation, einer Ethnie, einer Klasse oder eines politischen Milieus, einer Generation oder eines Geschlechts.

Nun sind in der Gegenwartsgesellschaft festgefügte traditionelle Identitäten knapp geworden. An die Stelle von gegebenen Bindungen ist eine Vielzahl von Optionen getreten, zwischen denen der einzelne sich entscheiden muß. In der Gegenwartsgesellschaft sind die Identitäten in einem größeren Maße als je zuvor wählbar geworden, mit allen Problemen, die das für die zur Freiheit verdammten Individuen mit sich bringt. Auch das politische Feld hat sich im Laufe dieser

Entwicklung verändert, von einem wohlgeordneten Terrain stabiler Milieus und Organisationen hin zu einem Markt, auf dem diverse politisch-kulturelle Designs angeboten werden. Die Vorentscheidung durch die soziale Einbettung ist zunehmend abgelöst worden durch jeweils neue Entscheidungen von Menschen, die ihre materiellen und ideellen Interessen so gut wie möglich durchgesetzt sehen wollen.[22] Dieser »Nachfrage« auf dem Markt der Identitäten begegnen diverse »Angebote« im Forum der Medienunterhaltung, und diese Angebote geben auf diese Weise ein recht präzises Bild ab von den Normalitätserwartungen, die in einer Kultur herrschen. Erst wenn wir diese Modelle von politischer Identität in der Unterhaltungsöffentlichkeit sorgfältig analysiert haben, so meine These, können wir die demokratische Verfaßtheit der Gesellschaft jenseits ihrer politischen Institutionen genauer erkennen.

7. *Integration*: Wenn man nun die bis hierhin genannten Funktionen von Unterhaltungsöffentlichkeit aus der Makroperspektive betrachtet, wird eine siebte, für den Bestand der Gegenwartsgesellschaft zentrale Funktion erkennbar: die der sozialen und politischen Integration. Unterhaltungsöffentlichkeit eröffnet gemeinsame Kommunikationsräume, steuert und bündelt Aufmerksamkeiten, bietet Schnittstellen für gemeinsame Anschlußkommunikation, stiftet orientierungsfreundliche öffentliche Meinungen, stellt politisch-kulturelle Traditionsbestände auf Dauer und bietet Modelle von individueller und kollektiver politischer Identität an. Medienunterhaltung stellt für die Gesellschaft einen Raum zur Verfügung, in dem Bestände von kollektiv geteilten Vorstellungen, Werten, operativen Normen und Sinnentwürfen immer wieder neu inszeniert und beglaubigt werden. Die so mediensozialisierten Bürger bilden politische Gemeinschaften mit gemeinsamen politischen Identitäten.

22 Vgl. dazu Wildavsky (1987).

Die wiederholte Aufführung der jeweiligen Lebensmuster und Gemeinschaften kann visuelle Heimaten schaffen. Sie haben einen hohen Wiedererkennungswert und werden mit positiven Gefühlen verknüpft. Der *Feel-Good*-Faktor stiftet auf diese Weise affektive Bindungen und Loyalitäten gegenüber der jeweiligen Bezugsgemeinschaft. Politische Sinnperspektiven, die in eine Tradition eingelassen sind, erhalten hohe Evidenz, wo sich die Medien in gelungener Weise ästhetischer Inszenierungsmittel bedienen. Die in der Spielhandlung entfalteten Sinnmuster werden dadurch charismatisch überhöht.

Kann aber die Medienkultur tatsächlich als eine Integrationsagentur wirken in einer Zeit, in der die Medien selbst weitgehenden Differenzierungsprozessen ausgesetzt sind? In Deutschland ist die Entwicklung besonders nach der Einführung des dualen Rundfunksystems sichtbar geworden anhand der Pluralisierung der Fernsehanbieter. Während jedoch bei uns die Zahl der Anbieter, die über Kabel oder Satellit empfangen werden können, noch immer vergleichsweise gering ist, sind es in den USA bis zu hundert Programme. Hinzu kommt, daß auch die technischen Möglichkeiten des Auswählens verbessert worden sind: Fernseher sind in der Regel mit Fernbedienung ausgestattet, und viele Haushalte haben bereits Zweit- und Drittgeräte, so daß man sich auch innerhalb der Familie nicht auf ein Programm einigen muß. Videorecorder erweitern zusätzlich das Spektrum der Möglichkeiten, da man parallel eine Sendung sehen und eine andere aufnehmen kann. Mit der Digitalisierung und den entsprechenden Pay-TV-Angeboten wie *Premiere World*, die eine »interaktive« Auswahlmöglichkeit bieten, wird dieser Differenzierungsprozeß im Bereich des Fernsehens noch weiter vorangetrieben.

Und dennoch zeigt sich bei genauerem Hinsehen, daß Unterhaltungsöffentlichkeiten ungeachtet aller Differenzierungsprozesse immer auch Kernbereiche aufweisen, die eine Mehrheit der jeweiligen Gesellschaft erreichen. So läßt sich beim Kinofilm problemlos ein Bereich des Mainstream identifizieren, der von großen Teilen der Bevölkerung rezipiert wird. Das gilt vor allem für die sogenannten *Blockbuster*-Filme, die ganze Familien ins Kino locken. Eine Liste jener Filme, die im Jahr ihres Erscheinens in den USA über 100 Mio. Dollar eingespielt haben, gibt einen Eindruck von dieser Mainstream-Bildwelt, die jenseits der kulturellen Segmentierung wahrgenommen wird: *Titanic* mit über 427 Mio. Dollar (1997/98), *E. T. – The Extra-Terrestrial* (1982) mit 399 Mio. Dollar, *Jurassic Park* (1993) mit 356 Mio. Dollar, *Forrest Gump* mit 329 Mio. Dollar, *Star Wars* (1977) mit 322 Mio. Dollar, *The Lion King* (1994) mit 312 Mio. Dollar und *Independence Day* (1996) mit 306 Mio. Dollar. Diese Filme werden gleichzeitig auch in der öffentlichen Anschlußkommunikation durch Besprechungen und Vorschauen im Feuilleton oder im Fernsehen fokussiert und sind entsprechend problemlos als interdiskursives Kommunikationsmittel nutzbar.

Im Bereich des Fernsehens ist der Differenzierungsgrad und damit auch die »Verstreuung« des Publikums größer.[23] Da immer mehr Anbieter auf den Markt drängen, die Gesamtzeit der Fernsehnutzung aber nicht im gleichen Maße ansteigt, verteilen sich die Zuschauer notwendigerweise auf mehr Programme. Gleichwohl gibt es auch hier Sender mit größeren und Sender mit geringeren Marktanteilen, und es sind populäre Mainstream-Angebote vorhanden, die einen hohen Prozentsatz des Publikums auf sich vereinigen können. In Deutschland hat die *Lindenstraße* über weite Strecken einen Marktanteil von weit über 30 % erreicht, und auch TV-Filme und Miniserien wie Dieter Wedels *Der große Bellheim* und *Der Schattenmann* sind nationale Ereignisse, weil sie ein großes Publikum vor dem Bildschirm versammeln.

23 Vgl. dazu auch Hasebrink (1994) und Holtz-Bacha (1997).

Die *Tagesschau* ist noch immer für die meisten Fernsehzu-schauer eine feste Institution, und ZDF-Unterhaltungschef Viktor Worms bezeichnet die Game-Show *Wetten daß?* zu-treffenderweise als großes »Lagerfeuer«, weil sich hier mit Einschaltquoten von über 50 Prozent ein Großteil der deut-schen Fernseh-Nation vor den Bildschirmen versammelt. Auch wenn also der Prozeß der Differenzierung in der Fern-sehkommunikation weit vorangeschritten ist, sind damit deren Integrationspotentiale nicht aufgehoben. Auch heute gibt es noch Sendungen, die »in« sind, über die »man« spricht, und es gibt solche, die niemand sehen will.

5. Die Fiktionalisierung des Politischen im Wahlkampf

Amerikanisierung und »Entertainisierung«

»Nach der Wahl ist vor der Wahl« – so läßt sich, in Anlehnung an eine alte Fußballweisheit, der Zustand des politischen Feldes in der Gegenwartsgesellschaft umschreiben. Das ist keineswegs nur eine Konsequenz der Häufigkeit von Wahlgängen, wie sie gemäß der Vielzahl von ausdifferenzierten Politikebenen etwa in Deutschland mit Kommunal-, Landtags-, Bundestags- und Europawahlen gegeben ist. Dieser Zustand verdankt sich auch der Einsicht von Akteuren und Parteien, daß das Werben um den Wähler in einer Demokratie nicht auf kurze Phasen der öffentlichen Aufmerksamkeit beschränkt werden darf, wenn man gegenüber den Mitbewerbern nicht ins Hintertreffen geraten will. Der »permanente Wahlkampf« oder, wie in einer neueren amerikanischen Publikation formuliert wird, »the triumph of campaign centered politics«,[1] ist heute zur Normalität im politischen Alltagsgeschäft geworden.

Vor dem Hintergrund dieser Dauerbeobachtung auf dem politischen Markt stellen die »heißen« Wahlkampfphasen dann jeweils Höhepunkte dar, in denen die Selbstpräsentation der konkurrierenden Akteure mit besonderer Intensität betrieben wird. Unbestritten ist, daß den Wahlkämpfen in den vergangenen Jahrzehnten eine gesteigerte Bedeutung zugewachsen ist, da aufgrund von gesellschaftlichen Modernisierungsprozessen die ehemals relativ festen Bindungen von Wählergruppen an Parteien immer weiter gelockert wurden. Enttraditionalisierung, Individualisierung, Pluralisierung der Lebensstile und Milieus, Temporalisierung von Grup-

---

1 Vgl. Menefee-Libey (2000).

penzugehörigkeiten – das sind die Stichworte der soziologischen Zeitdiagnose, aus denen sich die Gründe für die empirisch feststellbare Zunahme der Wechselwähler ableiten lassen. Je mehr die gewachsenen Parteibindungen verblassen, um so ertragreicher erscheint es, intensiv um Wähler zu werben, da sich deren Entscheidung an der Urne tatsächlich durch situative Faktoren beeinflussen läßt.[2]

Wenn das politische Feld daher die Dynamik eines Marktgeschehens annimmt, ist es auch wenig überraschend, daß Wahlwerbung sich immer deutlicher den Charakteristika der Produkt- und Markenwerbung annähert. Parteien müssen sich ähnlich wie Unternehmen ein ästhetisch ansprechendes Corporate Design zulegen, um in den Augen der umworbenen Wähler wahrnehmbar und attraktiv zu bleiben. So scheint es alles andere als zufällig, daß die SPD sich bei der Bundestagswahl 1998 durch eine sehr frühzeitig gestartete Imagekampagne – ausgeführt durch die Agentur KNSK/BBDO, die u. a. für die originellen »Lucky Strike«-Kampagnen verantwortlich zeichnet – entscheidende Vorteile verschaffen konnte.

Der Bundestagswahlkampf 1998 stellt den vorläufigen Höhepunkt einer Entwicklung dar, in deren Mittelpunkt die Massenmedien – allen voran das Fernsehen – stehen und die sowohl in der Medienöffentlichkeit als auch in einem Teil der wissenschaftlichen Analysen als »Amerikanisierung« bezeichnet wurde. Was freilich in den journalistischen Kommentaren meist mit erschrocken-kritischem Unterton als Novum konstatiert wurde, stellt sich für den nüchternen Blick der wissenschaftlichen Beobachter als Veranstaltung mit vergleichsweise geringem Neuigkeitswert dar.[3]

Was ist nun mit »Amerikanisierung« in dieser Diskussion genau gemeint? Mit Winfried Schulz lassen sich folgende

2 Zu dieser Relevanzzunahme der Wahlkämpfe vgl. Schulz (1997: 194ff.) sowie Holtz-Bacha (1996, 1999).
3 Vgl. etwa A. Müller (1999), M. Müller (1999), Holtz-Bacha (1999: 15).

Merkmale dieser Entwicklung benennen:[4] Personalisierung, das heißt eine Konzentration der Aufmerksamkeit auf die Person der Kandidaten, die zu Lasten der Sachthemen geht; die Gestaltung des Wahlkampfs als »horse race«, als Wettkampf der Kandidaten; ein Angriffswahlkampf (»negative campaigning«), der auf die symbolische Destruktion des Gegners zielt; eine weitgehende Professionalisierung, welche die Gestaltung der Kampagne in die Hand von Kommunikationsfachleuten, Werbern und PR-Experten legt, wobei hier die sogenannten »Spin Doctors« als Manager der Medienkontakte zu besonderer Prominenz gelangt sind; ein Marketingansatz der politischen Werbung; und schließlich ein gezieltes Ereignis- und Themenmanagement. Bezogen auf diesen Merkmalskatalog zeigte der letzte Bundestagswahlkampf des 20. Jahrhunderts in der Tat kaum eine neue Qualität, sondern im wesentlichen nur eine Steigerung schon seit längerem beobachtbarer Trends.

Und dennoch hat das Gefühl der Journalisten, die sich von einem Feuerzauber aus Show und Theatralik umgeben sahen, nicht getrogen. Was hier wirklich eine neue Qualität der Inszenierung hineinbrachte, läßt sich jedoch nicht auf den allgemeinen Nenner der Amerikanisierung bringen, sondern ist besser mit dem Begriff der »Entertainisierung«[5] zu fassen. Politiker und Werbeprofis haben sich 1998 in einem Ausmaß im Arsenal der Unterhaltungskultur bedient, also strategisches Politainment betrieben, das bis dahin hierzulande nicht zu finden war. Zwar haben auch früher Schauspieler, Musiker oder TV-Entertainer den Wahlkampfauftritt nicht gescheut, um ihrer Präferenzpartei zu nutzen, und schon SPD-Spitzenpolitiker Karl Schiller ließ sich 1969 mit vergleichsweise hohem Aufwand Zugang zur beliebten Quizsendung *Was bin ich* verschaffen.[6] Die systematische Nut-

4 Schulz (1997: 186 ff.); vgl. auch Radunski (1996).
5 Vgl. Holtz-Bacha (2000).
6 Vgl. A. Müller (1998: 45).

zung von Unterhaltungsformaten, wie sie insbesondere die Sozialdemokraten mit ihrem mediengewandten Spitzenkandidaten Gerhard Schröder praktizierten, stellt jedoch alles Bisherige in den Schatten. Diese Entertainisierung ist insofern auch als Bestandteil einer Amerikanisierung zu betrachten, weil es amerikanische Präsidentschaftskampagnen waren, die hier Maßstäbe gesetzt haben. Vor allem die Medienstrategien Reagans und Clintons wurden später in Europa von den Beraterstäben Tony Blairs und Gerhard Schröders dankbar aufgegriffen.

Konsequent wirkt der Trend zum Politainment im Wahlkampf vor allem angesichts der Entwicklung eines Fernsehmarktes, der seit der Einführung des dualen Rundfunksystems auch in Deutschland eine Pluralität von Anbietern und medialen Kommunikationskanälen ermöglicht hat, die sich amerikanischen Verhältnissen zumindest annähert. »Wahlkampf unter Vielkanalbedingungen« (Schulz 1998) bedeutet für Parteien und Politiker, daß der Kampf um die immer knapper werdende Ressource Aufmerksamkeit unter verschärften Bedingungen geführt werden muß. Da auf dem Fernsehmarkt wiederum die höchsten Quoten stets mit Unterhaltungsformaten erreicht werden, wird verständlich, warum die politischen Werber zunehmend das Politainment pflegen – zumal auf diesem Wege auch diejenigen Zuschauer und Wähler erreicht werden, die sonst mit Politik eher wenig zu tun haben. Die »unpolitischen Wechselwähler« (das sind derzeit nicht weniger als ca. ein Drittel des gesamten Elektorats) sind zugleich auch ausgesprochen unterhaltungsorientierte Mediennutzer.[7]

Wer gewohnt ist, auf seinem Unterhaltungsslalom im Reich der Television immer umzuschalten, wenn Politik im Nachrichten- oder Informationsformat geboten wird, der bleibt schon mal eher auf dem Kanal, wenn die Politik im Un-

---

7 Vgl. dazu Schulz (1997: 196) und Holtz-Bacha (1999: 17).

terhaltungsformat einherkommt. Diese enorme Reichweite der Unterhaltungskultur in die unpolitischen Wählerschichten hinein macht es zum Muß für die Akteure, sich auf die Spielregeln des Entertainment einzulassen. Hinzu kommt, daß sie in den Informationssendungen in der Regel nur journalistisch gefiltert und geschnitten zu Wort kommen, während eine Talk- oder Gameshow den direkten Zugang zum Publikum gewährleistet.

Im Wahlkampf 1998 wurde die Entertainisierung auf zwei Ebenen besonders gut sichtbar. Ebene 1 ist die des subversiven Nonsens, auf der mit dem Wahlkampf zugleich auch die für repräsentative Demokratien durchaus zentrale Institution der Wahlen selbst verulkt wurde. Politik wird hier zum sinnverweigernden Event, die Wahl zum entzauberten, leeren Ritual. Der Rheinische Merkur sprach im März des Wahljahres von einer »Guildo-Hornisierung« der Politik, damit auf ein republikweit beachtetes Medienereignis anspielend, bei dem ein ausgebildeter Musiktherapeut mit der tröstenden Zeile »Guildo hat euch lieb« die Hitparaden, Konzerthallen und Fernsehshows eroberte.[8] Horn hatte per »demokratischer« TED-Abstimmung mit überwältigender Mehrheit die deutsche Vorausscheidung für den Grand Prix de la Chanson gewonnen und später vollmundig kommentiert, er habe mit seinen ca. 60 Prozent der Stimmen eine größere Mehrheit erzielt als je ein Regierungschef in Deutschland. Freizeit-Soziologe Horst W. Opaschowski sah gar in Guildo Horn einen aussichtsreichen Kandidaten für höchste politische Ämter heranwachsen.[9]

Das Politische als Bestandteil einer weitgehend sinnfreien

8 Zum Guildo-Horn-Phänomen als Symptom einer posttraditionalen Erlebnisgesellschaft vgl. Vogt (1999).
9 »Die deutsche Schlagerkultur war auf einem Nullpunkt. Dagegen hilft nur Protesthaltung. Diese Haltung kann so weit gehen, daß Guildo Horn zum Kanzler gewählt wird« (H. Opaschowski, zit. nach Mittelbayerische Zeitung, 3. März 1998).

Spaßkultur wurde dann mit tatsächlich subversiver Stoßrichtung in den Wahlkampf importiert durch den Film- und Theaterregisseur Christoph Schlingensief. Er gründete eine Arbeitslosenpartei mit dem verheißungsvollen Namen »Chance 2000«, die zeitweise – allerdings nach eigenen Angaben – über 16 000 Mitglieder gehabt haben soll. Schlingensief tingelte mit einem »Wahlkampfzirkus« durch die Lande und machte mit dem Vorhaben Furore, den Wolfgangsee während der Urlaubszeit des amtierenden Kanzlers Kohl durch Tausende Mitstreiter mediengerecht »in Wallung« zu bringen. Die Partei wurde durch Show-Prominenz wie Alfred Biolek und Harald Schmidt finanziell unterstützt. »Chance 2000« spielte später bei den Wahlen zwar keinerlei Rolle, führte jedoch ebenso wie die zuvor bei den Bayerischen Kommunalwahlen in den Regensburger Stadtrat gelangte »Liste Alzheimer« des Gastwirts Franz Mierswa die Möglichkeit der Aufhebung des Politischen im Absurden vor Augen. Die Medien griffen diese Possen dankbar auf, konnte doch damit das Unterhaltungsbedürfnis des Publikums ganz lebensnah auch in den Informationssparten bedient werden.

Langfristig wichtiger ist aber ohne Zweifel der professionelle Einsatz unterhaltungskultureller Inszenierungstechniken durch die politischen Akteure, um auf diesem Wege flüchtige Wählergruppen wieder in den Einzugsbereich der großen politischen Parteien zurückzubringen. Diese Entertainisierung des Wahlkampfs geht mit einer Fiktionalisierung des Politischen einher, in deren Rahmen die realen Politiker zu hyperrealen Medienfiguren transformiert werden.

Politiker als hyperreale Medienfiguren

Das Unterhaltungsfernsehen und der Kinofilm im Holly-wood-Format stiegen 1998 zu den Leitmedien und zentralen Bildspendern des Wahlkampfs auf. Die erfolgreichen Genres und die Formensprache dieser Medien wurden genutzt, um dem Politischen die Schwere des Arguments und den Ernst alltagsweltlicher Folgenhaftigkeit zu nehmen. Befreit von derartigem Kassen- und Quotengift ließ sich auch das ehr-würdige demokratische Ritual der Parlamentswahl aus seiner Aura des Altfränkischen lösen und als Event mit Unterhal-tungswert inszenieren, bei dem nicht Programme, sondern gelungene Auftritte über den Erfolg entscheiden.

Symptomatisch für diesen Transformationsprozeß steht die geradezu inflationäre Häufigkeit, in der hochkarätige po-litische Akteure die *Harald-Schmidt-Show* auf Sat 1 heim-suchten, um sich dort einer Zielgruppe von Jüngeren und Erstwählern als Unterhaltungsdienstleister zu präsentieren. Diese werktäglich zu später Stunde ausgestrahlte Mischung aus Talk- und Comedy-Show bot offenbar eine günstige Chance, ein wichtiges, aber schwer erreichbares Segment des Elektorats zu kontaktieren, denn die Liste der wahlkämpfen-den Gäste aus der politischen Klasse umfaßte in der Kam-pagnenzeit 1998 nicht weniger als 16 Namen, von Otto Schily – sonst nicht gerade als Entertainer profiliert – über Joschka Fischer und Rudolf Scharping bis zu Rita Süßmuth und, gleich zweimal, Heiner Geißler. Derartige Auftritte in einer Show, die alles und jeden zum Objekt einer gnadenlosen Spaßkultur macht, sind nicht nur billiger, sondern auch treff-genauer als Wahlwerbespots, bei deren Ankündigung das Gros des Publikums ohnehin wegschaltet. Wer bei *Schmidt* zu Gast ist und über Nichtigkeiten plaudert, erlangt das kost-bare Gut der Wahrnehmbarkeit in der Unterhaltungsöffent-lichkeit, auf das in Kapitel 6 noch ausführlicher zurückzu-kommen sein wird.

Bei diesem Wettlauf um Gigs und Gags hatte die SPD bald, dank einer Einbettung ihrer Akteure in eine breitere Strategie, die Nase vorn. CDU-Spitzenkandidat Kohl, der zwar der SPD eine reine Showorientierung unterstellte, in den Jahren zuvor jedoch selbst zum häufigen Gast in der wuchernden Talk-Kultur geworden war, hatte bei seiner eher traditionell angelegten Entertainment-Orientierung eine weniger glückliche Hand bewiesen. Kohl setzte auf die nach wie vor ungebrochene Popularität des Fußballsports in Deutschland, wohl wissend, daß Länderspiele – zumal solche im Rahmen von Weltmeisterschaften – zu den wenigen Medienereignissen zählen, bei denen sich regelmäßig über 50 Prozent des Publikums vor den Fernsehgeräten versammelt. Kohl hatte sich bereits im Juni des Wahljahres demonstrativ im Trainingslager der deutschen Mannschaft sehen und filmen lassen. Beim Spiel gegen Kroatien konnten nicht weniger als 22 Millionen Zuschauer, das entspricht der Hälfte aller Wahlberechtigten, den amtierenden Kanzler im Stadion und bei der anschließenden Pressekonferenz sehen.[10] Dies ist ein Wahrnehmbarkeitwert, der selbst für Spitzenpolitiker sonst kaum erreichbar ist.

Was der Stratege jedoch nicht bedacht oder vielleicht sogar als Risiko billigend in Kauf genommen hat, ist der Faktor Kontingenz, dem gerade beim Fußball eine erhebliche Rolle zukommt.[11] Spiele können nämlich schlecht verlaufen und, wie das gegen Kroatien, verdient verloren gehen. Die Nähe des Kanzlers zum Team und zum Trainer, die als symbolisches Kapital Stimmen generieren sollte, erwies sich als Nähe zu Verlierern und damit als eine Kontamination, die in der Abfolge der Ereignisse zu einem symbolischen Desaster geriet. Nicht nur mußte die deutsche Mannschaft in einer verhältnismäßig frühen Phase des Turniers ausscheiden. Hinzu

---

10 Vgl. dazu ausführlich Zeh/Hagen (1999: 211f.).
11 Vgl. dazu ausführlich die Analyse von Dirk Schümer (1992).

kam noch, daß deutsche Hooligans kurz zuvor als marodie-rende Horden einen französischen Polizisten ins Koma ge-prügelt und damit als »häßliche Deutsche« weltweite Entrü-stung provoziert hatten. Den Höhepunkt dieser Negativserie bildete schließlich der Rücktritt des Bundestrainers Berti Vogts. Es lag nur nahe, daß die Wähler dieses Scheitern des Trainers auf das Schicksal des politischen Kandidaten über-tragen würden, das sich nur wenige Wochen später an den Wahlurnen entscheiden sollte. Es konnte empirisch nachge-wiesen werden, daß sich die symbolische Kontamination tat-sächlich direkt auf die Wahlabsicht des Publikums ausge-wirkt hat.[12] Der Rückgriff auf ein interdiskursives Medium mit großer Reichweite hat also zwar Wahrnehmbarkeit und Aufmerksamkeit sichergestellt; die Kontingenz des Spiels je-doch, die sich auch durch ausgeklügeltes Ereignismanage-ment nicht aufheben ließ, kostete letztlich sogar Wählerstim-men.

Während der Verlauf eines Fußballspiels und somit auch die Präsenz einer *Feel-Good*-Stimmung immer ungewiß bleibt, bieten die üblichen Unterhaltungsformate von Film und Fernsehen ein größeres Maß an Berechenbarkeit. Vor al-lem das sozialdemokratische Kampagnenmanagement hat den Fundus der Unterhaltungsindustrie systematisch ge-nutzt, um das Politische zu fiktionalisieren und den Spitzen-kandidaten der SPD auf einer Welle des leichtfüßigen Amü-sements als bessere Alternative zu verkaufen. Konnte Kohl primär das Kapital der schieren Kontinuität im Amt geltend machen, so gelang es den Wahlkampfmachern Müntefering und Hombach, ihren Mann als dynamische Alternative zu in-szenieren und diese Dynamik über Genres des Entertainment auch an jüngere, politikferne Wählergruppen heranzutragen. Schröder, der bereits in den Jahren zuvor bewiesen hatte, daß er mühelos nahezu jedes Medienformat für seine Kommuni-

12 Zeh/Hagen (1999: 210).

kationsabsichten einzusetzen weiß[13], war in der Rolle des hyperrealen Medienkandidaten ohne Zweifel die Idealbesetzung.

Einen der gelungensten Coups stellte der mit großer Presseaufmerksamkeit gedrehte und im Juni gesendete Auftritt Schröders in der Endlosserie *Gute Zeiten, schlechte Zeiten* dar. In der 1500. Folge der mit Abstand erfolgreichsten Daily-Soap im deutschen Fernsehen, die von weit über 6 Millionen Zuschauern gesehen wurde, spielt Schröder sich selbst – einen Kandidaten auf Wahlkampftour, der durch Zufall in den Polterabend des Serienpärchens Flo und Andy hineingerät. In leichter Selbstironie macht der kurz zuvor erst wiederverheiratete Kandidat mit seinem Text (»Herzlichen Glückwunsch zur Hochzeit. Ich weiß, wie schwer das ist«) deutlich, daß die reale Welt in der Leichtigkeit des Seins einer unterhaltenden Als-ob-Welt aufgeht. Auch die Politik ist hier letztlich Bestandteil einer Endlosserie, die mal besser, mal schlechter unterhält, wo das Personal mitunter wechselt, aber allein die Serialität verbürgt, daß es trotz gelegentlicher Katastrophen schon immer irgendwie weitergeht.[14] Was in jedem Fall bleibt, ist die gute Grundstimmung aller Beteiligten.

Die Fiktionalisierung des Politischen als *Feel-Good*-Generator wurde von der SPD sogar im Bereich des »negative campaigning« erfolgreich betrieben. So griff man bei den Presseplakaten – das sind Medien, die nicht breit plakatiert, sondern als Unikate der Presse präsentiert werden und auf dem Wege der Berichterstattung ihre Verbreitung finden – auf bekannte Beispiele der Filmgeschichte zurück, um den Gegner zum Objekt des Gelächters zu machen. Kohl und Waigel wurden so zu komischen Medienfiguren transformiert, deren filmische Rollen das politische Scheitern programmatisch zu

13 Vgl. dazu die Analyse bei Kurt (1998).
14 Daher ist es auch alles andere als Zufall, daß zahlreiche Politiker versucht haben, in der Kampagnenzeit als Gäste in der *Lindenstraße* auftreten zu dürfen (vgl. Holtz-Bacha 1999: 18).

implizieren schienen: Mit *Vom Winde verweht, Denn sie wissen nicht, was sie tun* und schließlich, mit Verweis auf den erfolgreichsten Film aller Zeiten, *Titanic* konnten diese Plakate auf ein medial vermitteltes Alltagswissen zurückgreifen, das nahezu jeden Beobachter in die Lage versetzte, den Gag zu verstehen und in seiner eigenen kommunikativen Praxis weiterzuverwenden. Mit ausgesprochen geringem finanziellem Aufwand konnte so in einer durchaus sympathisch wirkenden Weise knallharter Negativwahlkampf mit großer Reichweite gemacht werden.

In der gleichen Weise funktionierte schließlich auch der für das Kino produzierte Wahlwerbespot der SPD. Dem Rahmen gemäß auf ein jüngeres Publikum zielend – ein Wählersegment, das die CDU auch hier sträflich vernachlässigte, indem sie als einzige große Partei auf einen eigenen Kino-Spot verzichtete[15] – machte man die Kult-Serie *Star Trek (Raumschiff Enterprise)* zum Rahmen für eine symbolische Destruktion des politischen Gegners. Dieser 44 Sekunden lange Minispielfilm zeigt, wie im All ein Rettungstrupp zusammengestellt wird, um Probleme auf der Erde zu lösen. Das »Beamen« auf den Planeten will jedoch nicht klappen, da einer der Weltraumkämpfer offensichtlich zu dick ist. Als er, in Zeitlupe, seinen Helm abnimmt, erkennt man: Es ist ein gedoubelter Helmut Kohl. Aus dem Off ertönt dazu ein hämischer Kommentar: »Die Zukunft – nicht jeder ist dafür geschaffen.«[16] Eine Bild- und Erzählwelt, die wohl jedem jüngeren Betrachter aus langjähriger Mediensozialisation gut vertraut ist, wird hier mit der realen Physiognomie des Kanzlers verknüpft, die ohnehin dem Körperideal der »Fit-for-Fun«-Generation denkbar fernsteht. Und das Genre der zukunftsorientierten Science Fiction, das der Zeitperspektive jüngerer Jahrgänge paßgenau entspricht, ist mit einer sinnlich

15 Vgl. M. Müller (1999: 258).
16 Vgl. dazu M. Müller (1999: 259).

faßbaren Exklusion des CDU-Kandidaten aus dieser Zukunftswelt verknüpft. Entscheidender Vorteil der humoristischen Erzählung schließlich: Die sonst beim »negative campaigning« schnell drohende schlechte Stimmung wird durch den *Feel-Good*-Faktor der frohgelaunten Spaßkultur im Kinosaal mühelos vermieden. Der politische Kampf wird zum amüsanten Weltraumspektakel, und die Wahl erscheint als ein neu zu entdeckendes Freizeitvergnügen, bei dem die Teilnehmer wie in einem Videospiel die Möglichkeit haben, schwache Figuren aus dem Geschehen »rauszuschießen«. Diese gute Stimmung, die um den Medienprofi Schröder herum aufgebaut wurde, konnte gerade der »Spielverderber« Kohl mit seinen Beschwerden gegen die »bloße Show« der SPD in keiner Weise zerstören.

Die Leipziger »Krönungsmesse« als politischer Event

Ein Parteitag ist in der medialen Erlebnisgesellschaft längst nicht mehr nur eine Versammlung von Delegierten, die irgendwelche Beschlüsse fassen, Programme verabschieden oder Personalien regeln. Parteitage sind Bestandteil eines strategischen »Event-Marketing« geworden, da sie über die mediale Berichterstattung eine Selbstinszenierung der Partei vor einem Millionenpublikum ermöglichen, ohne zusätzliche Kosten hervorzurufen. Der SPD-Parteitag in Leipzig am 17. April 1998 führte sichtbar vor Augen, wie in Anlehnung an die Choreographie amerikanischer Conventions das Medium des Events zur Wahlwerbung genutzt werden kann. Der Parteitag, der in der Presseöffentlichkeit bald als »Krönungsmesse« für den dort nominierten Kanzlerkandidaten Gerhard Schröder etikettiert wurde, erreichte sein Ziel der breiten Aufmerksamkeitsgenerierung nicht zuletzt deshalb, weil ihm allenthalben eine neue, außeralltägliche Qualität attestiert wurde. Ein Beispiel von vielen, typisch auch in der ambivalenten Bewertung, stellt der Kommentar von Heribert Prantl in der Süddeutschen Zeitung vom 18. April 1998 dar: »Dieser Parteitag stürzt die CDU in neue Verzweiflung: In der Leipziger Neuen Messe, an dem Ort, wo vor einem halben Jahr die CDU ihren Wahlkampf begann, zeigte die SPD, welche Partei diesen Wahlkampf beherrscht. Sie tat dies mit fast atemberaubendem Selbstbewußtsein und mit einer glatten Professionalität, beinahe so, als wäre Leipzig Hollywood. Der Leipziger SPD-Parteitag war kein Parteitag, sondern eine Show, ein Kunstprodukt für einen Medienhelden. Der musikalische Einmarsch der SPD-Gladiatoren ist das Exempel: Die Beobachter in der Halle mögen ihn als grandiose Peinlichkeit empfunden haben – auf dem Bildschirm bleibt von diesem Spektakel nur der Eindruck von etwas Grandiosem.«

Die Event-Regisseure hatten in der Halle zunächst ein Bühnenbild installiert, bei dem nicht etwa die üblichen SPD-Farben Orangerot und Weiß dominierten, sondern ein kräftiges Mittelblau, das durch seine unterschiedliche Helligkeit als das Blau eines Horizontes wirken konnte. Vor diesem »Horizont« erhob sich, wie eine aufgehende Sonne, ein roter Kreis, in den hinein in weißer Schrift der Leitslogan des Parteitags geschrieben war: »Die Kraft des Neuen«, wobei »Neuen« durch Fettschrift hervorgehoben wurde.[17] Daneben war, in einem etwas kleineren roten Quadrat, das Parteilogo zu finden, verknüpft mit dem Kampagnenslogan »Wir sind bereit«. Rechts davon fand die Bühne in einem bewußt modern designten Lichtturm ihren Abschluß. Auf der Hinterbühne war eine Tribüne mit dem Parteivorstand angeordnet, auf der Vorderbühne das Rednerpult, ebenfalls in Blau gehalten, mit dem SPD-Logo und dem Slogan. Den linken

---

17 Dieser Slogan verstieß gewissermaßen jedoch gegen die eigene Botschaft, weil er ein Plagiat darstellte; die Siemens-AG hatte seit geraumer Zeit schon damit geworben, so daß der Slogan nach dem Parteitag fallengelassen werden mußte.

Abschluß des gesamten Bühnenbildes markierte schließlich eine riesige Videowand, auf der je nach Bedarf das Bild einer Saalkamera oder auch Einspielungen präsentiert werden konnten.

Farbgebung, Beleuchtung und sprachliche Semantik waren also eindeutig auf die Inszenierung von Innovation, Wechsel und Dynamik abgestimmt. Dieses Setting wurde dann vor allem in der Eingangssequenz der Veranstaltung mit einer ausgeklügelten Choreographie gefüllt: Der Saal war weitgehend abgedunkelt, und auf der Videowand erschien ein Wahlwerbespot der SPD, der zunächst Menschen (Pärchen, Kinder, Alte, Familien) in blühender Natur und harmonischer Zuwendung zueinander zeigte. Nachdem diese musikalisch untermalte Idylle durch eine Stimme aus dem Off (»Deutschland braucht einen politischen Wechsel«) als Zukunftsvision bestimmt wurde, erschien schließlich im Weichzeichner der »Macher« Schröder. In moderner Video-Clip-Ästhetik sah man ihn sein schickes Jackett überstreifen, im Büro umhergehen, eine Unterschrift leisten. Den Abschluß bildete eine Porträtaufnahme des Kandidaten, während die Musik in einem Crescendo aufwallte und zugleich den Schlußpunkt setzte.

Dieser Sequenz folgte der legendäre Einmarsch von Schröder und Lafontaine, gerahmt von der triumphalen Filmmusik des US-Kassenschlagers *Airforce One*. Die beiden Protagonisten gingen zur Mitte der Bühne und blieben dort winkend bis zum Ende der Musik stehen. Dieser Auftritt machte die Transformation des Politikers zum hyperrealen Medienhelden direkt miterlebbar. Der »gleiche« Schröder, den wir aus unzähligen Medienauftritten kennen und der gerade noch Bestandteil einer ausgefeilten Videoästhetik war, steht nun »echt« und »live« auf der Bühne. Der Körper, der als Medienkörper zuvor einen fiktionalen Als-ob-Status hatte, ist nun kopräsent mit dem Publikum im Saal. Gleichzeitig erfolgt jedoch eine musikalische Rahmung aus dem aktuellen Fundus Hollywoods, die den Menschen Schröder refiktionalisiert. Er schlüpft in die mediale Rolle jenes in *Airforce One* inszenierten Superhelden, der als amerikanischer Präsident im Alleingang eine ganze Terroristengruppe außer Gefecht setzt. Die Musik rahmt Schröder als fiktionalen Helden mit außeralltäglichen Fähigkeiten, die zum Wohl des Volkes eingesetzt werden. Der Kanzlerkandidat erhält im Kontext der durch das Bühnenbild und den Werbespot gesetzten Bedeutungswelt den Status eines messianischen Helden, wie er uns aus den Erzählungen der amerikanischen Traumfabrik allen vertraut ist.

Der hyperreale Status dieser Figur besteht aus einem ständigen Oszillieren zwischen Realität und Fiktion, zwischen inner- und außermedialer Existenz. Während die eine Seite Außeralltäglichkeit und nahezu omnipräsente Wahrnehmbarkeit im öffentlichen Diskurs gewährleistet, verbürgt die andere Seite die Authentizität jener Wirklichkeit, die wir als die »reale« zu betrachten pflegen. Reales und Medienfiktionen, so führt John Fiske im Anschluß an Baudrillard aus, sind im Hyperrealen implodiert und formen dort eine neue, spezifische Form von Wirklichkeit.[18] Medienfiguren sind hyperreale Größen, die an realen Personen anknüpfen und sie in einem semiotischen Prozeß zu Zeichen transformieren, an denen sich Diskurspositionen festmachen lassen. Die realen Körper und Biographien sind dabei Mittel der Visualisierung und der Authentizitätsgenerierung, aber entscheidend ist jeweils, welche Bedeutungen, Werte und Sinnmuster sich im politischen Unterhaltungsdiskurs an diese Figuren anlagern. Sie sind »a body of discourse, a point where circulating meanings are made visible and audible public« (Fiske 1996: 74). Relativ fest gefügte Fronten können über Diskursereignisse mit hyperrealen Figuren stark in Bewegung geraten. So formierten sich etwa in den USA im Fall der öffentlichen

18 Vgl. Fiske (1996: 61 ff).

Auseinandersetzung zwischen dem Richter Clarence Thomas und seiner Mitarbeiterin Anita Hill diskursive Allianzen entlang den Achsen Rasse, Geschlecht und Klasse zum Teil völlig neu. Und eine fiktionale Figur wie der schwarze Aufsteiger Cliff Huxtable in der *Cosby Show*, ein humorvoller Arzt mit einer berufstätigen Frau und eifrigen, gut ausgebildeten Kindern, brachte ganz neue Identitätsoptionen und Äquivalenzen in den Diskurs zwischen Schwarz und Weiß. Populäre Medienkultur fungiert hier also als wichtige Infrastruktur des politischen Diskurses und als Schaltstelle für die Aushandlung und Inszenierung von politischen Identitäten. Diesen Status einer Medienfigur hat Schröder, hier deutlich auf den Spuren Clintons wandelnd, weiter dadurch kultiviert, daß er, sich selbst spielend, in narrativ-unterhaltenden Genres auftrat: in der schon erwähnten Daily Soap *Gute Zeiten, schlechte Zeiten* und vorher bereits in dem ZDF-Mehrteiler *Der große Bellheim* (1992). Höhepunkt dieser Transformation war jedoch ohne Zweifel der Auftritt bei der Leipziger »Krönungsmesse«.

Die medial produzierte Hyperrealität ist ein zentraler Faktor jener Fiktionalisierung des Politischen, die alle Sachprobleme zumindest vorübergehend in einem breiten Konsens des *Feel Good* aufhebt. Der mediensozialisierte Bürger unserer Erlebnisgesellschaft erkennt in einer so inszenierten Politik viel Vertrautes wieder. Daher versuchte Schröder auch nach seiner Wahl zum Bundeskanzler, auf dem Wege der hyperrealen Medieninszenierung fortzufahren. So beehrte er im Februar 1999 die populäre Game Show *Wetten daß?* (ZDF).[19] Die Show zählt in der heutigen Medienlandschaft zu den wenigen Formaten, deren Einschaltquoten von teilweise über 50 Prozent an die alten Zeiten des öffentlichrechtlichen Rundfunkmonopols gemahnen und die somit ungeachtet der weitgehenden Differenzierung und Segmen-

19 Vgl. dazu auch das folgende Kapitel.

tierung des Publikums auch heute dazu in der Lage sind, integrative Medienereignisse zu konstituieren. So wurde auch Schröders Performance von mehr als 18 Millionen Zuschauern verfolgt, und der Kanzler nutzte den Rahmen, um in mehrfacher Hinsicht seine »Volksnähe« unter Beweis zu stellen. Er plauderte nicht nur auf der Couch gekonnt mit Moderator Thomas Gottschalk, sondern beteiligte sich auch an dem beliebten Wettspiel, wo jeder Prominente für den Fall einer verlorenen Wette anbieten muß, öffentlich irgend etwas Lustiges oder im karitativen Sinne »Gutes« zu tun.

Der Kanzler agierte hier besonders geschickt, indem er anbot, bei dem – dann auch real eintretenden – Verlust seiner Wette eine ältere Dame aus dem Publikum im eigenen Dienstwagen nach Hause zu chauffieren. Die hyperreale Medienfigur Schröder gewann dadurch direkten Kontakt zu einer realen Zuschauerin/Wählerin, die sich wiederum – in Stellvertretung der anderen Zuschauer/Wähler – überglücklich schätzte, dem sonst nur medienvermittelt erfahrbaren Politiker »in echt« zu begegnen. Später wurde das Geschehen jedoch bewußt wieder zum Medienereignis transformiert, da Schröder auf dem Heimweg mit der alten Dame nicht nur öffentlichkeitswirksam in einem italienischen Restaurant speiste, sondern sich dort alsbald auch zahlreiche andere Prominente aus der *Wetten-daß?*-Sendung einfanden.[20] Im Kontext dieser weiteren Medienfiguren erreichte Schröder schnell wieder seinen Status des Hyperrealen. Die Zuschauerin wiederum, die in BILD über ihre Erlebnisse berichten durfte, fungierte dabei als ausgewählte Repräsentantin des Publikums, die zugleich als Authentizitätsgenerator die Anbindung des medienkonstruierten Geschehens an die »reale Wirklichkeit« des Publikums sicherstellte.

Freilich kann es dennoch zu Funktionsstörungen kom-

---

20 Vgl. dazu die Berichterstattung in der *BILD*-Zeitung vom 22. Februar 1999.

men, wenn die Realität des politischen Prozesses die Als-ob-Welten der Medienunterhaltung interpenetriert, wenn das in den Medien übliche Happy End ausbleibt und durch die harten Tatsachen realpolitischer Probleme und einer schlechten Leistung des gewählten politischen Personals ersetzt wird. Solche Desillusionierung kann längerfristig auch zu Wut, Protest und politischer Entfremdung führen. So erhob sich – wie beschrieben wurde – im Frühjahr 1999, als die rot-grüne Regierung in Deutschland mit vielen Problemen zu kämpfen hatte und die eigene Handlungsunfähigkeit durch den spektakulären Rücktritt des Finanzministers Lafontaine eine krisenhafte Zuspitzung erfuhr, bald Widerspruch gegen die allzu häufige Präsenz des Kanzlers in den Unterhaltungsmedien. Schröder sagte daraufhin u. a. einen geplanten Auftritt in der *Harald-Schmidt-Show* und seine Rolle als Co-Kommentator eines Fußball-Bundesligaspiels in der Sat-1-Sportsendung *ran* ab. Diese Störungen deuten jedoch nicht auf grundsätzliche Probleme, sondern auf die Relevanz der gelungenen Dosierung und der zeitlichen Plazierung hin, die eine perfekte Polit-Show in der Unterhaltungsöffentlichkeit benötigt. Als Schröder Gefahr lief, in die Unterhaltungsfalle einer großen Diskrepanz zwischen *Feel Good* und den mühsamen Ebenen des grauen politischen Alltags zu geraten und dort politisch aufgerieben zu werden, änderte er seinen Inszenierungsstil abrupt und versuchte, sich als seriöser und ernsthafter Politiker zu zeigen. Dieser Stilwechsel konnte, in Verbindung mit weiteren Faktoren, den freien Fall des Akteurs in der Publikumsgunst durchaus bremsen.

Big Brother im Wahlkampf

Mit Schröders Kurskorrektur war jedoch das Ende des entertainisierten Wahlkampfes keineswegs gekommen. Im Gegenteil – der Auftritt beispielsweise in Harald Schmidts Comedy-Talk-Show ist mittlerweile zur Normalanforderung an jeden aussichtsreichen Kandidaten geworden. Wahlkampf scheint ohne Unterhaltungselemente kaum noch denkbar. Den vorerst letzten Höhepunkt markierte FDP-Politiker Jürgen W. Möllemann im NRW-Landtagswahlkampf 2000. »Spaßpolitiker« Möllemann, der schon in früheren Kampagnen durch Fallschirmsprünge und lockere Sprüche Furore gemacht hatte, suchte hier ganz bewußt die Nähe zu einschlägigen Unterhaltungsformaten, die bei einer jüngeren Wählerschaft als kultiges »Trash-TV« hoch im Kurs standen. Im Mai, kurz vor dem Wahltermin, ließ sich der FDP-Spitzenkandidat am *Big Brother*-Container von RTL 2 sehen und nahm später an der mit der Überwachungs-Soap verbundenen Talk-Show teil, um dort mit populistischen Statements die fragwürdige Show gegen Kritiker in Schutz zu nehmen. Launige Pointe des Politikerauftritts war schließlich der Vorschlag, demnächst in Wahlkampfzeiten alle Spitzenkandidaten für vier Wochen in einen ähnlichen Beobachtungs-Container zu sperren, um den Wählern die Wahl zu erleichtern.

Möllemanns Strategie hatte großen Erfolg. Aus den vorher belächelten 8 Prozent als Zielvorgabe wurden im Wahlergebnis satte 9,8 Prozent. Möllemann hatte bei den Jungwählern sogar einen überproportionalen Zuwachs von 6 Prozent zu verbuchen. Der Zugriff auf die Fun-Generation ist hier also mit kalkulierten Politainment-Strategien bestens gelungen.

Big Brother, die Docu-Soap, die »Entertainment als Travestie einer Horrorvision verkauft« (Der Spiegel), war in der ersten Hälfte des Jahres 2000 zu einem Quotenknüller und zentralen Thema im unterhaltungskulturellen Diskurs der Republik avanciert. Das simple Konzept des holländischen Produzenten John de Mol hat das mediendemokratische Prinzip der Zuschauerwahl mit dem Spaß des totalen Voyeurismus verbunden: Zehn Kandidaten (fünf Frauen und fünf Männer) halten sich für längstens 100 Tage in einem hermetisch von der Außenwelt abgeschnittenen Wohncontainer auf, um dem über zahllose Kameras allgegenwärtigen Publikum die Schrecken des banalen WG-Alltags und den Thrill gruppendynamischer Psycho-Spielchen zu bieten. Die Kandidaten nominieren aus ihrer Mitte jeweils zwei Personen zum Ausstieg, und aus diesen Nominierten können die Zuschauer per TED-Abstimmung jede Woche einen herauswählen, der den Container verlassen muß. Am Ende der langen 100 Tage bleibt einer übrig, dem ein Preisgeld von 250 000 DM winkt.

Big Brother mit seiner trivialisierten Version des totalen Überwachungsstaates stellt ohne Zweifel einen Markstein der enthemmten Spaßkultur dar. Kandidat Zlatko, bald aufgrund seiner geringen Bildung und Intelligenz kultartig verehrt als »Zlatko the brain«, verlieh der neudeutschen Lust an Trash und Nonsens sinnfällige Gestalt. Er verdiente sich und dem Sender mit schnell nachgeschobenen und heftig nachgefragten Pop-Songs (»Ich vermiß dich wie die Hölle«) in wenigen Wochen eine goldene Nase. Möllemanns Rückgriff auf *Big Brother* führt somit die symbiotische Struktur des Politainment nochmals mustergültig vor Augen. Wo die Fiktionalisierung des Politischen und die Hyperrealisierung des Alltags zusammenkommen, werden Einschaltquoten gesteigert und Aufmerksamkeiten der Wählerschaft generiert. Die zu vermittelnden Inhalte tendieren bei diesem Showdown im Medienpark gegen Null, die gesamte Inszenierung ist einzig auf das Moment des Sensationellen und die damit verbundene knappe Währung der Aufmerksamkeit abgestellt.

Und dennoch bewahrt sich auch im Fall von *Big Brother* die Unterhaltungsöffentlichkeit ihr Potential an Vieldeutigkeit und unterschiedlicher politischer Verwendbarkeit. Christoph Schlingensief, der bereits den Bundestagswahlkampf 1998 durch seine *Chance 2000*-Aktionen kritisch belebt hatte, machte nur wenige Wochen nach dem Ende der ersten *Big-Brother*-Runde von der Popularität der Show Gebrauch, indem er sie zum Protest gegen die ausländerfeindliche Politik der österreichischen FPÖ mit bitterbösem Sarkasmus umfunktionierte. Im Rahmen der Wiener Festwochen ließ Schlingensief auf dem Wiener Herbert-von-Karajan-Platz einen Container aufstellen, in den 12 Asylbewerber einzogen. Rund um die Uhr von vier Webcams beobachtet, standen diese »Kandidaten« ebenfalls zur »Herauswahl« durch das Publikum bereit. Unter dem Motto »Bitte liebt Österreich« konnte per Telefonwahl festgelegt werden, welcher Asylbewerber den Container verlassen mußte, um in sein Heimatland abgeschoben zu werden. Dem Gewinner winkten umgerechnet 2500 DM und die Chance, per Internet eine Braut zur Einheirat in das österreichische Volk zu werben.

Die Aktion rief nicht nur heftige Reaktionen von Passanten hervor, sondern auch juristische Klagen von FPÖ-Politikern und zahlreiche öffentliche Debatten über die Ausländerpolitik der umstrittenen ÖVP-FPÖ-Koalition. Aus dem Quotenhit des Unterhaltungssenders wurde ein politischer Event geformt, der vielfache Anschlußkommunikationen über ein wichtiges Thema der aktuellen Politik auslöste.

6. Die Sichtbarkeit der Mächtigen

Politik in der Talk-Show

Das Gespräch als Show

Talk-Shows sind in der heutigen Fernsehwelt omnipräsent. Fast jeder Anbieter ist auf dem Markt mit einem Talk-Format vertreten. In den 90er Jahren sind noch selbstreferentielle Schleifen hinzugekommen, die mit einer Wiederaufbereitung von schon gesendetem Material den Gesamtanteil der Palaverkultur an der Sendezeit weiter erhöhen.[1] Das große Angebot an Talk-Shows läßt auf eine ebenso große Nachfrage beim Publikum schließen. Wenn in der medialen Erlebnisgesellschaft, wie oben ausgeführt wurde, tatsächlich mehr massenmedial als personal kommuniziert wird, dann scheinen die Menschen doch wenigstens die Simulation des geselligen Austausches zu suchen. Stammtisch, Kollegengespräch und literarischer Salon werden ins eigene Wohnzimmer verlegt, wo man sich zwar nicht direkt am Gespräch beteiligen, aber durchaus »parasozial« partizipieren kann: Man erregt sich über Meinungen, nimmt Partei, lobt, schimpft und gibt seine eigenen Kommentare ab. Bestenfalls, so auch die vielfach geäußerte Intention der Macher, setzt sich das Fernsehgespräch in der Alltagswelt der Nutzer fort – wie oft das tatsächlich der Fall ist, bleibt jedoch angesichts der mittlerweile sehr großen

---

1 Dies geschieht in ernstgemeinter Weise etwa in einer Sendung mit dem sinnigen Titel *Talk, Talk, Talk* (Pro 7), die »Höhepunkte« aus den unzähligen Daily Talks der Woche zusammenfaßt. Oder aber man parodiert das Genre bzw. läßt es gleichsam sich selbst parodieren, indem man besonders »gelungene« Sequenzen in Ausschnitten vorführt und kommentiert, wie das sehr erfolgreich seit Ende der 90er Jahre Stefan Raab in der Sendung *TV total* praktiziert. In Situationskomödien wie *TV Kaiser* (RTL) schließlich werden sogar fiktionale Talks gezeigt, um die Auswüchse der Talk-Kultur in zugespitzter Form zum Anlaß des allgemeinen Gelächters zu machen.

Zahl von Angeboten etwas ungewiß. Marktführer wie *Boulevard Bio* oder *Sabine Christiansen* allerdings, die einen hinreichend großen Teil des Publikums regelmäßig vor den Bildschirmen versammeln, können durchaus eine Plattform für solche kommunikativen Wirkungen bieten.[2]

Die Talk-Show ist zunächst einmal ein zum Zweck der massenmedialen Verbreitung inszeniertes Gespräch, dessen primäre Funktion in der Unterhaltung des Publikums besteht. Weitere Funktionen können hinzutreten, beispielsweise Information oder Lebenshilfe, auf seiten der Teilnehmer auch die Befriedigung der eigenen Eitelkeit oder Wirkungen der Selbstthematisierung, die denen der Beichte nahekommen. Der Talk hat meist Seriencharakter, das heißt er wird regelmäßig mit konstanten »Gastgebern« und oft mit kopräsentem Studiopublikum ausgestrahlt.[3] In ihrer Serialität enthält die Talk-Show ein kommunikatives Paradox: Sie verläuft einerseits nach bestimmten Schemata, die den Verlauf überaus erwartbar machen; innerhalb dieser Schematik jedoch werden Überraschungen, Enthüllungen, Offenbarungen erwartet. Dieser Paradoxie korrespondiert eine zweite. Die Sendung ist, wie der Name schon sagt, eine Show – und dennoch wird von den Gästen in aller Regel erwartet, daß sie möglichst »natürlich«, authentisch und spontan sind.[4] Daraus folgt eine hochgradige Herausforderung an die Inszenierungsprofessionalität derjenigen, die an der Show teilnehmen. Je besser ein Akteur seine Natürlichkeit, Spontaneität und »Menschlichkeit« zu inszenieren versteht, um so häufiger wird er im Forum der Talk-Show seine Bildschirmpräsenz sicherstellen, seine Popularität erhöhen und seine State-

2 Vgl. zu diesen Wirkungsaspekten Foltin (1994: 73).
3 Zu den Definitionsmerkmalen und Abgrenzungsmöglichkeiten des Genres sowie zur historischen Genese vgl. ausführlich Foltin (1994) und Kalverkämper (1990). Zur amerikanischen Szene vgl. Hirsch (1991) und Munson (1993).
4 Zu dieser Paradoxie vgl. Plake (1999: 35).

ments unters Volk bringen können. Talkerprobte Politiker wie Gerhard Schröder, Heiner Geißler oder Gregor Gysi beherrschen dieses Instrumentarium bis zur Perfektion und wissen die Shows gezielt für den inner- wie zwischenparteilichen Meinungskampf einzusetzen. Der gelungene, erfolgreiche Talk-Show-Auftritt von Politikern kann als Musterbeispiel für die symbiotische Struktur des modernen Politainment betrachtet werden. Die einen bekommen Medienpräsenz und somit Machtressourcen, die anderen steigern ihre Einschaltquoten und über die Marktanteile auch ihre Werbeeinnahmen.

Wie so viele TV-Genres ist auch die Talk-Show in den USA entwickelt worden. Die erste lief schon 1950, und als die Talker dort in den 70er Jahren einen ersten Boom erfuhren, traute man sich auch in Deutschland, das Format zu importieren. Mit den vieldiskutierten Sendungen *Je später der Abend* (WDR) und *III nach Neun* (RB/NDR) begann 1974 das inszenierte Palaver auch hierzulande Fuß zu fassen. Derzeit findet sich auf den Bildschirmen eine nahezu unüberschaubare Vielfalt von Daily und Weekly Talks, wobei man noch die zahlreichen Mischformen hinzuzählen muß, in denen Gesprächssequenzen mit anderen Elementen kombiniert sind: So findet sich Talk in der Game-Show bei *Wetten daß?* (ZDF), in der Comedy-Show (etwa *Veronas Welt*, RTL), in Magazinen (zum Beispiel *Stern TV*, RTL) oder sogar in Erotiksendungen wie *Wa(h)re Liebe* mit dem Transvestiten »Lilo Wanders«, wo u. a. Pornodarsteller und Menschen mit bizarren sexuellen Vorlieben zu Wort kommen.

Klaus Plake hat mit einer Typologie in diese neue Unübersichtlichkeit der televisionären Gesprächskultur hilfreiche Schneisen geschlagen. Demnach lassen sich drei Grundtypen unterscheiden: (1) die *Debattenshow*, in der primär politische, soziale und andere Fragen von öffentlichem Interesse verhandelt werden; hier kommen häufig Experten zu Wort; (2) die *Personality-Show*, die im wesentlichen durch die

Selbstpräsentation von Prominenten gestaltet wird; und (3) die *Bekenntnisshow*, in der – meist von ganz unbekannten Menschen – vor allem Gefühle, Betroffenheiten und Intimitäten zur Sprache gebracht werden.[5]

Wenn man sich nun fragt, was in einer Talk-Show eigentlich politisch sein kann, so kommen als Merkmale hauptsächlich zwei in Betracht: die Themen und Inhalte einerseits, die Teilnehmer andererseits. So können politische Akteure über politische Themen, aber auch über Privates sprechen, während andererseits auch Showprominenz, Experten oder Journalisten zu politischen Krisen Stellung nehmen dürfen. Für eine Analyse des Politainment sind demnach vor allem zwei Varianten der Talk-Show interessant: die Debattenshow mit und ohne Politiker sowie die Personality-Show, die von Politprofis zu Zwecken der PR und der Imagepflege genutzt wird. Diese beiden Fälle sollen im folgenden genauer betrachtet werden, um abschließend mit *Wetten daß?* und der *Harald-Schmidt-Show* noch zwei – ausgesprochen populäre und somit durchaus relevante – Grenzfälle in der deutschen Fernsehlandschaft zu thematisieren.

Die Debattenshow zwischen kommunikativer Rationalität und Visualisierung der Macht

Debattenshows erscheinen aufgrund der Teilnehmer und Themen als *die* politischen Talk-Shows schlechthin. Es vermag daher auch nicht zu verwundern, daß eine Debattenshow den Beginn des politischen Talk-Geschehens im deut-

---

5 Vgl. dazu Plake (1999: 32 ff.). Die Aussage zum geringen Bekanntheitsgrad der Teilnehmer von Bekenntnisshows muß insofern etwas eingeschränkt werden, als sich hier mittlerweile so etwas wie eine semiprofessionelle Talk-Elite herausgebildet hat, die mit unterschiedlichen Angeboten durch die einschlägige Szene tingelt, um die Honorare der Sender einzustreichen und sich im Lichte der Talk-Öffentlichkeit zu sonnen.

schen Fernsehen markiert, konnte hier doch die öffentlich-rechtliche Rundfunkanstalt ihrem von der Politik verordneten Bildungsauftrag in unterhaltsamer Weise nachkommen. Gemeint ist Werner Höfers legendärer *Frühschoppen*, der seit 1953 in ununterbrochener Folge 34 Jahre lang fünf Journalisten aus verschiedenen Ländern zum sachorientierten Gespräch unter der straffen Führung des Gastgebers versammelte. Dieses zur öffentlichen Institution aufgestiegene Format fand 1987, nach einem skandalbedingten Ausstieg Höfers, im *Presseclub* einen Nachfolger, der bis heute ausgestrahlt wird. Weitere frühe Sendungen wie *Pro und Contra* oder *Journalisten fragen – Politiker antworten* (seit 1976 ergänzt durch *Bürger fragen – Politiker antworten*) blieben in ihrem Duktus ebenfalls weitgehend der Ernsthaftigkeit des Informations- und Bildungsfernsehens verpflichtet.[6] Im Laufe der Zeit ist das Unterhaltungselement jedoch auch bei den Debattenshows stärker gewichtet worden. Dies ist nicht zuletzt durch die wachsenden Selbstdarstellungsfähigkeiten der mitwirkenden Politiker bedingt, die in einer zunehmend amerikanisierten Medienkultur die Machtpotentiale des Politainment entdeckt haben.

In der dualen Rundfunklandschaft sind es noch immer die öffentlich-rechtlichen Anbieter und der Nachrichtenkanal ntv, die Debatten über Politik inszenieren. Prominente Ausnahme war in den 90er Jahren *Talk im Turm* auf Sat 1, wo sich unter der Leitung des ehemaligen *Spiegel*-Chefredakteurs Erich Böhme (später, weniger erfolgreich, Stefan Aust) prominente und sachkundige Beiträger zur allsonntäglichen Diskussion einfanden. In gewisser Hinsicht kann das derzeitige Flaggschiff der deutschen Debattenshow-Szene, *Sabine Christiansen*, als direkter Nachfolger der Böhme-Sendung betrachtet werden, da nicht nur der Sendetermin am Sonntag-

---

6 Höfer ist seinerzeit von der Fernsehkritik sogar für seinen häufigen Gebrauch von Fremdwörtern gerügt worden; vgl. Foltin (1994: 77).

abend übereinstimmt, sondern auch das Format sehr ähnlich angelegt ist.[7]

Die Debattenshow tritt in aller Regel mit dem Anspruch auf, tatsächlich so etwas wie eine massenmediale Agora, ein sachorientiertes Argumentations- und Streitforum zu bieten. Öffentlichkeit »im emphatischen Sinn« (Peters 1994) scheint hier auf den ersten Blick ihren Ort in der Medienkultur gefunden zu haben: Es herrschen diskursive Strukturen, in denen Argumente vorgebracht werden, die Anspruch auf allgemeine Akzeptanz erheben und die zu »reflektierten Überzeugungen und Urteilen des Publikums im Hinblick auf relevante kollektive Probleme führen«.[8] Findet also in der Debattenshow »deliberative Politik« statt? Dieses neue Zauberwort steht für eine im kommunikativen Sinne rationale, der öffentlichen Abwägung von Sachaspekten und Interessen gewidmete politische Auseinandersetzung in der modernen Demokratie.[9] Könnte nicht dort, wo sich Politiker und Experten zum Diskurs zusammensetzen, dieses Ideal diskursiver Öffentlichkeit verwirklicht sein – zumal seit Ende der 90er Jahre aufwendig produzierte Sendungen wie *Christiansen* und *Berlin Mitte* den Zuschauern über *Internet Chats* sogar Möglichkeiten zum eigenen Einstieg in die Debatte anbieten?

Sieht man sich vor diesem Hintergrund die erfolgreichste, sorgfältig produzierte und durchaus mit hohen Ansprüchen einherkommende Reihe *Sabine Christiansen* (ARD) einmal genauer an, gewinnt man ernüchternde Perspektiven. Die Show wird seit 1998 mit durchschnittlichen Zuschauerzahlen zwischen 4 und 6 Millionen, das heißt mit einem sehr hohen

---

7 Die wichtigste Konkurrenz von *Christiansen* wird vom ZDF ausgestrahlt: *Berlin Mitte* mit der aus dem Osten stammenden Journalistin Maybrit Illner als Gastgeberin.

8 So Peters (1994: 47) in deutlicher Anlehnung an die Diskursethik von Jürgen Habermas.

9 Vgl. dazu Elster (1998).

Marktanteil, sonntags abends um 21.45 Uhr gesendet. Die gleichnamige Gastgeberin hatte sich zuvor als Moderatorin der ARD-*Tagesthemen* profiliert und bringt gerade durch diesen Kontext ein hohes Maß an journalistischer Seriosität in die Runde ein. Dennoch, oder vielleicht auch gerade deshalb, gerät die Sendung immer wieder zu einem getreuen Spiegel jener Öffentlichkeitsstrukturen, wie sie sich tagtäglich in der Berichterstattung der Massenmedien ohnehin schon finden lassen. Nicht die zwanglose Rationalität des besseren Arguments, sondern die strategisch formulierten Statements von PR-Profis beherrschen den Diskurs. Nicht Experten oder sachkundige Laien kommen hier hauptsächlich zu Wort, sondern »Repräsentanten« und »Advokaten«, deren Beitragsstil meist im Bereich der Verlautbarungs- und Agitationskommunikation verbleibt – nur daß sie für ihre Stellungnahmen hier etwas mehr Zeit haben als bei den sonst üblichen »Soundbites« am Interviewmikrofon.[10]

Nun könnte es die Funktion der journalistisch professionalisierten Gastgeberin sein, im Schlachtgetümmel dieses öffentlichen Schaukampfs politischer Interessenvertreter für ein Korrektiv zu sorgen. Sie könnte die zugeladenen Experten oder aber sich selbst so ins Spiel bringen, daß Standards argumentativer Rationalität eingefordert würden. Genau um diese Widerständigkeit und Hartnäckigkeit ist es jedoch in der deutschen Medienkultur nicht gut bestellt, vergleicht man die journalistische Praxis etwa mit derjenigen in den Vereinigten Staaten. Die Moderatorin Christiansen vermag sich – wie so viele andere ihrer Zunft – gegenüber den zugeladenen PR-Profis oft nicht zu behaupten. Der *Spiegel* bezeichnete sie aus Anlaß einer Sendung, die der ehemalige Finanzminister Lafontaine überlegen als Reklameforum für sein Buch *Das Herz schlägt links* genutzt hatte, boshaft sogar als

---

10 Zu diesen Sprecherrollen und den dazugehörigen Kommunikationsstilen vgl. ausführlich Peters (1994: 56ff.).

»Mutter Beimer« der Talk-Kultur: »kein großes Licht, aber ein Herz für jeden – und eine mächtige Quote«.[11]

Nun ist ein öffentlicher Schaukampf nicht nur negativ zu sehen, kann er doch in seiner Eigenschaft als Talk-*Show* durchaus legitime Unterhaltungsfunktionen wahrnehmen, wenn es sich tatsächlich um eine lebendige Runde handelt, die vielleicht dann und wann auch einmal rhetorische Brillanz aufscheinen läßt. So wird ja auch das *Literarische Quartett* im ZDF nicht wegen der Tiefsinnigkeit der Argumente oder der Qualität seiner literarischen Wertungsakte, sondern wegen des humorig vorgetragenen Dezisionismus und des sprachlichen Feuerwerks der beteiligten Akteure immer wieder gern gesehen.[12] Und es muß beachtet werden, daß der Begriff der *Show* sich vom Verb »zeigen« herleitet. Es wird etwas gezeigt, oder genauer: sichtbar gemacht, »visibilisiert«.[13] Sichtbar werden zum einen Akteure, zum anderen Konfliktlinien und Diskurspositionen, die sich innerhalb der Gesellschaft herausgebildet haben. In diesem Sinne werden hier auch beachtliche Orientierungsleistungen für das Publikum erbracht. Gelingt es dann, wie im Fall von *Christiansen*, die Sendung als eine feste Institution der Unterhaltungsöffentlichkeit mit respektablem Zuschauerstamm zu etablieren, können auch wichtige Fokussierungen vorgenommen werden, die einen Interdiskurs im oben entfalteten Sinne gewährleisten: Das Publikum wird jenseits aller Spezialdiskurse in ein gemeinsames Gespräch über

11 Und weiter: »Die Mächtigen und Aufgeblasenen kommen gern zu ihr. Sie wissen: Christiansen wird die drei Fragen stellen, die auf ihrem Zettel stehen, und fortan sind sie unter sich. Spätestens dann nämlich wird die blonde Nachrichten-Hosteß, die in den Tagesthemen so begnadet frisch vom Teleprompter abgelesen hat, irritiert auf ihre Notizen starren« (Matthias Matussek, »Talk bei Mutter Beimer«, in: *Der Spiegel*, Nr. 42, 1999). Besondere Ironie der Geschichte: am 17. Januar 1999 war Marie Luise Marjan, die Darstellerin der Mutter Beimer aus der *Lindenstraße*, bei *Christiansen* in einer Sendung zur neuen Abtreibungspille zu Gast.
12 Vgl. dazu Vogt (1995).
13 Zur Visualisierung und Visibilisierung von Macht vgl. Münkler (1995).

relevante politische Entwicklungen und Probleme einge-bunden.

Allerdings ist bei der Talk-Show wie bei den Medien gene-rell eine spezifische Selektivität zu beobachten: Man muß schon ein gehöriges Maß an Macht, Prominenz, Sozialkapital oder zumindest Nachrichtenwert mitbringen, um die »Gate-keeper« der Medienkultur zu passieren und in das öffentliche Forum hineinzugelangen.[14] Sichtbar gemacht, nämlich sinn-lich faßbar vor Augen geführt, werden die Eliten der Repu-blik. Bei *Christiansen* und anderen etablierten Talk-Shows finden sich die Mächtigen und Prominenten ein, wobei eine deutliche Überrepräsentation der politischen Eliten zu ver-zeichnen ist. Überspitzt gesagt, handelt es sich bei den Debat-tenshows häufig um ein Medium der Repräsentation und der Selbstthematisierung der politischen Klasse.

Dies wird deutlich, wenn man sich die Zusammensetzung der Gäste genauer anschaut. Von insgesamt 268 Gästen im Jahre 1999, so das Resultat einer eigenen Auszählung, waren mit 158 Auftritten mehr als zwei Drittel professionelle po-litische Akteure, also Menschen, die vielleicht *für* die Politik, in jedem Fall aber *von* der Politik leben. Es folgen mit deut-lichem Abstand 32 Vertreter von Verbänden und Kirchen, 19 Experten (meist Professoren) und 18 »Wirtschaftskapitäne«, das heißt Unternehmer und Manager. Ein interessantes Phä-nomen ist die relativ hohe Präsenz von Showprominenz bei diesen Sachdebatten. So fanden immerhin 15 Repräsentanten dieser Gruppe, von Udo Jürgens bis Thomas Gottschalk, den Weg in Christiansens Talk-Runde. Diese Präsenz des Enter-tainment ist ein weiterer Hinweis auf die weitgehende Inter-penetration von Politik und Unterhaltung, wie sie für die ge-genwärtige Medienkultur typisch ist. Dabei ist zu beachten, daß der Showprominenz keineswegs nur ornamentale oder rein unterhaltende Funktionen zukommen. Einer amerika-

---

14 Vgl. zu diesem Aspekt der Selektivität Neidhardt (1994: 16).

nischen Untersuchung zufolge üben diese Personen, wie wenig sachkundig sie auch immer sein mögen, beim Publikum tatsächlich so etwas wie eine Meinungsführerschaft aus.[15] Prominente gelten in vielen Fällen als glaubwürdige Vertreter einer Meinung oder Bewertung, sie verkörpern als hyperreale Medienfiguren eine sonst abstrakt bleibende Diskursposition und machen sie mit hohem Wiedererkennungswert sichtbar.

Im Zeitalter des Politainment werden jedoch nicht nur Showgrößen zu politischen Meinungsführern, sondern Politiker auch zu Showgrößen. Sie sind im Angesicht des allgegenwärtigen Medienpublikums dringend darauf angewiesen, Bildschirmpräsenz zu zeigen. Politische Elite und Prominenz stellen sich heute als untrennbare Komponenten des öffentlichen Lebens dar. Politische Macht kann in der medialen Erlebnisgesellschaft mit ihrem demokratischen Massenmarkt nur generiert und dauerhaft verankert werden, wenn sie medial wahrnehmbar ist. »Politischer Erfolg wird an eine Akkumulation von Wahrnehmungen gebunden, an die gelingende Kapitalisierung kollektiver Aufmerksamkeit.«[16] Das knappe Gut der Aufmerksamkeit derjenigen, die zugleich Fernsehpublikum und Wählerschaft sind, läßt sich aber nur dann erobern, wenn man es mit Hilfe geschickter Inszenierungstechniken schafft, immer wieder präsent zu sein und die knappe Medienzeit möglichst markant zu nutzen. Wer diese Ressource erobert hat, kann sich dann auch im innerparteilichen Machtkampf leichter durchsetzen.

Die Visualisierungsfunktion der Debattenshow hat aber noch einen weiteren, für die politische Kultur des Landes sehr wichtigen Aspekt: Sie umgrenzt den Raum des legitimen Diskurses. Dieser Aspekt läßt sich ebenfalls am Beispiel *Christiansen* gut veranschaulichen. Das Gros der politischen Akteure im Forum rekrutiert sich aus den etablierten Par-

15 Vgl. dazu Ault (1981).
16 So Thomas H. Macho in seinem Essay über Elite und Prominenz (1993).

teien einschließlich Bündnis 90/Die Grünen. Das Spektrum des legitimen Diskurses schließt weiterhin die PDS ein, was angesichts der parlamentarischen Präsenz dieser Partei und ihres großen Rückhalts in den neuen Bundesländern nicht zu überraschen vermag. So traten im Jahre 1999 neben Unterhaltungstalent Gregor Gysi, der Christiansen gleich dreimal beehrte, Lothar Bisky, Hans Modrow, Bundesgeschäftsführer Dietmar Bartsch und Jungparlamentarierin Angela Marquardt auf. Am rechten Rand dagegen funktioniert die Schließung sehr rigide. Weder NPD noch DVU oder Republikanern gelang es, in den Bereich sichtbarer Legitimität vorzustoßen, obwohl es gerade in den 90er Jahren deren gezielte Strategie war, ein Image des »rechts, aber nicht draußen« zu etablieren.[17] Während in den Bekenntnis-Shows durchaus auch einmal Rechtsradikale eingeladen werden, um zu provozieren oder um in dieser »Schule der Toleranz« eine Art von Normalisierung und Einhegung des kulturell Fremden vorzunehmen, werden die Grenzen des politischen Diskurses von den Türhütern der legitimen politischen Kultur fest geschlossen gehalten.

Die Personality-Show und das Politische im Privaten

Das Aufmerksamkeitsprivileg moderner Prominenz ist, daran muß mit Thomas Macho erinnert werden, ein passives. Im Gegensatz zur vormodernen Gesellschaft, wo die Eliten nahezu alles sehen konnten, ohne doch selbst vom Volk gesehen zu werden, stehen die heutigen Medieneliten nahezu

---

17 Vgl. dazu Dörner (1995). Das Tabu gilt für alle etablierten Debattenshows. Lediglich Erich Böhme machte im Februar 2000 in seiner neuen Show *Talk in Berlin* (ntv) eine Ausnahme, indem er anläßlich der ÖVP/FPÖ-Regierungsbildung in Österreich den umstrittenen Rechtspopulisten Jörg Haider einlud. Da aber Österreich allen großdeutschen Vergangenheiten zum Trotz nicht zu Deutschland gehört, ist auch hier das Tabu nicht wirklich durchbrochen worden.

unter Dauerbeobachtung. Das »Auge Gottes«, das alles sieht und allgegenwärtig scheint, ist nun das (weitgehend anonyme) Publikum.[18] Vor diesem Hintergrund kann die Talk-Show jenseits ihres instrumentellen Charakters als Selbstdarstellungsforum für Öffentlichkeitsprofis auch den bedrohlichen Charakter jenes von Michel Foucault beschriebenen Benthamschen Panoptikums annehmen, in dem jede Regung des Delinquenten erfaßt, später analysiert und gegebenenfalls abgestraft wird.[19]

Dieser potentielle Überwachungscharakter der Medienaufmerksamkeit bedingt notwendig, daß neben der im engeren Sinne professionellen Rolle des politischen Akteurs, wie sie vor allem in der Debattenshow gefragt ist, auch das Persönliche und Private in den Blick rückt. Dies ist der spezifische Ort der Personality-Show. Hier geht es um den »ganzen Menschen«, um das Authentische »hinter« der professionellen Maske, was sich bei näherem Hinsehen freilich nur als eine andere, eben auf die Inszenierung des Menschlichen und Privaten spezialisierte Maske erweist. Das Versprechen der

18 Vgl. Macho (1993: 767).
19 »Sein Prinzip ist bekannt: an der Peripherie ein ringförmiges Gebäude; in der Mitte ein Turm, der von breiten Fenstern durchbrochen ist, welche sich nach der Innenseite des Ringes öffnen; das Ringgebäude ist in Zellen unterteilt, von denen jeder durch die gesamte Tiefe des Gebäudes reicht; sie haben jeweils zwei Fenster, eines nach innen, das auf die Fenster des Turms gerichtet ist, und eines nach außen, so daß die Zelle auf beiden Seiten von Licht durchdrungen wird. Es genügt demnach, einen Aufseher im Turm aufzustellen und in jeder Zelle einen Irren, einen Kranken, einen Sträfling, einen Arbeiter oder einen Schüler unterzubringen. Vor dem Gegenlicht lassen sich vom Turm aus die kleinen Gefangenensilhouetten in den Zellen des Ringes genau ausnehmen. Jeder Käfig ist ein kleines Theater, in dem jeder Akteur allein ist, vollkommen individualisiert und ständig sichtbar. Die panoptische Anlage schafft Raumeinheiten, die es ermöglichen, ohne Unterlaß zu sehen und zugleich zu erkennen. Das Prinzip des Kerkers wird umgekehrt, genauer gesagt: von seinen drei Funktionen – einsperren, verdunkeln und verbergen – wird nur die erste aufrechterhalten, die beiden anderen fallen weg. Das volle Licht und der Blick des Aufsehers erfassen besser als das Dunkel, das auch schützte. Die Sichtbarkeit ist eine Falle« (Foucault 1977: 256f.).

Personality-Show gegenüber dem Publikum lautet ganz im Sinne des Panoptikums, daß hier jenseits der Kommunikationsroutinen auch unbeabsichtigte, spontane Regungen zutage treten, die vom Publikum, vom »Auge Gottes«, nicht nur gesehen, sondern auch interpretiert werden können.

Dieser weitgehende Anspruch findet jedoch, analog zu den meist sehr friedlich verlaufenden Debattenshows, in der deutschen Talk-Kultur meist schnell seine Grenzen, weil hier in der Regel doch auf Freundlichkeit statt Provokation und auf Konsens statt Konfrontation gesetzt wird.[20] Es herrscht das einverständliche Gespräch, das in vieler Hinsicht die klassischen Merkmale bürgerlicher Geselligkeit aufweist: Jederzeit bleibt eine spezifische Distanz gewahrt, die das allzu Persönliche, das wirklich Private und somit potentiell auch Anstößige weitgehend unangetastet läßt.[21] Die »Tyrannei der Intimität« im Sinne einer schamlosen Überschreitung dieser Distanz hat in aller Regel in den deutschen Personality-Shows keinen Raum.

Ein typisches Beispiel ist die erfolgreiche Reihe *Boulevard Bio* (ARD). Mit Alfred Biolek steht diese Show unter der Leitung eines Routiniers, der sich schon seit den 70er Jahren mit verschiedenen Talk-Formaten vom *Kölner Treff* über *Bios Bahnhof* bis zur Koch-Show *Alfredissimo* in der deutschen Fernsehlandschaft behauptet. *Boulevard Bio* versammelt jeweils am Dienstagabend zu später Stunde unter einem relativ offen formulierten Rahmenthema eine Runde von meist prominenten Gästen, die in entspannter Atmosphäre gepflegte Plaudereien darbieten. Die Gäste haben jeweils einen mehr oder weniger engen biographischen Bezug zum Thema, und

---

20 Es ist wohl alles andere als Zufall, daß die von den Privatsendern RTL und Sat 1 produzierten Confrontainment-Shows nach amerikanischem Vorbild (*Der heiße Stuhl* und *Einspruch*) nach relativ kurzer Laufzeit wieder eingestellt wurden.

21 Zur bürgerlichen Geselligkeit vgl. vor allem die klassischen Ausführungen bei Georg Simmel (1917, Kap. 3); zur Tyrannei der Intimität vgl. Sennett (1983).

Gastgeber Biolek bemüht sich, ihnen amüsante Anekdoten oder nachdenkliche Aussagen zu entlocken.

Zuweilen sind hier auch Politiker zu Gast, wobei die berühmt gewordene Solosendung mit Helmut Kohl im September 1996 zwar mit der Konzentration auf einen einzelnen Gast eine Ausnahme, in ihrem gesamten Duktus aber ein typisches Exemplar der politischen Personality-Show verkörpert. Kohl war in diesem Jahr, in dem er den bisherigen Amtszeitrekord von Konrad Adenauer brach, auf dem Höhepunkt seiner Popularität angelangt. Der früher eher medienscheue Kanzler baute diese Popularität nicht zuletzt aufgrund des Einflusses seines Medienberaters Andreas Fritzenkötter in diesem Jahr durch eine Reihe von Fernsehauftritten konsequent aus.[22]

Gastgeber »Bio« gab sich in dieser Sendung, die mit gut 2,5 Millionen Zuschauern einen Marktanteil von 37,7 Prozent erreichte, betont servil. Er plauderte mit Kohl über dessen kulinarische Vorlieben, über gute Weine und Fernsehkommissar *Derrick*, über das Familienleben im Hause Kohl und manch andere private Belanglosigkeit und bot Kohl damit ein geeignetes Forum zur Selbstdarstellung als bodenständiger »Mensch wie du und ich«. Nicht nur kritische oder provokante Fragen, sondern politische Aspekte insgesamt blieben in diesem heiteren Kamingespräch, zu dem Kohl sogar seinen eigenen (hinreichend breiten) Stuhl mitbringen durfte, außen vor. Das Politainment bekam in dieser Sendung geradezu höfische Züge, allerdings auf das (klein-)bürgerliche Maß des Oggersheimer Saumagen-Gourmets zurückgestutzt. Das Politische löst sich hier im Privaten auf und bleibt doch politisch relevant, insofern die Popularitätsgenerierung durch

22 Vgl. dazu Lüke (1996). Kohl besuchte weiterhin im Mai eine Talk-Show im ORF sowie im Oktober *Gefragt* mit Hans Meiser (RTL) und *Tacheles* mit Johannes Gross (ZDF), nachdem er im August des Jahres bereits in seinem Feriendomizil am Wolfgangsee exklusiv von RTL befragt worden war.

Medienpräsenz sich letztlich durchaus auf den Wählermarkt auswirken kann. Das Panoptikum jedenfalls verliert aus der Sicht der politischen Akteure dann vollkommen seinen bedrohlichen Charakter, wenn die Gastgeber so brav sind und die Politiker jederzeit bestimmen können, welche Ausschnitte der Realität in den Blick geraten und welche im Verborgenen bleiben.

Nun ist eine solche Auflösung des Politischen jedoch nicht zwingend mit dem Format der Personality-Show verbunden. Im Persönlichen und Biografischen kann durchaus auf sehr anschauliche Weise Politisches zur Darstellung kommen. Ein gelungenes Beispiel für eine solche Politisierung des Privaten zeigt die *Johannes-B.-Kerner-Show* (ZDF), die im Dezember 1999 den Grünen-Politiker und Parlamentarier Cem Özdemir präsentierte. Auch hier ging es keineswegs kritisch oder provokativ, sondern stets freundlich und »politisch korrekt« zu. Aber Kerners Gesprächsführung arbeitete geschickt einige relevante Aspekte der Ausländerproblematik in Deutschland heraus. Bereits in der Eingangssequenz des Auftritts wird deutlich, wie hier die Spannungslinie zwischen Fremdheit und Vertrautheit, Ausländerherkunft und (politisch definierter) deutscher Staatsbürgerschaft aufgebaut wurde. Kerner kündigt Özdemir zunächst als Politiker und Mitglied des Deutschen Bundestags an und bemerkt, der Gast sei »irgendwie auch ein anderer Politiker«. Nach der Begrüßung eröffnet Kerner dann wie folgt: »Es geht doch bestimmt noch einigen Leuten so, wenn sie hören, Tschem Ötzdemir [den Namen spricht er »deutsch«, mit harten Konsonanten aus], Mitglied des Parlaments, dann denken die eher ans türkische Parlament in Ankara und nicht so sehr an den Deutschen Bundestag in Berlin...«. Kerner holt also sein Publikum gleichsam bei den üblichen Stereotypen des deutschen Alltags ab. Der Politiker nutzt diese Vorgabe, um die über den Namen ausgedrückte Fremdheit humorvoll anhand von Kindheitserlebnissen aufzunehmen: »Ja, meine Mitschüler haben immer bei dem Namen Ötzdemir – wie er sagt [zeigt auf Kerner], Ösdemir [mit weichen Konsonanten ausgesprochen] heißts ja eigentlich – gesagt: Öz-de-mir – öz ich dir; heute schon geötzt?... Ich kenn die ganze Variante rauf und runter.« Das Lachen im Publikum zeigt, daß die Äußerung verstanden worden ist.

Diesem Fremdheitsdiskurs folgt, wiederum mit Bezug auf Sprachliches, die Renormalisierung des Politikers als »einer von uns«. Kerner betont, Özdemirs Aussprache höre sich »tatsächlich wirklich richtig schwäbisch an«: Daraufhin erklärt der Politiker, er sei in Bad Urach, dem »Herzen der Schwäbischen Alb«, geboren und aufgewachsen. Die durch das Anwerbeabkommen nach Deutschland gekommenen Eltern hätten sich auch in Urach erst kennengelernt. Der Ausländeranteil sei damals noch sehr gering gewesen. Neben »Cem, dem Türkenjungen« sei nur noch ein portugiesisches Kind in der Schule gewesen.

Die interkulturellen Probleme, die mit dem Zusammenleben von Migranten und Einheimischen verbunden sind, werden ebenfalls anhand einer Anekdote veranschaulicht, ohne dabei auf simple Stereotypen oder politisch-korrekte Populismen zurückzugreifen. Auf Kerners Frage, wie denn vor 25 Jahren der Umgang zwischen Deutschen und Türken ausgesehen habe, antwortet Özdemir mit der Erzählung eines Besuchs seiner Eltern im Hause eines Schulfreundes. Während die türkischen Eltern den Standards türkischer Gastfreundschaftsregeln entsprechend viel Licht, viel Tee, viel Kuchen und auch einen laufenden Fernseher erwartet hätten, sei die Wohnung nur spärlich beleuchtet und sehr still gewesen. Es gab eine Tasse Tee und ein kleines Stück Kuchen, und: dem Vater wurde – undenkbar in türkischen Kreisen – sogar das Rauchen verboten. Die Eltern hätten dieses Verhalten jedoch nicht als Feindseligkeit, sondern als zu tolerierende Eigenheit der Einheimischen aufgefaßt. Den Verweis auf das viele Licht, das im Hause Özdemir vor allem bei Besuchsanlässen gebrannt hat, nutzt der Grünen-Abgeordnete wiederum zu einem kleinen politischen Exkurs über Stromverbrauch und Ökologie. Er habe jedenfalls regelmäßig mit seinen Eltern Streit über diese Energieverschwendung gehabt. So werden in der Sendung Anekdoten immer wieder mit politischen Stellungnahmen zur Staatsbürgerschaftsfrage und zur aktuellen Wirtschaftspolitik verbunden. Biografisches und Politisches sind hier auf unterhaltsame Weise ineinander verwoben, ohne doch zu plakativ zu wirken.

Einen anderen, aber nicht weniger politischen Zugang wählt der aufgrund seiner Schlagfertigkeit und seines Humors häufig in Talk-Shows geladene PDS-Politiker Gregor Gysi. Im Januar 2000 ebenfalls bei Kerner zu Gast, nimmt Gysi mit spitzer Zunge zum Finanzskandal der CDU Stellung. Um zu veranschaulichen, wie das feudalistisch-personenbezogene »System Kohl« im Alltag der Parlamentsarbeit jederzeit spürbar war, erzählt auch Gysi eine Anekdote. Kohl habe ihn, umringt von seinen Kabinettskollegen, einmal lächelnd angesprochen, um einen Witz auf seine Kosten zu machen: »Ach, Herr Gysi, wenn Sie katholisch wären, bei Ihren großen Sünden dürften Sie gar nicht bei einem normalen Priester beichten, Sie müßten immer gleich zum Prälaten gehen.« Es folgte lautes Gelächter bei den Kohl-Leuten. Gysi habe nur kurz erwidert, dann würden Kohl und er sich dort wohl ständig treffen – eine Voraussage, die angesichts des Spendenskandals mehr ernsthafte Wahrheit enthalte, als ihm, Gysi, damals bewußt gewesen sei. Entscheidend aber war nun, daß Kohls Höflinge ihr spontanes Lachen hinter der Hand verbargen und sich erst ab dem Zeitpunkt trauten, ihr Gesicht offen zu zeigen, als Kohl mit einem »Ho, ho, ho« sein Wohlwollen zu dieser Scherzkommunikation bekundete. Die höfische Gesellschaft um den Bonner Sonnenkönig, dem der Staat und seine Gesetze von geringerem Wert erschienen als Parteispenden und persönliche Ehrenworte, tritt in dieser Anekdote anschaulich hervor. Sorgfältige Analyse wird in solchem Politainment nicht betrieben, wohl aber werden Schlaglichter im öffentlichen Wahrnehmungsraum gesetzt, die den politischen Diskurs in diese oder jene Richtung vorantreiben können.

In den Personality-Shows wird schließlich zuweilen dann, wenn Politiker zu Gast sind, auch die nichtpolitische Prominenz zu politischen Statements herausgefordert. Dies sind meist spontane Kommentare mit wenig Tiefgang, die aber doch insoweit relevant sind, als sie kraft des spezifischen Kommunikationsprestiges der Prominenten Wirkung entfalten – sei es, daß verbreitete Stimmungen in der Bevölkerung verstärkt werden, weil ein Showstar aus Gründen der Marktgängigkeit konsensfähige Meinungen vertritt, oder sei es, daß dieser aus einem Rebellen- oder Intellektuellenimage heraus Provokantes äußert und damit die Meinungsblöcke im Publikum mitunter durchaus irritieren kann.

Politik als Gag und Wählen als Freizeitgestaltung

Abschließend soll noch ein Blick auf zwei Mischformen geworfen werden, die schon seit Jahren in der deutschen Medienkultur ausgesprochen große Popularität genießen: die *Harald-Schmidt-Show* und *Wetten daß?*. In diesen Formaten zeigt sich das Politische in ganz eigener Brechung. Es ist eindeutig dem Unterhaltungsprimat untergeordnet und entfaltet doch jeweils eine klare Kontur, die als Facette in die politische Wahrnehmungswelt der Bürger und Mediennutzer eingeht.

Die *Harald-Schmidt-Show* ist deutlich an amerikanische Vorbilder aus dem Genre der *Late Night Show* wie *David Letterman* und *Jay Leno* angelehnt.[23] Sie wird außer montags

23 Zur *Harald-Schmidt-Show* als Symptom der gegenwärtigen Spaßgesellschaft vgl. jetzt auch Strasser/Graf (2000).

werktäglich ausgestrahlt und enthält neben dem Talk-Teil, in dem jeweils zwei Gäste auftreten, einen längeren Monolog des Gastgebers, Filmeinspielungen, Sketche, die Präsentation von lustigen »Fundstücken« aus der Presse und andere komödiantische Elemente. Vor allem der Monolog, in dem tagesaktuelle Ereignisse kommentiert, persifliert und veralbert werden, ist oft ausgesprochen politisch gestaltet. Diese Sequenz steht sowohl der seit etwa einem Jahrzehnt in Deutschland boomenden *Stand Up Comedy* als auch dem traditionellen politischen Kabarett nahe. Sie oszilliert zwischen subversivem Kommentar und Blödel-Kalauer, hat aber in jedem Fall die Zielrichtung, sich mit dem Publikum über die oft routinierte, manchmal auch sichtbar mißlungene Performance der politischen Eliten lustig zu machen. Die Politik im Witzformat nimmt den Akteuren des politischen Systems die autoritätserheischende Distanz, ohne sie doch verächtlich zu machen. Eine typische Sequenz des Monologs ist etwa folgende: »Kohl ist Kult! Ein Jahr nach seiner Abwahl ist Kohl so beliebt wie nie zuvor. Gerhard Schröder freut sich schon auf den enormen Popularitätsschub im Jahre 2003. Helmut hat inzwischen 46 Doktorhüte bekommen, und das Tolle ist: Er kann alle gleichzeitig tragen« (5. Nov. 1999).

Die politischen Akteure, über die in den Monologen gewitzelt wird, sind dann neben der sonst üblichen Film- und Fernsehprominenz häufig später in den Talk-Sequenzen zu Gast. Das Spektrum reichte beispielsweise im Jahr 1998 von Jürgen Trittin über Rudolf Scharping und Heide Simonis bis zu Rita Süssmuth und Heiner Geißler. Auch in diesen Gesprächen steht der Klamauk im Vordergrund, wobei es Schmidt gleichwohl immer wieder gelingt, seinen Gästen Stellungnahmen zur Tagespolitik zu entlocken. Für die Politiker stellt der Auftritt in der Late Night Show mit ihrem im Durchschnitt sehr jungen Publikum die Option dar, Kontakt zu einem Segment des Elektorats zu bekommen, das der etablierten Politik zunehmend skeptisch und distanziert gegenübersteht. Wer sich bei *Schmidt* gut verkauft, locker und schlagfertig erscheint und dem gewieften Showprofi vielleicht sogar mit einer guten Pointe einmal die Show stiehlt, der kann bei den jungen Wählern zumindest Sympathiepunkte sammeln.

Durch die Interpenetration von Comedy und Politik, wie sie sich in der *Harald-Schmidt-Show* präsentiert, erscheint das politische Geschäft weitgehend als das, was es in der Medienkultur tatsächlich zumindest in Teilen auch geworden ist: als eine Unterhaltungsshow. Kritik an den Akteuren nimmt hier den Charakter einer Fernsehkritik an. Es wird nicht vor dem Hintergrund moralischer oder genuin politischer Werte nach der sachlichen Qualität gefragt, sondern es wird beurteilt, wie geschickt oder ungeschickt sich die Akteure in der jeweiligen Inszenierung präsentiert haben. So politisch sich die Spaßkultur also bei Schmidt, der für seine Show immerhin schon den renommierten Adolf-Grimme-Preis erhielt, auch gerieren mag, so entpolitisiert erscheint schließlich doch die Realitätskonstruktion, wie sie dieser Unterhaltungsdiskurs tagtäglich produziert.

Etwas anders liegt der Fall schließlich bei Game-Shows wie Thomas Gottschalks *Wetten daß?*. Auch hier suchen politische Akteure im Rahmen der Spaßkultur den direkten Kontakt mit dem begehrten Wähler. Sie reihen sich bruchlos und meist bis zur Unkenntlichkeit entpolitisiert ein in die Unterhaltungsprominenz, um wenigstens auf diesem Wege als Medienfigur an der mit Marktanteilen von über 50 Prozent noch immer atemberaubend großen Reichweite des Quotenkönigs im ZDF zu partizipieren. Die Liste der Politiker, die auf Gottschalks und seiner Vorgänger Sitzgruppe in den Stadthallen dieser Republik Platz nehmen durften, um zwischen Wetten und Showblocks öffentliche Bildpräsenz zu erheischen, ist lang. Sie reicht von Franz-Josef Strauß und Walter Scheel in den frühen 80er Jahren bis zu Joschka Fischer am Ende der 90er. Im Februar 1999 fühlte sich auch der amtierende Bundeskanzler Gerhard Schröder sichtlich wohl, als er im Kreise von Top-Model Heidi Klum, Regisseur Helmut Dietl und Schauspielerin Veronika Ferres über Privates plaudern konnte. Das Publikum, die Wählerschaft, ist in der Show freilich nicht nur vor den Bildschirmen und als Saalpublikum beteiligt, sondern ausgewählte Repräsentanten dürfen sogar als Urheber der jeweiligen »Saalwette« selbst mit auf die Bühne. Sie werden prominent für kurze Zeit, und die anderen Zuschauer können sich über diese Auserwählten selbst in den Kreis der Sichtbaren hinein imaginieren.

Die eigentliche politische Relevanz einer Game-Show wie *Wetten daß?* liegt jedoch in der Struktur, die das »Wählen als Freizeitgestaltung« kultiviert.[24] Die Abstimmung, die teilweise vom kopräsenten Saal- oder Studiopublikum, teilweise per Telefon und TED-Computerauszählung von zu Hause aus vorgenommen wird, ist mittlerweile Bestandteil zahlreicher Sendungen geworden, vom Klassiker *Pro und Contra* (ARD) bis zur Überwachungsshow *Big Brother* (RTL 2), in der das oben erwähnte Benthamsche Panoptikum tatsächlich bis zur letzten Konsequenz ausgereizt wird. Der Zuschauer wird dabei zum Souverän des Geschehens erhoben. Er kürt die Sieger und entscheidet darüber, wer bleiben darf oder gehen muß. Die Wahl fungiert hier, wie in der Politik, als ein legitimierendes Ritual, durch das der demokratische Mythos der Volkssouveränität immer wieder bekräftigt wird, ganz unabhängig davon, wie groß die Gestaltungsmöglichkeiten der Wähler tatsächlich sind.[25]

Was aber wird bei diesen Wahlen überhaupt gewählt, worüber wird abgestimmt? Nicht über Programme oder Perso-

---

24 Vgl. dazu Soeffner (1992: 157ff.).
25 Vgl. dazu schon die treffende Analyse bei Almond und Verba (1963: 481ff.), die darauf hinweisen, daß dieser demokratische Mythos, der mehr Partizipationsmöglichkeiten behauptet als zunächst strukturell vorhanden sind, in der Form eines handlungsleitenden Glaubens von Wählern *und* Eliten tatsächlich auch demokratisierende Effekte entfalten kann.

nen, sondern – wie in Harald Schmidts Monologen – letztlich über die Qualität des Auftritts und die Überzeugungskraft der Inszenierung: »Die in den Wahlen der Unterhaltungssendung abgegebenen Entscheidungen haben nahezu ausschließlich den Charakter von Geschmacksurteilen angenommen« (Soeffner 1992: 175). Und wenn man dann mit Hans-Georg Soeffner weiterhin in Rechnung stellt, daß in der Medienwelt politische Wahlen und Unterhaltungswahlen in der Programmfolge und damit auch in der Wahrnehmungswelt der Zuschauer nahtlos ineinander übergehen und sich gegenseitig rahmen, dann wird plausibel, daß auch die politischen Wahlen immer stärker den Charakter von Geschmacksurteilen annehmen. Auch hier werden, das bestätigen aktuelle Wahlkämpfe, die Inszenierung der Kandidaten und das Corporate Design der Parteien, Angebote von Lifestyle und Lebensgefühl mehr beachtet als Programme und Sachpolitik.

7. Serien als alltagsnahe Medienrealität

Zur vorabendlichen Inszenierung republikanischer Identität

Serialität und lose Koppelung

In der Serie ist das Fernsehen gleichsam bei sich selbst. Serialität ist das zentrale Merkmal des Mediums, das sich auf der Produktions-, Text- und Rezeptionsebene gleichermaßen bemerkbar macht.[1] Serialität erstreckt sich auf alle Programmteile des Fernsehens: Nachrichten und Informationsmagazine haben ebenso ihre Erkennungsmelodie und ihren festen Sendeplatz wie die Talk-Shows, die heute vermehrt sogar täglich zur gleichen Uhrzeit präsentiert werden. Im fiktionalen Unterhaltungsbereich schließlich zählen die Spielserien schon lange zu den Hauptangeboten der Sender. Gleich, ob sie täglich oder wöchentlich plaziert sind, ob sie nach dem Episodenprinzip jeweils geschlossen oder mit einer Verschränkung mehrerer Handlungsstränge prinzipiell endlos komponiert sind wie *Lindenstraße* oder *Dallas*, Serien ziehen die Zuschauer immer wieder in großem Ausmaß vor den Bildschirm.

Die Serialität ist aus der Produktionsperspektive deshalb so zentral, weil jeder Fernsehsender in der Situation einer marktförmig organisierten Konkurrenz um Quoten darauf bedacht sein muß, möglichst viele Nutzer möglichst lange auf dem Kanal zu halten. Die einzelnen Sendungen sind daher ganz bewußt so konzipiert, daß der kontinuierliche Fluß des Gesendeten im Vordergrund der Wahrnehmung steht. Schon Raymond Williams, einer der Gründerväter der British Cul-

---

1 Zu den im folgenden behandelten Charakteristika des Fernsehens als seriellen Mediums vgl. ausführlich Giesenfeld/Prugger (1994).

tural Studies, hat in seiner bahnbrechenden Fernsehstudie darauf hingewiesen, daß das Fernsehen als Spezifikum einen »endless flow« aufweist.[2] Die spezifische Gattung zur Aufrechterhaltung dieses Flow-Eindrucks ist der sogenannte »Trailer«. Eingestreut in Werbepausen oder zwischen zwei Sendungen, verweist er auf gleich im Anschluß oder später am Abend plazierte Angebote, um den Zuschauer zu halten, ihn von dem möglichen Vorhaben abzubringen, um- oder abzuschalten, oder um zu bewirken, daß er nach einer Weile wieder einschaltet.[3]

Da der unausgesetzte Dauerrezipient das Idealbild eines jeden Anbieters ist, dürfen die einzelnen Sendungen nicht als Einzelprodukte erscheinen, nach deren Ende man – wie am Ende eines Kinofilms – die Medienkommunikation abschließt. Einzelne Angebote sollen daher auch keine zu intensiven Betroffenheiten oder Erlebnisintensitäten auslösen, da dies die Lust auf die nächste Sendung oder die nächste Folge der Serie schmälern würde.[4] Entsprechend wird darauf geachtet, daß die Themen und Typen alltagsnah scheinen, daß die Probleme und Konflikte unabgeschlossen oder wiederholbar sind und somit serientypische Muster den Ablauf einer Sequenz prägen. Personal, Schauplätze und Ereignisse können durchaus variieren, solange die Grundkonstellation einer Serie erhalten bleibt.

In diesen Formaten bieten die Sender besonders gern Dinge an, die den Nutzern in ihrer Alltagswelt hilfreich erscheinen. Das beginnt bei Ratgebersendungen und Talk-

2 Vgl. Williams (1974: 86ff.).
3 Untersuchungen von Goodhardt u. a. (1987) haben tatsächlich belegen können, daß diese Strategie häufig gelingt. Wiederholungssehen (wer eine Folge einer Serie geguckt hat, wird auch bei der nächsten wieder einschalten), Kanalloyalität und der sogenannte Vererbungseffekt (man bleibt auf dem gleichen Kanal, um sich die folgende Sendung anzuschauen) sind noch immer, trotz der Fernbedienung, zentrale Verhaltensmuster bei der Fernsehnutzung.
4 Vgl. Giesenfeld/Prugger (1994: 350).

Shows als Foren, in denen alle möglichen Probleme des Alltags – von der Fleckentfernung bis zu Erziehungsfragen und dem Umgang mit Behinderten – besprochen werden,[5] und setzt sich vor allem fort in den Spielserien, die Modelle für das Alltagshandeln oder zumindest Reflexionsanlässe bieten, die Zuschauer gern aufgreifen, um sich im Bereich ihrer eigenen Alltagswelt Klarheit zu verschaffen. Dies haben Kepplinger und Tullius (1995) am Beispiel der deutschen Serien *Lindenstraße* und *Der Alte* empirisch zeigen können. Selbst so alltagsfern erscheinende Serien wie das *Traumschiff* oder *Klinik unter Palmen* zeigen oft Handlungsstränge, die normale Alltagsprobleme entfalten – und meist auch lösen: Beziehungsprobleme und Scheidungen, Alleinerziehende und Generationskonflikte, Umgang mit Krankheit und Tod.

Spielserien entwickeln dabei in aller Regel eine Alltagsethik, die den Zuschauern Orientierungen im Hinblick auf ihr eigenes Verhalten vermittelt.[6] Diese Ethiken betreffen durchaus auch politisches Handeln. Wahlsituationen, soziales und bürgerschaftliches Engagement ziehen sich wie ein roter Faden durch viele Mainstream-Serien der amerikanischen Fernsehanbieter. In Deutschland wird dergleichen explizit Politisches eher selten, beispielsweise in der *Lindenstraße*, geboten, aber selbst eine so scheinbar gänzlich unpolitische Serie wie *Forsthaus Falkenau*, die in der Tradition des deutschen Heimatfilms steht, thematisiert immer wieder Möglichkeiten einer nachhaltigen Lebensführung sowie die Notwendigkeit eines Engagements für die Erhaltung der natürlichen Umwelt. Darauf wird später noch ausführlich einzugehen sein. Legt man einen weitergefaßten Politikbegriff zugrunde, so ist Politisches auch in der ganz normalen Familien- oder Krankenhausserie allgegenwärtig: Ständig werden Konflikte aufgebaut und gelöst, Geschlechterver-

---

5 Vgl. dazu Reichertz (1996).
6 Vgl. dazu ausführlich Kottlorz (1993).

hältnisse ausgehandelt, biografische Entscheidungssituationen durchlebt, und vor allem wird in verschiedensten Konstellationen immer wieder Macht erworben, erhalten und wieder verloren.

Macht das Serienformat aus der Sicht der Produzenten und Anbieter vor allem in ökonomischer Hinsicht Sinn, so stellt sich die Frage, worin denn eigentlich auf seiten der Nutzer die besondere Attraktivität des Seriellen liegt. Warum meidet man nicht die Langeweile, die mit der ewigen Wiederkehr gleicher Konstellationen in der kostbaren Freizeit droht? Die Antwort könnte darin liegen, daß die Mediennutzer heute in einer Welt der permanenten Veränderung leben. Ökonomischer und politischer Wandel im Zuge von Globalisierungsprozessen; ständig wechselnde berufliche Anforderungen bei zunehmend diskontinuierlich verlaufenden Erwerbsbiografien; erzwungene räumliche Mobilität und die Erosion der »Normalfamilie« zugunsten wechselnder Partnerschaften und dynamischer Patchwork-Familien: All das führt im Zeitalter beschleunigten Zeiterlebens zu einer tiefen Sehnsucht nach Konstanz und Kontinuität, nach Erwartbarkeit und Wiedererkennbarkeit, vor allem nach Vertrautheit. Serien spenden in dieser Situation ontologische Sicherheit. Sie eröffnen eine Stabilität der Orientierung, wie sie in der außermedialen Wirklichkeit kaum noch erreichbar scheint.

Wer die Regeln der Serie durchschaut – vielleicht sogar in einem Maße, das Prognosen ermöglicht –, der hat die Funktionsweise der Welt erkannt. Diese Lust an der Erkenntnis vermittelt dem Fernsehzuschauer ein Stück von jener tiefen Befriedigung, die den Wissenschaftler durchströmt, wenn er eine empirisch haltbare Theorie über bestimmte Ausschnitte der Realität gefunden hat. Unser Wissen um typische Figuren und Verläufe, das wir gern auch mit anderen teilen, spendet den Trost einer Welt, in der wir dem Streß des stetigen Wandels nicht ausgesetzt sind. Die gleichwohl erwünschte Abwechslung wird in homöopathischen Dosen mühelos über einige Variablen und die nicht endende Phantasie der Macher bei der pittoresken Ausgestaltung der konstanten Grundstrukturen hergestellt. Wie groß auch immer die Probleme, wie schwer die Katastrophen in der seriellen Als-ob-Welt auch sein mögen, die bloße Tatsache der Fortsetzung verleiht uns die Gewißheit, daß es irgendwie schon weitergeht und daß nach dunklen Episoden auch wieder Glück und Zufriedenheit auf dem Programm stehen. Diese nachgerade metaphysische Kontinuitätsversicherung einer auf Dauer geordneten Welt trägt in der Tat Züge dessen, was früher für den Menschen durch die Gewißheiten der Religion geleistet wurde.[7]

Eine wichtige Voraussetzung für den Transfer zwischen fiktionaler Welt und realer Alltagswelt der Zuschauer, durch den sie die Serien als Reflexionsraum und Lebenshilfe nutzen können, ist die Alltagsnähe des Mediums. Die bewegten Bilder kommen direkt in die Wohnung und damit auch in den alltagsweltlichen Kontext des Nutzers hinein. Der Fernsehapparat steht in Räumen, in denen auch vieles andere geschieht. In vielen Haushalten ist das Fernsehen schon zum Lieferanten eines konstanten Hintergrundrauschens geworden, das man zuweilen fokussiert, um eine Sendung oder eine Sequenz zu verfolgen und kurz darauf wieder andere Dinge zu tun. Beim Fernsehen wird gegessen, gebügelt, gebastelt, telefoniert und sogar gelesen. Der Fernsehzuschauer ist im Gegensatz zur konzentrierten Rezeption im Kinosaal mit dem Medium nur lose verkoppelt, er kann jederzeit aussteigen und tut dies auch häufig. Fernsehen ist in diesem Sinne ein »Low-Involvement«-Medium.[8] Der Zuschauer hat dabei zahlreiche Möglichkeiten, sein Medienerlebnis selbst zu steuern. Das beginnt schon auf der technischen Ebene: Er kann umschalten mit der Fernbedienung, den Ton wegschalten

---

7 Zu den religiösen Funktionen des Fernsehens vgl. nun ausführlich Reichertz (2000).
8 Vgl. Barwise/Ehrenberg (1988: 123).

und Musik hören oder sich unterhalten, eine Sendung mit dem Videorecorder aufnehmen und selektiv (zumindest: ohne Werbepausen) sehen etc.

Dennoch wird die geringe Intensität teilweise ausgeglichen durch die Permanenz, mit der die Fernsehbilder uns durch den Alltag begleiten. Zwar hinterläßt die einzelne, möglicherweise noch durch Zapping unterbrochene Sendung nicht so starke Spuren wie das charismatische Kino-Epos. Aber wenn man das gleiche Grundmuster an Hunderten von Tagen wahrnimmt, prägt sich dies durchaus stark ein. Hinzu kommt, daß die dramaturgisch bedingte größere Alltagsnähe vieler Fernsehprodukte den Transfer auf die eigene Alltagswelt erleichtert. Zuschauer nutzen Serien wie *Gute Zeiten, schlechte Zeiten*, *Diese Drombuschs* oder die *Lindenstraße* als fiktionalen Raum, in dem Konflikte modellhaft durchgespielt und Lösungen ausprobiert werden können. Fernsehen ist auf dieser Ebene identitätsbildend.

Das Programm wirkt für die Wahrnehmung der Nutzer wie ein Fluß und wie ein Zeitgitter zugleich.[9] Einerseits bieten die heute schon von den meisten Sendern angebotenen 24 Stunden einen endlos wirkenden Strom von Bildern, der immer auch das Gefühl von Kontinuität und Dauerhaftigkeit der Welt vermittelt. Andererseits gibt es in diesem Prozeß immer wieder strukturierte Marken, Einschnitte an bestimmten Stellen und zu bestimmten Zeiten. Deshalb fungiert das Fernsehen als ein »sozialer Zeitgeber« par excellence (Neverla 1992). Es zeigt uns über die zyklisch wiederkehrenden Sendungen zuverlässig die Tageszeit an: Zeichentrick am Morgen, US-Serie am Vormittag, Talkrunde eins am Mittag, Talkrunde zwei am Nachmittag, Vorabendserie, Tagesschau usw.; das Programmschema strukturiert den Tag. Einige Sender wie RTL oder Pro 7 wiederholen in einer Art Paralleluniversum zudem viele Tagessendungen in der Nacht, so daß einige

9 Vgl. Hickethier (1992).

Zuschauer ihre Talk-Show oder Spielserie dann schauen können. Sie bewegen sich damit zeitversetzt in demselben Erfahrungsraum, den auch die tagsüber oder abends zuschauenden Menschen haben.

Das Fernsehen ist schließlich insofern ein typisches Massenmedium, als hier die Gemeinschaftsfiktion der anonym voneinander wissenden Mediennutzer als operative Fiktion fungiert, die zur Realität wird.[10] Dies gilt natürlich in besonderem Maße für Sendungen, die »Publikumsmagneten« sind. Das kann die Tagesschau ebenso wie ein Fußballspiel, ein besonderer TV-Spielfilm oder auch die *Lindenstraße* sein. Diese populären Sendungen gewährleisten nämlich, ungeachtet der Differenzierungsprozesse im Anbieterspektrum, daß viele Menschen gleichzeitig das gleiche sehen. Diese fiktive Vergemeinschaftung zieht dann wiederum soziale Vergemeinschaftungseffekte nach sich, da man sich über diese Sendungen mit Freunden oder Kollegen unterhalten, über sie eigene Probleme thematisieren oder schlicht Zitate daraus zur Einordnung und Distanzierung von realen Situationen verwenden kann. Mit den fiktionalen Unterhaltungsserien des Fernsehens läßt sich also der alltagsnahe Normalmodus des unterhaltungsöffentlichen Diskurses und damit ein Fundus kultureller Selbstverständlichkeiten erfassen, der den Menschen Materialien für die Konstruktion ihrer Alltagswelt liefert.

Konstellationen des Politischen

Alltagsnähe und eine deutliche Abgrenzung von den aufwendig-exotischen Bildwelten der Kinoleinwand markieren auch die Anfänge der Seriengenres im deutschen Fernsehen.[11] Die ersten großen Familienserien *Unsere Nachbarn heute Abend*

10 Vgl. dazu Schneider (1992: 231) und Meyrowitz (1985).
11 Vgl. zum Folgenden vor allem Giesenfeld/Prugger 1994: 355ff.) sowie Martenstein (1996), Hickethier (1991) und Wichterich (1979).

(Familie Schölermann) (1954-1960) sowie *Die Firma Hessel-bach/Die Familie Hesselbach* (1960-1963) versuchten Menschen auf den Bildschirm zu bringen, die auch in der realen Nachbarschaft der Zuschauer leben konnten und deren Probleme vielen Bürgern aus ihrem eigenen Alltagsleben bekannt waren. Die Familie wurde in diesen Szenarien als ein Hort der Ordnung, des Vertrauens und der Stabilität dargestellt. Das ist bemerkenswert vor allem in einem zeitlichen Kontext, der nur 10 bis 15 Jahre nach einem dramatischen politischen und gesellschaftlichen Zusammenbruch und der anschließenden, entsprechend unruhigen Wiederaufbauphase situiert war. In der Familienserie nun ließen sich alle Probleme letztlich immer auf der Ebene personalen Aushandelns und familiärer Solidarität meistern. Die Familie wurde als eine für die gesamte Gesellschaft modellhafte Integrationsagentur vorgeführt, deren Funktionieren auch heftige soziale Erschütterungen und schwierige Prozesse der Umorientierung für die Bevölkerung als zu bewältigende Übergangsphänomene erscheinen ließ.

Dieser Funktion der Familie im privaten Raum der sozialen Welt korrespondiert im öffentlichen Raum die Ordnungsfunktion der Polizei. Die frühen Kriminalserien wie *Stahlnetz* (1958-1963) und *Der Polizeibericht meldet* (1953-1958) betonten mit den Mitteln der Dokumentarität und Authentizität die Alltagsnähe der gezeigten Als-ob-Welten. Sie führten dem Publikum vor, daß die staatlichen Institutionen die innere Sicherheit und damit eine elementare Grundlage der Gesellschaft immer aufs neue gewährleisten.[12] Selbst außenpolitische Bedrohungen, die in den Zeiten des kalten Krieges selbstverständlich aus dem Osten kamen, wurden im Rahmen einer Agentenserie wie *Die fünfte Kolonne* (1963-1968) stets erfolgreich abgewendet. Die serielle Pointe all die-

---

12 Zu diesen ideologischen Funktionen der frühen Fernsehserien vgl. Giesenfeld/Prugger (1994: 357ff.).

ser Produktionen bestand also aus einer jeweils erwartbaren Störung und Wiederherstellung der Ordnung, die dem Publikum ein stabiles Vertrauen in die gegebenen Verhältnisse vermittelte.[13]

Einen politischen Sonderfall stellt schließlich die Mini-Serie *So weit die Füße tragen* (1959) dar. Hier wird die Flucht eines deutschen Gefangenen aus einem sibirischen Straflager gezeigt, und es ist an allen Punkten deutlich, daß dieses Einzelschicksal kollektive Sinnmuster anbietet. Nicht nur der Ausruf der Hauptfigur Clemens Forrell, »Nach Westen!«, hat vor dem Hintergrund Adenauerscher Westintegrations-politik symbolische Bedeutung. Die Serie erzählt insgesamt einen Gegenmythos zur deutschen Schuld.[14] Nicht die Deutschen sind hier nämlich die Täter, die Lager bauen und Menschen mißhandeln, sondern die Russen übernehmen diesen Part. Die »attraktive« Opferrolle wird hier mit allen entlastenden Implikationen dem von Forrell repräsentierten deutschen Volk angeboten, ja am Ende kommt es sogar zu einer Versöhnungssequenz mit den Juden, denn Forrell erfährt durch einen emigrierten jüdischen Kulaken massive Hilfestellungen bei seiner Flucht. Beide, Deutsche und Juden, haben hier ihr Leid durch die stalinistische Sowjetunion erfahren. Durch den kalten Krieg entstehen völlig neue Allianzen.

Mit der Gründung des Zweiten Deutschen Fernsehens im Jahre 1963 – und damit lange vor der Einführung des dualen Rundfunksystems – kam ein Markt- und Konkurrenzmoment in die deutsche Fernsehlandschaft, das einen deutlichen Schub in Richtung Unterhaltung mit sich brachte. Es begann ein erster Wettbewerb um Zuschauer und Werbekunden, im Rahmen dessen auch die »Werberahmenserie« als spezifisches Genre entstand. Die Serienwelten mußten unter die-

13 Zum Kriminalfilm vgl. Kap. 8.
14 Vgl. dazu ausführlich Martenstein (1996: 22ff.).

sen Bedingungen kurzweiliger, unterhaltsamer, auch exotischer werden, um die Zuschauer in den wichtigen Sendezeiten vor die Bildschirme zu locken. Dieser Trend hat sich vor allem in den 70er Jahren durchgesetzt. In dieser Zeit beginnt auch die Hochkonjunktur amerikanischer Serien, die alltagsferne Schauplätze mit Action auf die deutschen Bildschirme brachten und deren Konstruktionsprinzipien alsbald auch für viele deutsche Produktionen vorbildhaft wurden.[15] Da die US-Produkte für den deutschen Markt oft noch zusätzlich beschnitten und entproblematisiert wurden,[16] erhob sich in der Öffentlichkeit häufiger Kritik an den verflachten und trivialen Mustern der seriellen Fernsehunterhaltung. In der Folge wurden einige Serien und Mehrteiler produziert, die besonders anspruchsvoll, realistisch und auch sozialkritisch angelegt waren, darunter die bekannt gewordene Arbeiter-Saga *Acht Stunden sind kein Tag* (1972-73) von Rainer Werner Fassbinder.[17] Unterhaltungsöffentlichkeit sollte hier in Anlehnung an den Bildungsauftrag der öffentlich-rechtlichen Sendeanstalten als ein Forum kritischer Reflexion sozialer Realitäten etabliert werden. Diese Entwicklung fand jedoch in den 80er Jahren ihr Ende, weil man nun mit den in den USA ausgesprochen populären Endlosformaten wie *Dallas* und *Dynasty* (*Der Denver-Clan*) im Kampf um Publikumsanteile und Werbekunden erfolgreich bestehen wollte. Die Soap Opera betrat die Bühne der deutschen Wohnzim-

15 Zu den Spezifika amerikanischer Serien und zu deren Modellcharakter im deutschen Kontext vgl. Durzak (1990) sowie Schneider (1992, 1995).
16 Dies geht beispielsweise aus Erläuterungen des ZDF-Intendanten Dieter Stolte hervor, die er zur editorischen Bearbeitung der Serie *Starsky & Hutch* veröffentlichte. Dort heißt es u. a.: »Langweilige und übertrieben sentimentale Szenen kommen nicht über den Sender, desgleichen solche, durch die einzelne Gruppen diskriminiert werden, und solche, in denen Kinder an Verbrechen oder deren Aufklärung direkt beteiligt sind«; zit. nach Durzak (1990: 81).
17 Diese Richtung wurde später im ZDF u. a. mit den Arbeiter-Serien *Die Pawlaks* und *Rote Erde* fortgesetzt; vgl. zu dieser Diskussion Giesenfeld/Prugger (1994: 369ff.).

mer, und auch in diesem Fall wurden bald deutsche Produktionen mit ähnlichem Muster nachgeliefert. *Dallas* blieb jedoch, ungeachtet seines Settings in der exotischen Welt amerikanischer Ölbarone, durchaus realitätsnah, insofern hier Konflikte und Intrigen dominierten und immer wieder der Triumph des Geldes über die Moral gezeigt wurde. Der *Spiegel* hat hier seinerzeit zu Recht das Etikett des »kapitalistischen Realismus« gewählt. Demgegenüber boten die erfolgreichen deutschen Beispiele wie *Schwarzwaldklinik* (ZDF, 1985-89) eine entproblematisierte, harmonistische und moralisierende Variante des Genres an.

Freilich darf nicht verkannt werden, daß selbst in diesem Rahmen alltagsnahe Problemreflexionen ihren Ort fanden. So thematisierten einige Folgen der *Schwarzwaldklinik* das Dilemma der Chefarztgattin Christa Brinkmann, die nach der Geburt ihres Sohnes den Wiedereinstieg in den Beruf als Ärztin in der Forschung versucht. Als sich beim Filius jedoch Entwicklungsstörungen bemerkbar machen, wird ihr in Folge 61 (20. Januar 1989) der Rat erteilt, die Berufstätigkeit aufzugeben und sich ganz der Betreuung des Kindes zu widmen – ein Rat, dem dann auch gefolgt wird. Diese Lösung des Problems rief wiederum die damalige Bundesfamilienministerin Ursula Lehr auf den Plan. Sie nutzte die Popularität und große Reichweite der Serie, um politisch Stellung zu beziehen: Die einseitige Darstellung transportiere »überalterte Rollenklischees« und sei geeignet, »eine breite Öffentlichkeit falsch zu informieren, negative Einstellungen gegenüber jungen berufstätigen Müttern zu erzeugen und damit diese selbst zu verunsichern«.[18] Selbst weitgehend politikfreie Serien wie die an Muster des Arzt- und Heimatromans angelehnte Soap über eine Klinik im idyllischen Schwarzwälder Glottertal bieten also im Rahmen der Unterhaltungsöffentlichkeit Optionen der Reflexion und des kritischen Diskurses, der dann

18 *Westdeutsche Allgemeine Zeitung*, 24. Januar 1989.

über die Medienberichterstattung und weitere Anschlußkommunikationen fortgesetzt werden kann.

Eine andere Variante, die ebenfalls 1985 gestartet wurde, stellt die *Lindenstraße* dar. Hier waren jedoch britische Vorbilder wie *Coronation Street* und *East Enders* prägend, in denen das Format der Soap Opera mit größerer Realitätsnähe und durchaus sozialkritischen Elementen kombiniert ist.[19] Darauf wird später noch ausführlicher einzugehen sein. Mit der Einführung des dualen Systems und der Pluralisierung der Anbieter auf dem Fernsehmarkt setzt dann ein weitergehender Kommerzialisierungsschub ein, da alle Anbieter genau wissen, daß unterhaltende Serienware besonders gut geeignet ist, Zuschauer zu binden. Greift man dabei zunächst noch verstärkt auf preiswert zu erwerbende US-Produktionen zurück – auch auf solche, die im Heimatland wenig erfolgreich waren –, findet in den 90er Jahren auf der Grundlage von Marktanalysen bald eine Umorientierung statt: Vor allem die großen Sender wie RTL, Sat 1 und Pro 7 setzen zunehmend auf deutsche Eigenproduktionen, die beim Publikum vermehrt nachgefragt werden. Die gestiegenen Ansprüche an professionelles Entertainment werden dadurch bedient, daß man deutsche Settings und deutsche Schauspieler mit Techniken verknüpft, die in Hollywood erprobt und verfeinert worden sind. So entstehen erstmals deutsche Action-Serien nach amerikanischem Muster wie *HeliCops – Einsatz über Berlin* (Sat 1), *Medicopter 117 – Jedes Leben zählt* (RTL) oder *Die Motorrad-Cops – Hart am Limit* (RTL). Die zweite wichtige Neuerung sind die Daily Soaps, das heißt im täglichen Rhythmus produzierte und ausgestrahlte Langzeitserien, die sich vor allem an ein jugendliches Publikum wenden und deren übliche Alltagsprobleme, von der Jobsuche bis zum Partnerwechsel, in immer neuen Variationen ausführen. Die erfolgreichste dieser Daily Soaps, *Gute Zeiten, schlechte*

19 Vgl. dazu die Untersuchung von Frey-Vor (1996).

Zeiten (RTL, seit 1993), erreicht immerhin durchschnittlich um die 6 Millionen Zuschauer. Das ist für eine Serie, die ca. 250 Folgen pro Jahr bietet, eine stattliche Quote. Am 13. Juni 2000 wurde bereits die zweitausendste (!) Folge dieser Endlosserie ausgestrahlt. Kein Wunder also, daß Kanzlerkandidat Schröder in Folge 1500 am 22. Juli 1998 die Gelegenheit nutzte, über einen Gastauftritt in *Gute Zeiten, schlechte Zeiten* ein jüngeres Segment der Wählerschaft zu erreichen, das ihm sonst kaum zugänglich gewesen wäre.

Blickt man insgesamt auf die ausufernde Serienlandschaft im deutschen Fernsehen zur Jahrtausendwende, dann fällt auf, daß im Grunde noch immer das alte Format der Familienserie dominiert, dies freilich in sehr unterschiedlichen Subgenres und auf nahezu allen sozialen Feldern und Schauplätzen. So gibt es Serien, die in Arztpraxen und Krankenhäusern spielen, in Polizeirevieren, Feriensiedlungen, Büros, Gaststätten und Imbißbuden, in Schulen und Pfarrhäusern, auf Fernstraßen, Binnenschiffen und in Wäldern, ja sogar in Gefängnissen. Einige Serien bedienen eher ein älteres, andere ein jüngeres Zielpublikum, in vielen Fällen werden aber auch bewußt mehrere Generationen in die Spielhandlung integriert, um möglichst viele Publikumsgruppen anzusprechen. Die Typen, Konstellationen und Konflikte gleichen sich dabei sehr. Und es dominiert nun wieder eine ausgeprägte Alltagsnähe, die es den Zuschauern leichtmacht, einen Transfer von der televisionären Als-ob-Welt in die je eigene Lebenswelt vorzunehmen. Die Serien bieten also in vielfältiger, aber strukturhomologer Weise Lebenshilfe durch die Gewährung eines fiktionalen Spielraums, in dem Probleme und Lösungswege ohne alltagspraktische Konsequenzen ausprobiert werden können.

Nun stellt sich vor diesem Hintergrund auch in bezug auf die Serien die Frage, was eigentlich das spezifisch Politische in diesen Bildwelten ist. Grundsätzlich lassen sich vier Ebenen benennen, auf denen eine Serie politisch oder zumindest politisch relevant sein kann: auf der Ebene der Figuren, der Themen und Handlungsverläufe, der Wahrnehmungsmuster und der Konstellationen. Was ist damit im einzelnen gemeint? Die offensichtlichste Ebene ist sicher die der *Figuren*. Das Personal einer Serie kann dem politischen Feld bzw. der politischen Klasse entnommen sein, wobei dieser Fall relativ selten vorkommt. Am ehesten bietet hier noch der Bereich der Kommunalpolitik und Kommunalverwaltung eine zugängliche Sphäre, wie zwei neuere Situationskomödien verdeutlichen (*Das Amt*, RTL, seit 1997, und *Salto kommunale*, ZDF, seit 1998). Politisch relevant ist davon freilich nur die zweite Serie, die auf humoristische Weise nicht nur Probleme der Kommunalpolitik, sondern auch die der deutschen Vereinigung thematisiert.[20]

Weitaus häufiger gelangen politische *Themen und Handlungsverläufe* auf den Bildschirm. In fast allen Serien wird dann und wann, meist am Rande, auch einmal über politische Inhalte, etwa über Arbeitslosigkeit und wirtschaftspolitische Maßnahmen, aber auch über Atomstrom, politische Skandale oder die Kosten der deutschen Einheit gesprochen. Als ein besonderes Forum für politische Handlungen hat sich im Laufe der Jahre das Genre der Kriminalserie herausgebildet, auf das jedoch gesondert im folgenden Kapitel eingegangen werden soll. Ein berühmt gewordenes Beispiel aus den 70er Jahren, das in den 90ern in vielen dritten Programmen mit großem Erfolg wiederholt wurde, ist die satirisch angelegte Sitcom *Ein Herz und eine Seele* (1973-76) von Drehbuchautor Wolfgang Menge, die nach dem Vorbild einer amerikanischen Prime-Time-Serie mit dem Titel *All in the Family*

20 *Salto kommunale* mit dem sächsischen Kabarettisten Wolfgang Stumph in der Hauptrolle ist eine Nachfolgeproduktion der ab 1995 gesendeten Reihe *Salto postale*, wo die Vereinigungsprobleme anhand eines nunmehr unter westlicher Leitung stehenden Postamtes in den neuen Bundesländern gezeigt wurden. Die kommunalpolitische Ebene war übrigens auch früher schon serienfähig, wie etwa die Beispiele *Gemeinderätin Schumann* (1974) und *Unser Dorf* (1971) zeigen.

konzipiert wurde. Menge gelang es mit der ins Lächerliche gewendeten Hauptfigur des Alfred Tetzlaff nicht nur, die tradierte Autoritätsposition des Familienvaters zu unterlaufen, sondern durch die ständigen überspitzt-unqualifizierten Kommentare Alfreds zur Tagespolitik das gesamte politisch-kulturelle Milieu des national-konservativen, ungebrochen autoritären Stammtischdiskurses symbolisch zu destruieren. Je mehr der kleinwüchsige und ungebildete Hausherr gegen Sozis, Türken und Frauen wetterte, um so deutlicher wurden die entsprechenden linksliberalen Positionen bestärkt, die er angriff. Der Autor versuchte später mit weiteren satirischen Comedy-Formaten diese Form des unterhaltsamen politischen Kommentars fortzusetzen. *Motzki* (1993) präsentierte einen grantelnden Rentner, der ganze Salven von Vorurteilen gegen die Bürger der neuen Bundesländer verschoß, und in *Das Lied zum Sonntag* (1998) wurden die Proben eines Laienchors in einer norddeutschen Kleinstadt als Rahmen verwendet, in dem politische Themen vom Euro bis zur Arbeitslosigkeit pointiert erörtert werden. Diese Nachfolger haben jedoch die Popularität von »Ekel Alfred« nicht erreichen können.

Eine Verknüpfung von politischen Themen und politischem Personal ist bislang im deutschen Seriengeschehen selten. Einen ersten Versuch markierten in den 80er Jahren die Gummipuppen in *Hurra Deutschland*, einer Reihe von Sketchen, die in der Welt der Spitzenpolitik angesiedelt waren und die politische Klasse, gruppiert um den mächtigen Kanzler Kohl, lange vor den Diskussionen um die Politikverdrossenheit zum Objekt des Gespötts machten. Die Politiker agierten, nach dem Vorbild der britischen Serie *The Spitting Image*, dumm, dreist, tölpelhaft, bestenfalls gerissen und intrigant. Politik erschien hier als eine gänzlich moralfreie Zone. Weniger bissig und böse, in der Tendenz aber vergleichbar, zog der durchaus SPD-freundliche Privatsender RTL im Jahr 1999 über den ein Jahr zuvor ins Kanzleramt gewählten Gerhard Schröder und seine Gattin Doris her. Der Titel der Serie *Wie war ich Doris?*, der auf die unterstellte Eitelkeit des Neu-Kanzlers als Hauptmotiv der ansonsten politisch harmlos bleibenden Comedy verweist, wurde zwar in der Folge zu einem geflügelten Wort in der Medienöffentlichkeit. Die CDU verwendete die Formulierung sogar als Element ihres *negative campaigning* auf einem Wahlplakat im NRW-Landtagswahlkampf 2000. Aber durchschlagenden Erfolg konnte der Sechsteiler trotz der verblüffenden physischen Ähnlichkeit der Schauspieler mit den Politikern nicht verbuchen. Bemerkenswert scheint jedenfalls, daß eine Annäherung der fiktionalen Medienunterhaltung an die Spitzenpolitik bislang allenfalls im komischen Fach erfolgt ist, wenn man vom später noch zu behandelnden Spezialfall des Kriminalfilms einmal absieht.

Eher Seltenheitswert hat in Deutschland bislang auch der Versuch politischer Akteure und Institutionen, fiktionale TV-Serien für ihre Strategien symbolischer Politik zu nutzen. So hat das Bundesministerium für wirtschaftliche Zusammenarbeit und Entwicklung (BMZ) 1996 die Serie *Klinik unter Palmen* (ARD) mit dem *Schwarzwaldklinik*-Star Klausjürgen Wussow in der Rolle des Leiters eines Tropenhospitals mit gut einer Viertelmillion Mark unterstützt. Diese Art der Imagepflege mit bunten Bildern kostete das Ministerium mithin fast sieben Prozent des Jahresetats.[21] In der Spielhandlung des Dreiteilers darf ein fiktiver Mitarbeiter des BMZ an der Seite von Dr. Hofmann (Wussow) Aufklärungsarbeit leisten. In der idyllischen Tropenklinik auf der Insel Phuket in Thailand nämlich häufen sich mysteriöse Todesfälle. Erst allmählich kommt man dem Kliniksponsor und Pharmaproduzenten Viktor Staufer auf die Spur, der dort illegal und heimlich Medikamententests durchführt. Hobbydetektiv Dr. Hof-

---

21 Vgl. Virtel (1996). Später hat das BMZ auch eine *Tatort*-Folge gefördert, in der es um Mädchenhandel und Kinderprostitution ging.

mann und ein flugs in die Tropen gereister Ministerialbeamter können schließlich, vor der Kulisse herrlicher Strände und romantischer Sonnenuntergänge, dem österreichischen (sic!) Bösewicht das Handwerk legen. Andernorts verläuft das Politik-Sponsoring dezenter, wenn etwa nach dem Vorbild des amerikanischen Pentagon schweres Gerät zur Verfügung gestellt wird, um genehme Serienwelten zu unterstützen.[22]

Eine weniger offensichtliche Ebene des Politischen eröffnet sich, wenn man von den Inhalten zu den serienspezifischen *Wahrnehmungsmustern* wechselt. So weisen die Daily Soaps als typisches Serienformat der medialen Erlebnisgesellschaft in ihrer »Präsentationslogik«[23] einige Besonderheiten auf, welche die Sehgewohnheiten des jungen Publikums in den 90er Jahren prägen und damit wiederum Einfluß auf den Erwartungshorizont dieses Publikums gegenüber der Politik entfalten. Die entscheidenden Muster sind dabei Personalisierung, Privatisierung und Intimisierung, letzteres zu verstehen als Konzentration auf die emotionale Ebene des Geschehens.[24] Genau dies aber sind Kategorien, die ohne weiteres auf die mediale Konstruktion des Politischen im Bereich der allgemeinen Berichterstattung bezogen werden können. Die Behauptung des renommierten amerikanischen Journalisten Joe Klein (Autor des Bestsellers *Primary Colors*), das politische Geschehen gleiche in den USA immer mehr einer Soap Opera,[25] macht Sinn, wenn man sie auf Inszenierungsmuster und Präsentationslogiken bezieht. Die Politik wird entpolitisiert zu einer Abfolge persön-

---

22 So förderte der Bundesgrenzschutz die Serie *Küstenwache* (ZDF, ab 1997) durch günstige Verleihkonditionen für ein Patrouillenboot mit indirekt weit über 700 000 DM, und das Verteidigungsministerium begünstigte die ZDF-Produktion *Die Rettungsflieger* durch preisreduzierte Helikopter-Stunden (vgl. Bailo 1996: 34).

23 So die Formulierung bei Göttlich/Nieland (1997), die Daily Soaps im Rahmen eines empirischen Projekts erforscht haben und auf deren Analysen sich die folgenden Ausführungen stützen.

24 Vgl. Göttlich/Nieland (1997: 194).

25 Vgl. das Interview in *Der Spiegel* Nr. 18 (2000), 116-121.

licher Geschichten, die – wie im Fall der Clinton-Lewinsky-Affäre – durchaus eine Intimisierung auch im sexuellen Verständnis des Wortes durchlaufen können. Zugleich wird die Politik im Sinne des seriellen »es geht schon weiter« auch entdramatisiert und vom folgenreichen Entscheidungsraum zum Raum endloser Dialoge transformiert, in dem zwar Figuren kommen und gehen, die Alltagsrealität jedoch in den Grundzügen konstant bleibt.

Die vierte Ebene ist schließlich die der *Konstellationen und Handlungsstrukturen*. Hier zeigt sich im Spiegel der Unterhaltungsöffentlichkeit, welche Konfliktlinien und Konflikttypen in der Gesellschaft dominieren und welche mikropolitischen Handlungsstrategien als legitim und »normal« inszeniert werden. Im einzelnen lassen sich dabei folgende Aspekte unterscheiden:

1. Es gibt soziale Hauptkonfliktlinien, die im Rahmen der Serienhandlung jeweils aktualisiert und politisiert, das heißt zum konfliktgenerierenden Problem gemacht werden: Solche Konfliktlinien sind etwa Alter/Generation, Geschlecht, Ethnizität/Staatsangehörigkeit, sozialstruktureller Ort und auch, in deutschen Serien durchaus häufig, die fehlende oder vorhandene Moralität der Akteure.

2. Die Art der Konflikte ist strukturbildend: Sind sie situativ-kontingent oder dauerhaft, sind sie lösbar oder unlösbar, sind sie peripher oder stehen sie im Zentrum der Figurenkonstellation?

3. Welche Handlungsformen und Konfliktlösungsmuster werden vorgeführt? Hier ist beispielsweise danach zu fragen, ob das Medium Macht und sein Gebrauch als legitim oder illegitim gewertet werden und ob Gewalt, zumindest in Grenzsituationen, erlaubt erscheint. Insgesamt ist dabei bedeutsam, ob und in welchen Situationen sich die Akteure im Rahmen der Legalität bewegen und ob beispielsweise Muster zivilen Ungehorsams modellhaft vorgeführt werden.

4. Formen der Entscheidungsfindung: Wird hier, etwa im

Rahmen einer Familie oder eines Betriebs, demokratisch oder autokratisch verfahren, findet ein einsamer Ratschluß oder ein gemeinsames Aushandeln statt?

5. Die Handlungsweisen der *dramatis personae* können schließlich auch im engeren Sinne politisch dimensioniert und bewertet sein. So kann eine Figur egoistisch oder altruistisch handeln, sie kann Zivilcourage zeigen oder feige sein, sie kann sich als Alleingänger oder als Gruppenmensch und solidarischer »Kitt« der sozialen Welt erweisen, und sie kann entweder in der Welt des Privaten verharren oder aber aktiv eine Partizipation an den öffentlichen Angelegenheiten suchen.

Betrachtet man im Hinblick auf diese Analysekriterien die deutschen Serienwelten, dann läßt sich im Überblick ohne weiteres konstatieren, daß die positiven Figuren eine modellhafte politische Identität vorführen, die durch Moralität, Zivilcourage und die Bereitschaft gekennzeichnet ist, sich dann, wenn es not tut, auch in öffentliche Angelegenheiten einzumischen. Die Serien sind in der Regel zwar nicht harmonistisch im Sinne einer Abwesenheit von Konflikten, aber diese werden doch als lösbar entworfen. Primäre Lösungsstrategien sind dabei der Dialog, das Argumentieren im Rahmen von Aushandlungsprozessen und der moralische Appell, zur Not auch List und Intrige; Macht und Gewalt gelten als *ultima ratio*. Konfliktlinien wie Geschlecht oder Ethnizität sind virulent, werden aber in der Regel »politisch korrekt« im Sinne eines Pluralitäts- und Anerkennungsgebots behandelt.

Political Correctness im Soap-Format:
Die *Lindenstraße*

Im Jahre 1985 erschien ein neues Serienformat auf den deutschen Bildschirmen, das sich ungeachtet schlechter Prognosen und Erstkritiken als ausgesprochenes Erfolgsmodell erweisen sollte. Das Projekt *Lindenstraße*, federführend gefertigt von Filmregisseur und Produzent Hans W. Geißendörfer für den WDR, setzte sich in Anlehnung an das britische Vorbild *Coronation Street* zum Ziel, eine Familienserie zu plazieren, die realistischer, problemorientierter und aktualitätsbezogener war als alle deutschen Vorgänger und dennoch auf unterhaltungserprobte Instrumentarien der Seifenoper zurückgriff, um die Zuschauer bei der Stange zu halten.[26] Die Mischung aus Realismus und Entertainment hat über lange Phasen der 90er Jahre zu Marktanteilen von über 30 Prozent geführt. Die Serie, die über die Jahre hinweg jeden Sonntagabend, selbst im Rahmen von Wahlsondersendungen auf einem festen Programmplatz bleibend, in die Wohnzimmer kam, hat sich zu einer stabilen Institution in der deutschen Fernsehlandschaft verfestigt, deren Status beinahe dem der unverwüstlichen *Tagesschau* gleichkommt. Serienfiguren wie Mutter Beimer oder die grantelnde Hausmeisterin Else Kling sind zu einem Inventar des unterhaltungsöffentlichen Interdiskurses geworden, dessen Reichweite die Differenzierungsprozesse in der Medienlandschaft auch über 10 Jahre nach Einführung der dualen Rundfunkordnung mühelos überbrückt.

Die Endlosserie bietet den Zuschauern, die vielerorts schon in Fanclubs organisiert sind, keine geschlossenen Episoden, sondern längere Handlungsbögen und allmählich sich entfaltende Figurenkonstellationen. Die Spannungslinie zwischen den einzelnen Folgen wird jeweils durch sogenannte Cliffhanger, das heißt durch Abbruch der Handlung mitten in einer offenen Konfliktsituation erzeugt, deren Auflösung erst in der nächsten Folge geliefert wird. Mit ihrem Anspruch auf Realismus und Alltagsnähe schließt die *Lindenstraße* einerseits durchaus an die frühen deutschen Familienserien über die *Schölermanns* und *Hesselbachs* an. Realismus heißt aber hier weitergehend auch, daß die Familienstruktur als

26 Zur *Lindenstraße* vgl. Frey-Vor (1996) und Jurga (1995).

Kern der Serie eine radikal veränderte ist. War in den früheren Serien der Familienverbund ein institutioneller Fels in der Brandung des Lebens, ein Ordnungsfaktor, dessen Funktionieren verläßlichen Schutz vor den Anfeindungen des äußeren Lebens bot, so zeigt sich die Familie nun selbst als eine in Umbruch, wenn nicht sogar in Auflösung befindliche Institution, die beschleunigten Modernisierungsprozessen ausgesetzt ist. In den Familien der *Lindenstraße* spiegeln sich, serienspezifisch zugespitzt, solche Individualisierungsprozesse, wie sie von der Familiensoziologie beschrieben werden. An die Stelle der klassischen »Normalfamilie« mit einem verheirateten Elternpaar und ein bis drei Kindern ist unter dem Druck dramatisch gestiegener Scheidungsquoten eine bunte Vielfalt von Eineltern- und Patchworkfamilien mit wechselnden Beteiligten gerückt. In der *Lindenstraße* hat mittlerweile sogar ein Schwulenpärchen die Betreuung eines Jungen übernommen, der aufgrund einer HIV-Infektion seiner alleinerziehenden Mutter zuvor hauptsächlich von der Oma versorgt wurde. Selbst die Vorzeigefamilie Beimer mit ihren drei Kindern hat im Verlauf der Serie einen Scheidungsprozeß durchlaufen, weil der Familienvater sich in eine jüngere Frau – eine alleinerziehende Mutter – verliebt und mit ihr eine neue Familie (sozusagen Beimer II) gegründet hatte. Beimer I und Beimer II bilden gegenwärtig einen offenen Patchwork-Verbund, der zwar gelegentlich unter Spannungen zwischen den beiden Frauen leidet, in Notsituationen jedoch durchaus ein stabiles Hilfenetzwerk bietet.

Der linke Filmemacher Hans W. Geißendörfer hat die Serie ganz bewußt auch als ein Forum linker, politisch-korrekter Stellungnahmen zum gesellschaftlichen und politischen Geschehen in Deutschland geformt.[27] Dies zeigt sich auf

---

27 »Kritik, Aufklärung, Information, Stellungnahme, freie Meinungsäußerung, ja sogar Agitation, neben allen erzählerischen Tricks der Dramatisierung, der Emotionalisierung und der Spannung von A nach B müssen innerhalb des Fernsehspiels und der Fernsehserie genauso möglich sein,

einer ersten Ebene zunächst ganz oberflächlich durch tages-
politische Kommentare, die beiläufig, aber regelmäßig von
den Figuren der *Lindenstraße* in den Handlungsverlauf ein-
gesponnen werden. Gleich, ob es um aktuelle Wahlgänge, einen politischen Skandal, die Frage der Überschuldung
öffentlicher Haushalte oder die Ausländerpolitik geht, man
kann sicher sein, daß entweder die Sympathieträger der Serie
eine entsprechende Bewertung aus linksliberaler Sicht vornehmen oder daß einer der notorischen Unsympathen, etwa
eine rechtsradikal angehauchte Figur wie Onkel Franz, ein
konservatives oder nationalistisches Statement plaziert, das
sich allein durch die Zuordnung der Aussage zu dieser Figur
gleichsam selbst dementiert. Gut und böse, politisch falsch
und richtig sind auf dieser Diskursebene immer klar unter-
scheidbar. Mehr noch als eine plural angelegte Talk-Show wie
Christiansen vermittelt die *Lindenstraße* Meinungen und
Werte zur (linken) Orientierung der Zuschauerschaft.

Auf einer zweiten Ebene entfaltet sich die politische Kultur der Serie als Vorführung modellhafter Identitäten, die für
den einzelnen mit Handlungsmustern des politischen Engagements, der mutigen Einmischung in öffentliche und halb-
öffentliche Problemsituationen sowie des Eintretens für sozial Schwache verknüpft sind. Das Fernsehen wird hier, ganz
im Sinne von Friedrich Schillers Theater-Poetik, zur »moralischen Anstalt«, die Bürgertugenden vorführt, ohne die kein
demokratisches Gemeinwesen auf Dauer bestehen kann.[28]
Die Lindenstraßen-Bewohner als Gruppe wiederum zeich-
nen sich aus durch einen recht stabilen Solidarzusammen-
hang, der mitunter an die Visionen kommunitaristischer
Theoretiker gemahnt. Man hält meistens, wenn es darauf an-

wie das Erzählen und die Rede von sogenannten Tabus, die Rede über
Skandale, die Rede über Wunden und Fehler unserer Gesellschaft« (Geißendörfer 1990: 55).
28 Zur Tugend des Bürgers als Grundlage demokratisch-republikanischer
Ordnungen vgl. Münkler (1997).

kommt, zusammen und hilft sich gegenseitig vor allem da, wo Bedrohungen von außerhalb auf die Gemeinschaft einstürzen. Ein besonders eindrucksvolles Beispiel wurde in Folge 285 geboten. Hier hatten, in einer durchaus serientypischen Konstellation, neonazistische Gewalttäter einen Brandanschlag auf den Wohnwagen des Lebenskünstlers »Zorro« Pichelsteiner verübt, nachdem zuvor schon der Pizzastand von Enrico Pavarotti abgefackelt worden war. Die Mitbewohner finden sich bald ein, um den Wohnwagen wiederaufzubauen, sitzen nachher gemeinsam beim Essen und finden Worte des Trostes. Selbst Else Kling läßt es sich nicht nehmen, Solidarität mit dem ansonsten vielgeschmähten Pichelsteiner zu demonstrieren. Ähnliche Szenarien bei Bedrohungen durch Neonazis haben sich in späteren Folgen wiederholt. Aber auch bei internen Fehlentwicklungen steht die Gemeinschaft der Mieter wie eine kommunitaristische Modellgruppe zusammen, wenn es gilt, Abweichler vom politisch-korrekten Kurs zur Ordnung zu rufen oder auch auszugrenzen – so geschehen, als der senil-nationalistische Onkel Franz beim Kontrollgang einer selbsternannten Sicherheitswacht einen kleinen Jungen anschießt oder als, Hunderte Folgen später, der Sproß der Hausmeisterin Kling seine ihm in Scheinehe angetraute nigerianische Ehefrau den deutschen Behörden und damit einer Abschiebung ausliefert, als diese ihm nicht länger zu Willen ist.

Die Bürger der *Lindenstraße* erweisen sich immer wieder als politisch partizipationswillig und hochgradig mobilisierbar. Dieses Engagement findet freilich nicht im Bereich konventioneller Partizipationsformen statt, etwa durch die Mitarbeit in einer politischen Partei, sondern hauptsächlich im unkonventionellen, das heißt außerinstitutionellen Handlungsbereich. Großes Aufsehen erregte etwa der in einem 30-Sekunden-Spot plazierte und von zwei Privatsendern innerhalb der fiktionalen Serienwelt gesendete Aufruf Benny Beimers, in dem er die Bürger bittet, am Sonntag, den 4. November 1990 um 19 Uhr den Strom abzuschalten, um damit gegen die Nutzung der Kernenergie zu protestieren (Folge 256). Diesem fiktiven Aufruf leisteten Hunderttausende reale Zuschauer Folge, indem sie sämtliche Geräte in ihrer Wohnung ausschalteten.

Politisches Engagement gehört aber auch sonst, in weniger spektakulärer Form, zur alltagsweltlichen Normalität in der *Lindenstraße*. Das Spektrum reicht hier von Protestaktionen, etwa gegen die Folter in der Türkei oder gegen das fehlende Ausländerwahlrecht in Deutschland, über ein Bürgerbegehren zur Verkehrsberuhigung von Straßen, das Familie Beimer II 1997 nach einem gefährlichen Unfall ihres Sohnes Tom auf den Weg bringt, bis hin zu einem »Wahlkampf«, den die Studenten Klaus, Philipp, Momo und Dani im September 1998 – also parallel zum letzten Bundestagswahlkampf – aufwendig in Szene setzen, um ihren Nachbarn Gung (»der lächelt schöner als die Politiker«) als Kanzlerkandidaten zu lancieren. Hier wird auch eine Maxime der Spaßgeneration geäußert: Wenn man schon politisch nichts ändern könne, so wolle man doch zumindest seinen Spaß haben. Und auf den Einwurf von Klaus, das habe doch alles keinen Sinn, entgegnet Dani: »Seit wann ist Spaß denn sinnlos?« (Folge 666). Ernstgemeinte Kritik an der etablierten Parteipolitik wird hier also subversiv und unterhaltsam gewendet.

Die dritte Ebene des Politischen in der Serie ist schließlich die Politik der Lebensstile. Die *Lindenstraße* hat sich innerhalb der deutschen Fernsehlandschaft eine gewisse Prominenz auch dadurch geschaffen, daß hier unkonventionelle, alternative Lebensformen sowie gesellschaftliche »Problemgruppen« ganz im Sinne der Political Correctness anerkannt und normalisiert werden. Nicht nur sind Angehörige unterschiedlichster Altersgruppen im Verlauf der Serie in Wohngemeinschaften eingezogen, sondern es wurde mehrfach das offensive Ausleben homosexueller Orientierungen sowohl bei Männern als auch bei Frauen propagiert. Zum Ende der 90er

Jahre wurde sowohl die »Hochzeit« eines Schwulenpärchens als auch die quasi-Adoption eines Jungen durch zwei Männer gezeigt. Schwule und Lesben, Behinderte und die zahlreichen Ausländer, »Ossis«, Penner und alternative Aussteiger werden in der Bildwelt der *Lindenstraße* als Sympathieträger eingeführt und demonstrativ in die Straßengemeinschaft integriert. Der gesamte Kanon der politischen Korrektheit findet Anwendung, wobei dieser Personenkreis nicht als xenophiles Ensemble moralischer Lichtgestalten inszeniert wird, denn er ist dann und wann auch in fragwürdige, mitunter sogar kriminelle Machenschaften verwickelt.

Die umfassende Inklusionsstrategie der *Lindenstraßen*-Welt ist freilich nicht allumfassend. Es gibt sehr wohl einen Personenbereich, der nicht anerkannt, normalisiert und integriert wird, sondern eine ausgesprochen rigide Grenzziehung erfährt. Das »Andere« der politischen Kultur ist hier sehr genau zu verorten im Bereich des Alt- und Neonazismus. So werden weder die Sanges- und Saufbrüder von Onkel Franz noch die jugendlichen Skins als Elemente eines legitimen Erlebnismilieus verortet, sondern sie markieren den Ort des schlechthin Bösen in der Serienwelt. In einer längeren Sequenz der Serie wurde ausführliche Vergangenheitsbewältigung mit KZ-Besuch und mühsamer Aufarbeitung des Themas anhand der jungen Valerie Zenker betrieben (Folgen 248 ff.).

Auch im Reich des Bösen gibt es freilich noch Differenzierungen insofern, als es die Altnazis doch meist bei nostalgisch-nationalistischen Parolen und Alte-Kameraden-Idylle bewenden lassen, während die Neonazis als akute Gefahr für Leib und Leben der Lindensträßler erscheinen. Und so darf Onkel Franz, allmählich im Lichte einer altersbedingten Läuterung auftretend, in Folge 729 sogar einen offenen Konflikt mit den »jungen Wilden« der rechten Szene thematisieren. Er, der kurz zuvor noch versucht hatte, im Bunde mit Rechtsradikalen eine neue nationale Partei zu gründen, sieht sich plötzlich mit den bis zur Kriminalität reichenden rauhen Sitten des Milieus konfrontiert und bekennt: »Ich distanziere mich von diesen gewalttätigen Neonazis. Das hat mit aufrechtem Deutschtum nichts mehr zu tun.«

Die *Lindenstraße* stellt in dieser Hinsicht eine unterhaltungsöffentliche Institution mit großer Reichweite dar, die an den Grenzziehungen zwischen legitimen und illegitimen Bereichen der politischen Kultur Deutschlands aktiv mitwirkt. Sie bewegt sich in der Ausgrenzung rechter Positionen im stabilen Konsensbereich der Gesellschaft, während sie mit ihrem Kanon der politischen Korrektheit in der Sphäre einer Politik der Lebensstile und mit ihren tagespolitischen Kommentaren eindeutig als Sprachrohr linksliberaler Positionen zu verorten ist. Als »linkes Lügenmärchen« wurde die Serie daher nicht ganz zu Unrecht und dennoch liebevoll im *Spiegel* tituliert,[29] vielleicht, weil dem kritischen Beobachter doch ins Auge fällt, daß so viel Engagement und Solidarität in der realen Alltagswelt kaum vorzufinden ist. Die unter dem Anspruch der Realitätsnähe angetretene Seifenoper bewegt sich mit ihrem Entwurf einer links-kommunitaristischen politischen Zielkultur eher im Bereich des Utopischen als in den Niederungen des bundesrepublikanischen Alltags. Insofern weist sie letztlich mehr Illusionismus auf als etwa das vielgescholtene *Dallas*. Die Serie erinnert mit ihrer Doppelfigur des bösen J. R. Ewing und des guten, aber scheiternden Bobby Ewing geradezu an die radikale Systemkritik in Brechts *Gutem Menschen von Sezuan*. Die politisch-korrekte Volkspädagogik der *Lindenstraße* mutet dagegen integriert und harmlos an. Das Genre der Familienserie verbleibt hier also ungeachtet vielfältiger Umbrüche in den Lebensformen letztlich doch in der Tradition jener trostspendenden Erzählungen, die zeigen, daß die Probleme dieser Welt gelöst werden können, wenn die Individuen sich moralisch und solidarisch verhalten.

29 So Nikolaus von Festenberg in: *Der Spiegel*, Nr. 37 (1999).

Ziviler Ungehorsam im Harmoniemilieu:
Das *Forsthaus Falkenau*

Die entfesselte Großstadtmoderne, wie sie in den vielfältigen Lebensformen der *Lindenstraße* Ausdruck findet, hat ihr traditionalistisches Gegenbild in der Landschaftsidylle des Bayerischen Waldes, die als Lebensraum einer intakten Dorfgemeinschaft das Setting der Familienserie *Forsthaus Falkenau* bildet. Die Serie um den aufrechten Förster Martin Rombach und seinen Kampf für die Erhaltung der Natur läuft seit April 1989 jeweils in Staffeln von 13 bzw. 26 Folgen, und ein Ende ist vorerst nicht abzusehen. Das *Forsthaus* zählt zu den erfolgreichsten Serienprojekten im deutschen Fernsehen, das Freitag abends mit durchschnittlich 6,2 Millionen Zuschauern eine stattliche Reichweite vorweisen kann. Wie sich schon von den Werbeblöcken her schließen läßt, in denen Haftpulver, Blasenmittel und Herzstärkungssäfte annonciert werden, liegt die Mehrzahl der Zuschauer im Bereich der 50jährigen und Älteren.[30] Es ist nicht nur die Tradition des Förster- und Heimatfilms der 50er Jahre, sondern es sind vor allem zahlreiche Strukturmerkmale, die das *Forsthaus* eindeutig als spezifisches Produkt für jenes kulturelle Harmoniemilieu ausweisen, in dem seit Jahrzehnten auch die Unterhaltungsmaschinerie der sogenannten volkstümlichen Musik ihre stetig steigenden Millionengewinne einfährt.[31]

Der fiktive Ort Küblach, angesiedelt im realen Dietramszell, bietet mit sanften Hügeln und einer überschaubaren Sozialwelt eine nachgerade rousseauistische Idylle der naturnahen *small scale community*, in der die Moderne nur jeweils sanft vordringt und die Probleme grundsätzlich im Bereich

---

30 Allerdings wird auch im Segment der 14-49jährigen immerhin ein Marktanteil von 13,8 % erreicht. Die Zahlen (AGF/GFK-Fernsehforschung) beziehen sich auf die Jahre 1996/97.

31 Zum Harmoniemilieu vgl. die ausführliche Beschreibung in Gerhard Schulzes »Erlebnisgesellschaft« (1992).

des Regelbaren verbleiben. Die Wälder und Wiesen des Bayerischen Waldes rahmen ein Geschehen, in dem Gut und Böse klar verteilt sind und die menschliche Wärme einer trotz gelegentlich vorkommender Auseinandersetzungen doch harmonisch verbundenen Solidargemeinschaft stets spürbar bleibt – hier zeigt sich bei aller Differenz doch eine deutliche Gemeinsamkeit mit den Lindensträßlern.

Was dort jedoch fehlt, ist im *Forsthaus* mühelos zu finden: eine unumstrittene, ja beinahe unfehlbare Lichtgestalt, die jenes Autoritätsvakuum wieder zu füllen vermag, welches seit dem Ende der traditionellen Familienserien in den 50er und 60er Jahren oft so schmerzlich zutage getreten war. Martin Rombach, ca. 50 Jahre alt, ist eine klassische Vaterfigur, die den Familienverbund zusammenhält, den Menschen in seiner Umgebung klare Orientierung bietet und durchaus auch einmal hart durchgreifen kann, wenn es sein muß. Die Modulation ist jedoch in aller Regel durch ruhige Souveränität und Umgänglichkeit auch gegenüber Untergebenen gekennzeichnet. Der moralische Appell und das Vorbild eigener Integrität werden weitaus häufiger eingesetzt als Machtgesten oder Handgreiflichkeiten.

Das *Forsthaus* bietet eine Heimatidylle, die sich trotz mancher Bedrohungen und Herausforderungen im wesentlichen bewahren läßt. Sie knüpft mit dieser trostspendenden Kontinuitätsverheißung tatsächlich an das Genre des Heimatfilms der 50er Jahre an. Die Ökologie-Thematik, die seit den 70er Jahren an politischer Brisanz stets zugenommen und zu einer bedeutsamen Umstrukturierung des deutschen Parteiensystems geführt hatte, wird hier eindeutig als konservatives, bewahrendes Anliegen interpretiert. Dieser Konservatismus, verstanden als Abwehrhaltung gegen unerwünschte Zumutungen der Moderne, findet dann partiell seine Übersetzung auch in Fragen der Lebensführung, wie gleich noch zu zeigen sein wird. Das Heimatidyll setzt sich auf der sinnlich wahrnehmbaren Ebene fort in einer Reihe von Folklorismen, welche die Bildwelten des *Forsthauses* durchziehen: So sprechen die Bauern und Waldarbeiter, aber auch der Bürgermeister durchgehend eine – fernsehgerecht gemäßigte – bajuwarische Mundart, und zahlreiche Personen, einschließlich des Försters selbst, tragen häufig Trachtenkleidung. Bierseidel, Brezen und Weißwürste gehören ebenfalls zum Inventar, das die Serie problemlos anschließbar macht an die Folklorecodes aus *Musikantenstadl* und *Volkstümlicher Hitparade*.

Die Familie, die neben dem beruflichen Engagement des Forstbeamten im Mittelpunkt des Seriengeschehens steht, ist ein Hort der Ordnung und Geborgenheit. Zwar muß Martin Rombach aus verschiedenen Gründen, u. a. wegen zweier tragischer Todesfälle, phasenweise als alleinerziehender Vater die Geschicke seiner vier, später fünf Kinder lenken. Aber nicht zuletzt aufgrund von ständigen Hilfestellungen durch die Großelterngeneration, durch Oma Herta, Oma Inge und Opa Vinzenz, bleibt die hohe Integrationskraft dieser modellhaften Familiengemeinschaft stets erhalten.

Dieser Logik sind in der Regel auch jene Irritationen untergeordnet, die mitunter durch Frauenfiguren hineingetragen werden, wenn sie im Rahmen einer modernisierten Lebensführung, etwa mit ihrem Beharren auf einer Berufstätigkeit, die Ordnung des Forsthauses gefährden. Ein typisches Beispiel für die serienspezifische Perspektivierung des resultierenden Geschlechterkampfs ist das Verhältnis zwischen Martin und seiner späteren Ehefrau Susanna in den Folgen der Jahre 1999 bis 2000. Die Frau ist als promovierte Apothekerin hochqualifiziert und lebt in der Metropole Berlin. Für die Beziehung gibt sie zunächst den Wohnort auf, arbeitet dann aber in einer Apotheke in Küblach selbständig weiter. Dieser Betrieb ist jedoch wegen zu starker Konkurrenz nicht überlebensfähig, und als Susanna später die Chance erhält, als Klinikapothekerin in Passau auch Karriereperspektiven zu entwickeln, kommt es im Forsthaus zu vergleichsweise heftigen Auseinandersetzungen. Der Förster, der in Haushaltsdingen gern Zurückhaltung übt, fühlt sich und die Kinder vernachlässigt. Er bedrängt Susanna immer wieder, bis diese schließlich ihre Stelle zugunsten der Familie aufgibt – eine Entscheidung, die exakt jener von *Schwarzwaldklinik*-Mutter Christa Brinkmann entspricht, die, ebenfalls promoviert, ihren Job in der Forschung zugunsten des vernachlässigten Filius aufgab und dafür, wie berichtet, von der Bundesfamilienministerin getadelt worden war. Rombach hatte in früheren Folgen schon einer allzu berufsorientierten Lehrerin zu verstehen gegeben, daß ihm dabei der Haushalt und die Familie zu kurz kämen. Eine zeitweilige Ehe mit einer Tierärztin schließlich konnte nur deshalb (bis zu deren Tod) funktionieren, weil diese ihre Arbeit scheinbar mühelos mit dem Haushalt und der Versorgung von vier Kindern verbinden konnte.

Das Forstidyll im Harmoniemilieu wird abgerundet durch zahlreiche anrührende Tieraufnahmen und die Gewißheit, daß alle Bedrohungen für Flora und Fauna zuverlässig jeweils im Rahmen einer Episode zur Zufriedenheit aller gelöst werden. Nicht zuletzt sorgt der intertextuelle Verweischarakter der Schauspieler, die dem Publikum auch aus anderen Harmonieserien wie der *Schwarzwaldklinik*, dem *Traumschiff* sowie aus Verfilmungen von Romanen Hedwig Courths-Mahlers und Rosamunde Pilchers bekannt sind, für eine Verortung der Serienwelt im traditionalistisch-konservativen Bereich. Um so bemerkenswerter erscheint, was sich auf politischer Ebene hier abspielt und in welchem Ausmaß dann doch Modernismen der Gegenwartsgesellschaft Eingang finden.

Das beginnt schon auf der Ebene der Familie. So stellt sich heraus, daß die Apothekerin Susanna nach ihrem Rückzug aus der Passauer Klinik alsbald mit Vorträgen und der Produktion von Heilmitteln aus heimischen Kräutern beginnt. Berufstätigkeit, wenn auch eine eingeschränkte, ist hier durchaus kompatibel mit dem Dasein einer Förstersgattin.

Tochter Andrea Rombach begeht gar den Fauxpas, während der Langzeitbeziehung mit ihrem Freund Tobias ein Verhältnis mit einem anderen Mann einzugehen und aus dieser Beziehung ein Kind zu bekommen. Dieses Kind wächst später, nach Andreas Rückkehr zu Tobias, in einer kleinen Patchwork-Familie auf, deren Besonderheit zudem darin liegt, daß die Mutter als praktizierende Veterinärin für das Einkommen sorgt und der Stiefvater während seiner Arbeitslosigkeit den Hausmann spielt – eine Rolle, die ihm freilich nicht dauerhaft behagt, so daß die junge Mutter am Ende als Alleinerziehende dasteht. Kind und Beruf sind vereinbar, wenn ein entsprechendes Unterstützungsnetzwerk vorhanden ist. Weitere Rombach-Kinder sind mehrfach in Drogenprobleme verwickelt, auch dies ein Einbruch sozialer Modernität in die *Forsthaus*-Idylle.

Interessant ist auch die ältere Generation. Wir haben es hier nicht mit braven Pensionären zu tun, deren Hauptaufgabe allenfalls darin besteht, im Gegenzug für ihr Gnadenbrot die Familienbande zusammenzuhalten. Statt dessen agieren hier Vertreter der »neuen Alten«, die sich aktiv nicht nur in private Konflikte, sondern auch in öffentliche Angelegenheiten einmischen und dabei doch den Genuß des Lebens nicht vernachlässigen. Ganz im Sinne des von der empirischen Soziologie konstatierten Wertemixes in der deutschen Gegenwartsgesellschaft[32] sind Hedonismus, Selbstverwirklichungsziele und Engagement in diesen neuen Seniorenidentitäten problemlos miteinander verbunden. Typische Vertreterin einer solchen Identität ist Oma Herta. Sie lernt auf ihre alten Tage italienisch, reist gern und importiert toskanische Kacheln. Gleichzeitig engagiert sie sich für soziale Belange, betreut kleine Ausreißer, die den Dramen ihrer Familien entfliehen wollen, und unterstützt ihren Mann, der einen Streichelzoo für kranke Kinder einrichtet. Herta und Vinzenz

32 Vgl. dazu Klages (1984, 1994).

Bieler mischen sich ein, wenn Zivilcourage gefragt ist, und vergessen gleichwohl nicht, dem eigenen Genußbedürfnis zu frönen.

Der Konflikt zwischen Ökonomie und Ökologie ist in der Serienwelt des *Forsthauses* keineswegs randständig, sondern bildet eine Hauptkonfliktlinie, die immer wieder neu aus der Latenz in die Aktualität der Handlungsstränge vordringt. Gleich, ob es um die Ansiedlung von Bibern geht, um Schädlingsbekämpfung oder die richtigen Methoden der Ausforstung: die Interessen stehen hier jeweils hart gegeneinander im Raum. Auf der einen Seite stehen die Landwirte und Waldbauern, die eine Maximierung ihrer Erträge anstreben, auf der anderen Seite werden, vorangetrieben durch Bürgermeister Walzinger, immer wieder Versuche unternommen, den Tourismus in Küblach und Umgebung zu fördern. Dann und wann kommen auch Probleme mit der heimischen Kleinindustrie auf den Tisch, wenn beispielsweise Gewässer verunreinigt wurden.

Der Förster agiert hier jeweils als Anwalt eines umweltverträglichen, auf Nachhaltigkeit angelegten Wirtschaftens, und die Konfliktlösungen werden in der Regel im Rahmen geduldig aufgebauter Verhandlungsnetzwerke zwischen allen Beteiligten hergestellt. Das utopische Potential der Serie besteht darin, daß tatsächlich zum Ende einer jeden Episode ein Kompromiß gefunden wird, auch wenn vorher teilweise mit harten Bandagen gekämpft wurde. Rombach setzt bei seinen Strategien durchaus auf die rationale Kraft des besseren Arguments, vermeidet aber gegenüber den Bauern jede Überheblichkeit und nimmt ihre Interessen ernst. Umweltpolitik erscheint hier tatsächlich als ein langwieriges Bohren harter Bretter, wie Max Weber einst formulierte, wobei jedoch am Ende des Verhandelns und Kompromißbildens stets die gute Botschaft einer einvernehmlichen Lösung angeboten wird. Die Serie wirkt hier tröstend und ermutigend, anders als die schiere Übermacht von Problemen, die in der 1991 gestarteten Konkurrenzserie *Forstinspektor Buchholz* (ARD/WDR) dominiert, wo der junge Berufsanfänger angesichts der vielfältigen Probleme in seinem Revier und der Erfahrung eigener Machtlosigkeit oft verzweifelt.[33] Es vermag kaum zu wundern, daß diese Serie bei den Zuschauern weniger beliebt war und nach zwei Staffeln keine Fortsetzung fand.

Umweltpolitisches Engagement geht im Forsthaus jedoch über die bloße Berufsausübung hinaus. Die Menschen sind handlungsbereit im Sinne des klassischen Republikanismus und stellen private Interessen da, wo Gefahr im Verzug ist, der Erfüllung einer Gemeinwohlnorm – hier konkret: dem Schutz von Pflanze und Tier – hintan. Ein besonders eindrucksvolles Beispiel dafür gab Waldarbeiter Koller in der Folge *Feuervögel* (14. Januar 2000). Förster Rombach und seine Mitarbeiter hatten immer wieder festgestellt, daß Großvögel wie Störche und Bussarde durch gefährliche, zu schlecht isolierte Stromleitungen umkamen. Als die Bemühungen des Försters, in Verhandlungen mit dem Stromversorger und den Behörden schnelle Abhilfe zu schaffen, scheitern, entschließt Koller sich zur Eigeninitiative und setzt mit waghalsigen Kletteraktionen an den besonders gefährlichen Stellen Schutzvorrichtungen auf die Strommasten. Bei einer dieser Aktionen stürzt er schließlich ab und zieht sich lebensgefährliche Verletzungen zu. Republikanisches Engagement ist, auch im Harmoniemilieu, mit Opferbereitschaft bis hin zum eigenen Leben verbunden.

Abgesehen vom Einsatz des Lebens wird bei dieser Aktion jedoch noch ein zweiter Aspekt sichtbar. Kollers Handeln bewegt sich im Bereich der Illegalität. Wenn es die Situation erfordert, sind die Engagierten bereit, den Gesetzesgehorsam im Namen einer höheren Gewissensnorm partiell aufzukündigen. Im ersten Kapitel dieses Buches war ja bereits auf die Folge *Tizianas Baum* (5. November 1999) hingewiesen wor-

33 Vgl. dazu die Analyse bei Lübbecke (1991).

den, in der eine Gruppe von Schülern illegal ein Grundstück besetzt und dort trotz der Androhung von Polizeigewalt einen alten Baum vor der Abholzung schützt. Ziviler Ungehorsam erscheint als legitim, wenn er inhaltlich gerechtfertigt werden kann und wenn die Aktionen im Bereich des Verhältnismäßigen verbleiben. Der Gemeindefrieden wird dadurch jedenfalls nie dauerhaft gestört, weil sich über die försterlich betriebenen Verhandlungsnetzwerke immer wieder Möglichkeiten finden, einen langfristigen Ausgleich der Interessen herbeizuführen. So wird auch am Ende dieser Folge beschlossen, sich später in Ruhe am »runden Tisch« zusammenzusetzen und über die weitere Verwendung des Baums, unter Umständen auch über eine touristische Einbindung des wertvollen Exemplars, nachzudenken.

Fazit: Die deutsche Familienserie ist, selbst wo sie eindeutig auf ein traditionalistisches Harmoniemilieu zielt, moderner und auch politischer geworden. Sie bietet noch immer die Verheißung, daß der solidarische Familienverband ein funktionierendes Unterstützungsnetzwerk bietet. Die Formen der Familie und ihre internen Strukturierungsmuster haben sich jedoch verändert und pluralisiert. An die Stelle eines patriarchalisch-autoritären Regimes ist ein buntscheckiges Patchwork von Beziehungen getreten. Wichtiger aber ist vor allem: Es werden Modellidentitäten inszeniert, die soziales und politisches Engagement bis hin zum zivilen Ungehorsam als festen Bestandteil einer gelungenen menschlichen Existenz vorführen. Die politische Kultur, wie sie im unterhaltungsöffentlichen Format der Vorabendserie deutlich wird, hat sich republikanisiert. Die engagierte und solidarische Bürgergesellschaft als Modell einer guten Gesellschaft ist hier, im utopischen Raum der fiktionalen Fernseherzählung, schon Wirklichkeit geworden.

8. Ordnungshüter als Priester der Zivilreligion
Politik im Kriminalfilm

Das »Andere« der Zivilreligion:
Alt- und Neonazis als Inkarnation des Bösen

Der Kriminalfilm, insbesondere der in Serie produzierte Kriminalfilm, gehört seit Beginn des deutschen Fernsehens zu den wichtigsten Bestandteilen der Unterhaltungswelt. Die in unzähligen Varianten immer wieder neu aufgeführte Erzählung von einer meist rätselhaften Straftat, die mitsamt ihrer Hintergründe und Motive von unermüdlichen Ordnungshütern aufgeklärt wird, hatte längst schon als literarisches Genre große Erfolge gefeiert. Der Topos von der partiellen Störung und späterer Wiederherstellung von sozialer Ordnung fasziniert die Menschen gerade deshalb, weil er tröstet und weil mit diesem Persistenzversprechen die Verunsicherung des modernen, in stetiger Veränderung lebenden Menschen zumindest im Raum der Medienfiktion behoben werden kann.

Es ist schon im vorangehenden Kapitel kurz darauf hingewiesen worden, daß der Krimi in den frühen Jahren des deutschen Fernsehens besonders gut geeignet war, nach einem radikalen Systemkollaps das Vertrauen der Bürger in die öffentlichen Institutionen der Ordnungswahrung und damit auch in den Staat insgesamt wiederherzustellen. Dabei mag es durchaus als Spezifikum der bundesdeutschen Verhältnisse erscheinen, daß in der öffentlichen Wahrnehmungswelt institutionalisierte Figuren wie der Kriminalbeamte Keller (Erik Ode) aus der Serie *Der Kommissar* (ZDF, 1969-1976) zwar autoritätsheischend und patriarchalisch, dabei aber gleichwohl zivilisiert agierten. Nicht brachiale Polizeigewalt oder, im heutigen Fernsehjargon, Action war in der Welt des *Kommissars* erfolgversprechend, sondern der überlegene Intellekt, die strategische Vernunft, die gepaart mit Common-Sense-Intuition und moralischer Standfestigkeit noch jeden Übeltäter zur Strecke brachte.

Diese gleichsam postbarbarische Zivilisiertheit des Staatsbeamten kennzeichnet auch jene Figur, die wie keine andere über 24 Serienjahre hinweg zu einer unerschütterlichen Institution deutscher Unterhaltungsöffentlichkeit wurde: Stephan *Derrick* (Horst Tappert). Unterwegs stets mit Schlips, Anzug und guten Manieren sah man Derrick, meist in gehobenen Münchner Wohngegenden, auf der gemächlichen Jagd nach dem Mörder. Die Ordnung ist hier freilich mehr und mehr zu einer prekären Ordnung geworden und der Held ein desillusionierter Sisyphos-Arbeiter, der weiß, daß sein Tun nicht die gute Gesellschaft verwirklicht, sondern nur einen noch schlechteren Stand der Dinge verhindert. Drehbuchautor Herbert Reinecker berief sich gar auf Martin Heidegger, um die existentialistische Attitüde seines Ermittlers in einer Welt der »transzendentalen Obdachlosigkeit des modernen Menschen« zu verorten.[1] *Derrick* ist im Laufe der Jahre zu einem weltweit anerkannten »guten Deutschen« geworden, der in Italien oder Japan weitaus bekannter und beliebter ist als etwa der amtierende deutsche Bundeskanzler[2] – eben weil er nicht als besserwisserischer Lehrmeister, sondern als eine Art Philosoph aufgetreten ist, der gleichwohl gewissenhaft seinen Job macht.[3] Die Botschaft der Serie bringt ordnungspolitische Tröstung daher nur noch in einem sehr zurückgenommenen

1 Zu dieser philosophischen Dimension des deutschen Fernsehkommissars vgl. Lau (1998).
2 Es ist eine Ironie der Geschichte, daß die Demission Derricks im September 1998 zeitlich einhergeht mit der Abwahl des langjährigen Bundeskanzlers Helmut Kohl im Oktober desselben Jahres, denn Kohl hatte sich mehrfach öffentlich als Fan des Kommissars geoutet.
3 Es erscheint vielversprechend zu untersuchen, wie im Bereich der internationalen Politik das Deutschlandbild von Medienfiguren wie *Derrick* geprägt wird, die als Exportschlager eine Publikumsreichweite entwickeln wie sonst keine symbolische Form. Dies muß jedoch einer späteren Publikation vorbehalten bleiben.

Sinn: Es ist gut, daß aufrechte Menschen wie Derrick trotz aller Vergeblichkeit in einer vom Verfall gekenn-zeichneten Gesellschaft für die Erhaltung von Recht und Moral kämpfen, weil sie dadurch noch Schlimmeres verhindern.

Nun ist in der Krimikultur der 90er Jahre eine Entwicklung zu beobachten, die nahtlos an jene Spezifika der Vorabendserien anschließt, die in Kapitel 7 herausgearbeitet wurden. Der Krimi ist zum Hort von politischer Korrektheit und zivilem Ungehorsam geworden. Und das ist bemerkenswert, weil hier mit Polizei und Justiz gleichsam das Zentrum der Ordnung selbst durch diese neuen Wertmuster betroffen ist. Der Ordnungshüter mutiert zum Hüter eines politischen Konsenses, der wichtige Positionen in der Identität der Republik markiert. Vorreiter einer Attitüde des Ungehorsams in deutschen Polizeirevieren war ohne Zweifel der Duisburger *Tatort*-Kommissar Horst Schimanski (Götz George), der in zehn Jahren Polizeiarbeit von 1981 bis 1991 (und gelegentlichen späteren Fortsetzungen) immer wieder Autoritäten und Vorgesetzte als unfähig, feige oder sogar korrupt bloßgestellt hat.

Politische Korrektheit, wie sie von *Tatort*-Kommissaren und Mitgliedern Berliner Sondereinsatzkommandos in den 90er Jahren praktiziert wird, bedeutet folgendes: Das »Andere« der Normalität innerhalb der Gesellschaft, das heißt konkrete Gruppen mit dem Status von Außenseitern, Benachteiligten und Underdogs, werden nicht nur vor dem Hintergrund einer Toleranznorm geduldet, sondern sie werden im Sinne einer Anerkennungsnorm bevorzugt behandelt. Daher läßt sich in der deutschen Krimilandschaft vom *Tatort* bis zu den *Straßen von Berlin* beobachten, daß vormalige »Problemgruppen« wie Ausländer, Asylsuchende, Schwule und Lesben, Behinderte aller Art und sozial Schwache nicht nur häufig als Sympathieträger dargestellt werden, sondern daß die Kriminalbeamten sich aktiv und weit über die Dienstobliegenheiten hinaus für diese Personenkreise einsetzen.

Die politische Korrektheit geht dabei häufig einher mit einer ausgeprägten Respektlosigkeit gegenüber traditionellen Autoritäten sowie mit einem Republikanismus, der das eigene Privatleben hinter dem sozialen und politischen Engagement völlig in den Hintergrund treten läßt. Man riskiert Titel und Stelle und Kopf und Kragen, um der Gerechtigkeit zum Sieg zu verhelfen. Zivilcourage geht oft in zivilen Ungehorsam über, aus der Befehlshierarchie wird die Insurrektion des Beamten gegen die Obrigkeit. Hinzu kommt gleichsam als Strukturmerkmal politischer Korrektheit, daß in den 90er Jahren starke Frauenfiguren als Quotenbringer auf dem Fernsehmarkt etabliert wurden: Das Spektrum reicht hier von der *Kommissarin* (Hannelore Elsner) über *Tatort*-Ermittlerin Lena Odenthal (Ulrike Folkerts) bis zu den erfolgreichen Frauen des ZDF-Samstagskrimis, *Bella Block* (Hannelore Hoger) und *Rosa Roth* (Iris Berben).

Ein typisches Beispiel für die Verknüpfung von Political Correctness und zivilem Ungehorsam bis zur Insurrektion ist der Film *Zehn wahnsinnige Tage* (Arte, 2000).[4] Hier ist es der junge Polizeischüler Felix, der bei einer ungenehmigten Demonstration von Exil-Indern an eine rätselhafte junge Frau gerät, die – wie sich später herausstellt – eine Gruppe von Kindern indischer Oppositioneller vor der Abschiebung retten will und sie daher im exterritorialen Bereich des Frankfurter Flughafens versteckt hält. Der angehende Polizeibeamte verguckt sich in die schöne Ra, die ihn für ihr humanitäres Anliegen einspannt. Nach einigem Hin und Her entschließt er sich, der Inderin und ihren Schutzbefohlenen zu helfen, und setzt dabei seine gesamte berufliche Existenz als Polizist aufs Spiel.

Der Einschleusungsversuch scheitert, die Kinder werden entdeckt. Und dennoch hat Felix trotz der nun verbauten Polizeikarriere das Gefühl, das Richtige wenigstens versucht zu

4 Regie Christian Wagner.

haben. Er schlägt sich später als Fahrradkurier durchs Leben. Sein Engagement für Asylbewerber und Ausländerkinder, das zunächst einzig in der Liebe zu einer schönen Frau begründet war, wandelt sich im Verlauf des Films zu einem politischen Engagement, und sein Insurrektionshandeln findet in einer Nebenhandlung im Ungehorsam eines Vorgesetzten seine Parallelaktion. Dieser hatte die Maßnahmen zur Festsetzung der Kinder auf dem Flughafen mehrfach zu unterlaufen versucht und versagt schließlich am Ende seinem Dienstherrn den Gehorsam, weil er die Aktion als unmenschlich ablehnt. Auch hier wird Beruf, Einkommen und Karriere den übergeordneten, moralisch begründeten Werten geopfert.

Ähnliche Handlungsverläufe finden sich häufiger in der neuen deutschen Krimiszene. In *Frau Bu lacht*,[5] einem Beitrag zum 25jährigen Jubiläum der *Tatort*-Reihe, sind es die zwei Münchener Kommissare Batic und Leitmayr, die Recht und Gerechtigkeit mit Methoden jenseits von Legalität und Amtsvorschriften zusammenführen wollen. Der Mord an einem Konditor führt die beiden zu einem Heiratsvermittlungsinstitut, das bevorzugt junge thailändische Frauen mit Kind an interessierte deutsche Männer vermakelt. Die Kinder, so stellt sich heraus, sind dabei das Objekt pädophiler Begierde, und genau aus diesem Grund hat die verzweifelte Sita zum Schutz ihrer kleinen Tochter Zoe den zudringlichen deutschen Ehemann getötet. Die Kommissare sehen nun in der Täterin ein Opfer, das sich nicht anders zu wehren wußte – eine andere Betroffene hatte kurz zuvor sogar in Flucht und Selbstmord die einzige Lösung gesehen, um dem innerfamiliären Kindesmißbrauch ein Ende zu bereiten.

Aus moralischen Gründen operieren die Kommissare daher unter Umgehung von Vorschrift und Gesetzestext: Die amtliche Suchmeldung wird nicht weitergeleitet, die dringend tatverdächtige Person dem Zugriff entzogen und

5 1995; Regie Dominik Graf.

schließlich mitsamt ihrer Tochter unbehelligt aus dem Land geschafft. Die Ordnungshüter lassen ihrem Schützling nicht nur einen falschen Paß zukommen, sondern führen in einer dramatischen Aktion auf dem Münchener Flughafen auch ihre Kollegen aktiv hinters Licht, um ein Loch in die polizeilichen Kontrollen zu reißen und damit die Gerechtigkeit über das Legalitätsprinzip siegen zu lassen.

So hat mittlerweile eine breite Kultur des Ungehorsams Raum gegriffen, die immer wieder vorführt, daß Gerechtigkeit und Wahrheit oft nur dann erreicht werden können, wenn man sich gegen die Obrigkeit, genauer: gegen die Vorgesetzten auflehnt. Aus dem deutschen »Kadavergehorsam« ist das Modell einer gewissensgebundenen Identität des Widerstands geworden. Der deutsche Untertan hat dem deutschen Ungehorsam Platz gemacht, und die Hüter der Ordnung schwingen sich immer wieder zu eigenwilligen Interpretationen von Recht und Gesetz auf, um den bloßen Legalismus zugunsten moralisch legitimierter Übergriffe zu verlassen. Damit wird ein wichtiger Umbruch in der politischen Kultur des Landes markiert.

So decken in der Berliner *Tatort*-Folge *Tödliches Labyrinth* (1999)[6] zwei Kommissare im Zuge ihrer Ermittlungen eine illegale Aktion des BND auf. Dieser hatte, von höchster Stelle gedeckt, ausgiebig Wirtschaftsspionage betrieben, um einen Großauftrag für Mobilfunkanlagen aus China nach Deutschland zu holen. Bei diesem Gang in die Illegalität unterlief dem Leiter der Aktion ein schwerer Fehler, in dessen Folge sogar ein Mord geschieht, der schließlich die Berliner Kommissare auf den Plan ruft. Obwohl den beiden Ermittlern eine angeblich für das Bundeskriminalamt arbeitende Frau zur Erschwerung der Nachforschungen vor die Nase gesetzt wird, halten sie beharrlich an ihrem Verdacht fest, mißachten alle Anweisungen von oben und können schließ-

6 Regie Dieter Berner.

lich den Täter in ihrem Mordfall überführen. Zwar distanziert sich der BND am Ende von seinem Mitarbeiter, der ganz auf eigene Faust gehandelt habe, aber aus den Ermittlungsergebnissen ist klar erkennbar, daß hier tatsächlich ein großes Komplott aufgedeckt wurde.[7]

Auch Staatsanwalt Dr. Maas in den *Straßen von Berlin* ließ sich durch die Vorgaben seiner Behörde nicht beirren und handelte eigenmächtig, ja kooperierte sogar mit Gangstern, um die Gefahr des Gifts *CQ 371* für die Berliner Trinkwasserversorgung abzuwenden (siehe die Beispiele in Kapitel 1). In gleicher Weise zeigen die ungehorsamen Beamten der neuen Krimikultur ein ums andere Mal auf, daß der Dienstweg nicht immer der richtige und politisch korrekte Weg ist.

Aus den genannten Beispielen werden zwei weitere Spezifika ersichtlich. Zum einen sind die Filme deutlich stärker *action*-betont als frühere *Derrick*- oder *Tatort*-Folgen. Mit rasanten Szenen und Special Effects wird vor allem in den Produktionen der Privatsender nicht gespart. Die Sehgewohnheiten des Publikums haben sich offensichtlich nicht zuletzt durch die großen Kinothriller so amerikanisiert, daß dergleichen auch auf deutschen Bildschirmen erwartet wird. Zum anderen läßt sich beobachten, wie der Schauplatz der neuen Hauptstadt Berlin immer populärer wird. Die imposante Kulisse der Berliner Monumentalbauten bietet offenbar ein Setting, in dem sich brisante politische Stoffe besonders gut beheimaten lassen. So agieren nicht nur die Ermittler von Staatsanwalt Maas in den *Straßen von Berlin*, sondern auch die *Tatort*-Kommissare Hellmann und Ritter, *Rosa Roth*, die

---

7 Kriminalfilme mit einem geheimdienstlichen Hintergrund haben schon eine längere Tradition und werden auch in der aktuellen Produktion häufig eingesetzt, da das geheimnisumwitterte Schaffen der Dienste besonders gut dazu geeignet erscheint, den Kampf der Helden gegen verschwörerische Kräfte im Dunkeln zu inszenieren. Typische Beispiele sind *Tor des Feuers* (1996, Sat 1) mit Götz George in der Hauptrolle, der Zweiteiler *Die Kaltenbach-Papiere* (1991, ZDF) mit Mario Adorf sowie die Trilogie *Tresko* (1996, Sat 1), ebenfalls mit Mario Adorf als Hauptdarsteller.

Heli-Cops auf RTL sowie jüngst das neue Sondereinsatzkommando *T. E. A. M. Berlin* im ZDF gehen hier auf Verbrecherjagd.

Wie politikgetränkt jeder Zentimeter des Berliner Bodens ist, das zeigt eine weitere Folge der *Straßen*-Serie, ausgestrahlt von Pro 7 im August 1999.[8] In dieser Folge mit dem Titel *Terror* ist die Handlung eng an die Auseinandersetzungen um Daniel Goldhagens Buch *Hitler's Willing Executioners* über die Massenvernichtung der Juden in Deutschland angelehnt, das im Jahr 1996 die deutsche Medienöffentlichkeit ausführlich beschäftigte. Im Film heißt der jüdisch-amerikanische Historiker, dessen Thesen die Öffentlichkeit erregen, Goldberg. Als dieser im Berliner Kongreßzentrum einen Vortrag über den Holocaust halten will, wird er trotz aller Sicherheitsvorkehrungen von Terroristen durch eine Rakete getötet. Diese Waffe deutet schon darauf hin, daß hier kein wirrer Einzeltäter am Werk sein konnte, sondern eine ganze Gruppe gut bewaffneter und ausgebildeter Akteure. Es stellt sich bald heraus, daß es sich um Neonazis handelt, die auf Befehl ihres Parteivorsitzenden Kessler agieren und später, als dieser festgenommen wird, weitere Terroraktionen starten, um ihren Chef freizupressen. Die *Soko* von Staatsanwalt Dr. Maas muß mehrfach ihr Leben aufs Spiel setzen, bis die rechtsradikalen Kriminellen unschädlich gemacht werden können.

Nun scheint es alles andere als Zufall, daß die Bösen, die ohne Skrupel über zahlreiche Leichen gehen, der Neonazi-Szene zugerechnet werden. Alt- und Neonazis nämlich sind auch im deutschen Kriminalfilm das schlechthin »Andere« der politischen Kultur. Toleranz und Anerkennung finden, wie in der *Lindenstraße*, an diesem Bereich der Gesellschaft ein klares Ende – zumal da, wo Rechtsradikale mit Gewalt ihre Ziele verfolgen. Die Häufigkeit, mit der dieses Motiv in der Unterhaltungskultur wiederkehrt, und der heilige Ernst,

8 Regie Werner Masten.

mit dem die guten Akteure jeweils die Schurken jagen, deuten darauf hin, daß hier das Böse tatsächlich als eine politisch-theologische Größe fungiert. Die Kriminalfilme präsentieren sich damit als ein Forum zur Inszenierung und rituellen Befestigung nachkriegsdeutscher Zivilreligion, indem sie nicht nur politisch-korrekte Wertdispositionen als Bereich des unbestrittenen Konsenses definieren, sondern auch das jenseits dieser Grenze liegende Andere als das identitätsstiftende Böse festlegen.

Ohne das Böse – dies hatte in den 8oer Jahren auch Ronald Reagan in seinem Feldzug gegen die Sowjetunion als »evil empire« erkannt – kann es auch das Gute nicht geben. Um sich also mit dem Glanz der Moralität schmücken zu können, muß es den Kontrast zum Bösen geben. Im deutschen Fall kommt noch hinzu, daß das Böse ja nicht etwas Fremdes ist, sondern in der eigenen Vergangenheit lokalisiert wird. Wer so das Böse als (überwundenen) Teil der eigenen Geschichte vorweisen kann, darf mit Fug und Recht einen moralischen Sonderstatus beanspruchen. Aus dem Stigma des Nationalsozialismus wird ein Charisma zivilreligiöser Auserwähltheit im ewigen Kampf zwischen Gut und Böse geformt. Die alltägliche Beamtentätigkeit der Fernsehermittler gerät so unter der Hand zu einem zivilreligiös begründeten Kreuzzug gegen die Schatten der eigenen politischen Vergangenheit.

Was ist in diesem Zusammenhang unter Zivilreligion zu verstehen? Zivilreligion ist innerhalb einer politischen Kultur der spezifische Bereich der Sinnstiftung.[9] Hier werden die »letzten Fragen« einer politischen Gemeinschaft beantwortet. Zivilreligion definiert die zentralen Überzeugungen, Werte und Sinnperspektiven, die der profanen politischen Wirklichkeit eine Letztbegründung verschaffen und die Gegebenheiten somit quasisakral überhöhen. Dieser Sakralitäts-

9 Vgl. dazu Schieder (1987: 21f.), Dubiel (1991) und Hildebrandt (1996: 118ff.).

charakter zeigt sich für die Bürger vor allem darin, daß die »Antworten« und Sinnangebote in außeralltäglichen Formen dargeboten werden: in Symbolen, Ritualen und Mythen. Es wird nicht argumentiert, sondern erzählt; es wird nicht diskursiv begründet, sondern veranschaulicht; und es wird nicht im Abstrakten verblieben, sondern der Sinn einer politischen Kultur wird im Ritual sinnlich erfahrbar gemacht. In der Mediengesellschaft werden die zentralen Elemente der Zivilreligion in mediengerechter Inszenierung immer wieder vor Augen geführt.

In der deutschen Unterhaltungsöffentlichkeit markieren nazistisches Gedankengut, Antisemitismus und Rassismus als Positionen des Anderen einen sakralisierten Bereich, der für profane Annäherungen tabu ist. Dies zeigt sich besonders deutlich in der Tabuisierung einer Veralberung. Bestes Indiz ist eine Aussage des Comedy-Profis Harald Schmidt, der ansonsten dafür bekannt ist, sämtliche Grenzen der politischen Korrektheit wie des guten Geschmacks souverän zu überschreiten. Bei Witzen über Juden, so Schmidt, riskiere man jedoch Kopf und Kragen: »Seit der Walser-Debatte ist mir klar, daß da die Hölle losbrechen würde. Ich war mal der Meinung, es müßte möglich sein, einen Witz über die Krawatten von Michael Friedmann zu machen, ohne als Antisemit abgestempelt zu werden. Heute ist mir klar, daß da überhaupt nicht dran zu denken ist.«[10]

Dabei kann über Ursachen des Sündenfalls, über Verführbarkeit, Sühne und mögliche Bekehrung durchaus differenziert reflektiert werden. Symptomatisch für eine solche Annäherung an das Böse der deutschen politischen Kultur sind zwei hintereinander gesendete Filme aus der erfolgreichen ZDF-Serie *Rosa Roth* mit Iris Berben im Jahr 1998. In *Jerusalem oder Die Reise in den Tod*[11] verschlägt es die Titelheldin

10 Zitiert nach Strasser/Graf (2000: 15).
11 Regie Carlo Rola.

aus privaten Gründen nach Israel, wo sie bald Zeugin eines Todesfalls wird. Ein älterer Herr, der früher Lokführer bei Judendeportationen war, will in der Begegnung mit einem Überlebenden des Holocaust seine Schuld aufarbeiten und kommt dabei auf mysteriöse Weise um. Gleichzeitig befindet sich in der Reisegruppe ein ehemaliger Kollege, den es, ebenfalls aus Sühnegründen, zur jüdischen Gedenkstätte Jad Vashem zieht. Beide Alten werden demonstrativ verfolgt von einem jungen Mann, der sich später als Kind jüdischer KZ-Opfer zu erkennen gibt. Er will Rache nehmen für den Tod seiner Eltern. Offenbar ist der Todesfall letztlich jedoch nicht auf eine Straftat, sondern auf den Streß eines unter großen Schuldgefühlen leidenden alten Mannes zurückzuführen. Die einfache Logik des Verbrechens tritt in diesem mit den Theaterschauspielern Traugott Buhre und Peter Roggisch hochkarätig besetzten Film hinter komplexen Schuldfragen zurück.

In *Wintersaat*, einer nur wenige Wochen später ausgestrahlten *Rosa-Roth*-Folge, werden Verbrechen des Neonazismus thematisiert.[12] Die Kommissarin erscheint dabei, so Michael Jeismann in der FAZ, als »Heilige Johanna einer halluzinierten Berliner Republik«,[13] indem sie den Neonazis nicht nur professionell das Handwerk legt, sondern sogar einen der Täter mittels moralischer Überzeugungskraft auf den schwierigen Weg der politisch-kulturellen Konversion zu locken versteht.

Die *Tatort*-Folge *Bildersturm* (WDR, 1998)[14] schließlich nimmt das (Medien-)Ereignis der Wehrmachtsausstellung zum Anlaß für einen Kriminalfilm, in dem ebenfalls ein Sohn früherer Opfer, der jetzt als Historiker tätig ist, Rache an ehemaligen Peinigern nimmt. Die Kommissare Ballauf und Schenk, die in diesem Fall ermitteln, verfolgen die Spuren mehrerer, wie Exekutionen ausgeführter Morde bis zur Aus-

---

12 Regie ebenfalls Carlo Rola.
13 Vgl. Jeismann (1999).
14 Regie Nikolaus Stein von Kamienski.

stellung, die gerade in Köln gastiert. Auf einem Foto sind einige der Opfer als Täter erkennbar: als Ausführende eines durch Militärs verübten Massakers an der Zivilbevölkerung im Zweiten Weltkrieg. Zudem erkennt Schenk, daß einer der Täter sein Onkel ist. Mit der Hilfe eines Historikers von der Uni Bonn wird schließlich der Tatort in Belgien lokalisiert, und am Ende des Films, an dem auch Schenks Onkel (gespielt wiederum durch Traugott Buhre) sich offen zu seiner Schuld bekennen muß, stellt sich heraus, daß eben jener Historiker als einziges überlebendes Mitglied der belgischen Familie die Rachemorde an den ehemaligen deutschen Soldaten begangen hat.

Die Kommissare mögen sich über ihren Fahndungserfolg nicht recht freuen, weil Recht, Moral und Gerechtigkeit hier nicht in der üblichen Eindeutigkeit verteilt sind. Kann derjenige, der das Böse jagt, wirklich verurteilt werden, auch wenn er sich jenseits aller rechtsstaatlich-legalen Verfahren bewegt? Wo Alt-Nazis zu Opfern werden, erhalten die Täter die Aura eines Engels der Nemesis. Das neue Syndrom aus amerikanisierter Machart, politisiertem Schauplatz Berlin und zivilreligiöser Inszenierung des Anti-Nazismus läßt sich besonders klar an einem Polit-Thriller beobachten, der 1999 von Pro 7 ausgestrahlt wurde.

Götterdämmerung: Ein Thriller auf der politischen Großbaustelle der Berliner Republik

Wir kennen die Bilder aus unzähligen Hollywood-Produktionen. Im Dunkel des Kinosaals erhebt sich auf der Leinwand aus einer Vielzahl kleiner Lichtpunkte der strahlende Glanz nächtlich erleuchteter Bauten: Das Capitol mit seiner einprägsamen Kuppel, das Weiße Haus, der Obelisk an der Mall und schließlich, am Ende des Tidal Basin, das Lincoln Memorial. Die Luftaufnahmen zeigen uns, daß sich im Kern der Hauptstadt in einem sinnlich erfahrbaren Ensemble die charismatischen Symbole der amerikanischen Demokratie versammelt haben.

Mit ein wenig Fremdheitsempfinden, vor allem aber fasziniert und manchmal etwas neidvoll blickte der deutsche Beobachter auf diese Szenerie, war doch dergleichen in der Wahrnehmungswelt der Bonner Republik nicht anzutreffen. Mit Schwipperts Parlamentsbau, mit »Langem Eugen« und Kanzlerbungalow in ihrer betont nüchternen Diktion an den Rheinauen der Provinzstadt Bonn ließ sich eine derartige Inszenierung auch kaum bewerkstelligen. In den 90er Jahren jedoch sind vergleichbare Bilder, die das politische Machtzentrum der neuen Republik in geheimnisvollem Glanz erscheinen lassen, auch in der deutschen Medienöffentlichkeit heimisch geworden.

So schwenkt in der Eingangssequenz des Polit-Thrillers *Götterdämmerung – morgen stirbt Berlin* (1999, Regie Joe Coppoletta; Pro 7) die Kamera in einer abendlichen Totale zunächst auf den Berliner Dom, von dort auf die »Linden« mit dem Brandenburger Tor und, rechts davon, dem Reichstag, um dann in weiteren Schwenks den Fernsehturm am Alexanderplatz und schließlich die hell erleuchtete Großbaustelle am Potsdamer Platz einzufangen. In dieser Sequenz wird eine neue politische Ikonographie sichtbar, deren Zentrum die Hauptstadt Berlin bildet. Diese Ikonographie mit ihrer Mischung aus alten, klassizistischen Monumentalbauten und moderner High-Tech-Architektur wird durch verschiedene Unterhaltungsformate in den 90er Jahren immer wieder in die Wohnzimmer der Deutschen hineingetragen. Die Wahrzeichen der Berliner Republik erfahren ihre breite Popularisierung durch Thriller wie *Götterdämmerung* und jene zahlreichen anderen Exempel der neuen deutschen Krimikultur, die sich Berlin als besonders spannendes Setting für ihre politisch eingefärbten Handlungsstränge ausgesucht haben.

Nun ist in Berlin bekanntlich die Historie allerorten mit

Händen greifbar. Was sich exemplarisch in dem durch Stararchitekt Norman Foster umgebauten Reichstag zeigt – die Glasarchitektur des neuen Plenarsaals und der weithin sichtbaren Kuppel wurde mit den alten Mauern und Geschoßhöhen, ja sogar mit den Graffiti der sowjetischen Besatzer neu montiert –, das erweist sich für die politische Architektur der Berliner Republik insgesamt als zutreffend. Die Vergangenheit ist ein Teil der Gegenwart, und die überlegte Aneignung der Geschichte wird somit zum unverzichtbaren Moment der Zukunft.

Götterdämmerung hat als Schauplatz seiner Handlung ein treffendes Bild für diesen Schwebezustand zwischen Vergangenheit und Zukunftsgestaltung gefunden: die Baustelle. Die Eingangssequenz mit der urbanen Totale der Hauptstadt mündet in die Großbaustelle am Potsdamer Platz, und dort nimmt auch das weitere Geschehen seinen Lauf. Es kommt bei den Bauarbeiten zu einer gewaltigen, mit Special Effects und Zeitlupenaufnahmen eindrucksvoll inszenierten Detonation. Wie sich später herausstellt, ist hier ein Sprengsatz zur Zündung gelangt, der schon während der Nazi-Zeit gelegt wurde. Die Polizei muß bald feststellen, daß sich in den schwer zugänglichen unterirdischen Gewölben der ehemaligen Reichshauptstadt ein ganzes Netz von ferngesteuerten Zählwerken und Sprengsätzen befindet. Sandra Fechtner (Christiane Paul), eine junge Historikerin, die mit dem Polizeitaucher Alex (Tim Bergmann) verheiratet ist, entdeckt am Schauplatz der Explosion ein Siegel mit einer Rune, das sie bald auf die richtige Spur bringt. »Thors Hammer« war ein Martin Bormann unterstelltes Sonderkommando, das 1944 eine Vielzahl von Bomben installierte, um zu verhindern, daß die Hauptstadt in die Hände von Besatzern fällt. »Ragnarök«, Götterdämmerung hieß die Aktion, der ein apokalyptisches Muster zugrundelag: Aus der vollständigen Vernichtung der alten sollte eine neue, bessere Welt im Sinne der nationalsozialistischen Ideologie entstehen.

Sandra vermag durch ihre Recherchen diese Hintergründe aufzudecken. Als man schließlich noch Transistoren an den Sprengsätzen entdeckt, wird klar, daß die Aktion auch nach 1945 in einer Gemeinschaftsarbeit von Alt- und Neonazis weiterverfolgt wurde. (Verdrängte) NS-Vergangenheit und Neonazismus gehen in dieser Filmerzählung also Hand in Hand. Durch Hinweise ihres Großvaters, der seinerzeit im Reichssicherheitshauptamt tätig war, kommt die Historikerin schließlich dem Drahtzieher und ehemaligen SS-Mann Viktor Lieken auf die Spur, der mit gefälschter Identität noch immer in Berlin lebt. Die Zentralsteuerung der Bomben kann zum Schluß lahmgelegt und die Apokalypse somit verhindert werden.

Eine Baustelle enthält immer zwei Komponenten: eine archäologische und eine konstruktive. Die Archäologie legt Spuren der Vergangenheit offen, die vor allem in Berlin zahlreich vorhanden sind. Was zuvor verdeckt, verdrängt war, tritt nun zutage, und erst dann, wenn man sich mit diesem Erbe auseinandergesetzt hat, kann das Neue in sinnvoller Form entstehen. Im Film sind die archäologischen Sequenzen vor allem dadurch optisch eindrucksvoll inszeniert, daß ein Großteil der unterirdischen Räume und Gänge geflutet ist. Die Polizeitaucher befinden sich hier auf der Suche nach einer »versunkenen Welt«, in der sich – wie auf dem Meeresboden – Relikte des Dritten Reichs finden: Inschriften, Skulpturen und auch Leichen. Diese Welt ist bildästhetisch in dunklen Blau- und Brauntönen geheimnisvoll, faszinierend und beängstigend zugleich gestaltet.

Die mit den Sprengsätzen verbundenen Zählwerke machen deutlich, daß es sich um Zeitbomben handelt. Auch hier wird das spezifische Problem der deutschen politischen Identität symbolisch gestaltet: Eine verdrängte Vergangenheit und im Zusammenhang damit die Allianz aus Alt- und Neonazis stellt eine große Gefahr dar, die nur dadurch entschärft werden kann, daß man sich ausführlich mit ihr beschäftigt, sie aufarbeitet und als Teil des eigenen Erbes akzeptiert. Wie in vielen anderen Krimis der 90er Jahre wird auch hier die NS-Geschichte als das identitätsstiftende »Andere« der bundesdeutschen politischen Kultur in die Handlung eingewoben.

Vor diesem Hintergrund ist es alles andere als Zufall, daß die junge, attraktive Heldin des Films von Beruf Historikerin ist. Erst als diese Expertin fürs Vergangene bei den Ermittlungen hinzugezogen wird, kommen die Ordnungshüter auf die richtige Spur. Die intellektuelle Protagonistin in *Götterdämmerung* ist, wie viele andere Elemente des Films, erkennbar nach US-Vorbildern gestaltet worden. Die Handlung gemahnt an Thriller wie *The Pelican Brief* (dt. *Die Akte*, 1993, Regie Alan J. Pakula) oder *The Net* (dt. *Das Netz*, 1995, Regie Irwin Winkler). Dort waren es eine Politikstudentin (Julia Roberts) und eine Computerexpertin (Sandra Bullock), die jeweils eine große Verschwörung aufdeckten. Die transatlantische Anleihe ist insofern nicht zufällig, als mit Joe Coppoletta ein Regisseur verantwortlich zeichnet, der seine Meriten über lange Jahre hinweg im hochprofessionalisierten Gewerbe der amerikanischen Film- und Fernsehindustrie erworben hat.[15] Der sinngenerierende Bezug auf die Vergangenheit jedoch, den die Historikerin zutage fördert, erscheint durchaus als typisch deutsch.

Ein Spezifikum der Thriller-Handlung ist, daß trotz vieler Action-Elemente die Rettung durch den Intellekt herbeigeführt wird, den die Schauspielerin und promovierte Medizinerin Christiane Paul, eine prominente Vertreterin des jungen deutschen Kinos in den 90er Jahren, glaubwürdig verkörpert. Intellektualität bedeutet jedoch keineswegs Handlungsunfähigkeit. Heldinnen wie Sandra Fechtner sind auch Frauen der Tat. Und es ist ein weiteres aus der amerikanischen Filmkultur bekanntes Moment, daß die Helden ihr Ziel auf Pfaden

---

15 Coppoletta wirkte als Regisseur u. a. bei den Serien *Walker, Texas Ranger* und *Falcon Crest* mit.

jenseits der Legalität erreichen. Wer Recht und Gerechtigkeit wieder herstellen will, der darf auch gelegentlich zu illegalen Mitteln greifen. Sandra und Alex erkennen, daß der alte SS-Scherge Lieken einzig über seinen kleinen Enkel emotional und moralisch berührbar ist. Also entführen sie den Kleinen, um den Alten unter Druck zu setzen. Dieses Muster einer politisch-moralisch gerechtfertigten Abweichung vom Rechtsweg, Insurrektion und ziviler Ungehorsam, wurden in der deutschen Medienunterhaltung spätestens mit dem Duisburger *Tatort*-Kommissar Schimanski populär. In den 90er Jahren ist es uns, wie oben ausgeführt wurde, zum vertrauten Bestandteil des Kampfes für Gerechtigkeit geworden. Was die sozialen Protestbewegungen in der Folge der Kulturrevolution von 1968 zum festen Inventar ihres Handlungsspektrums zählten, hat nun über die Bildwelten der Medienunterhaltung seinen Weg in die allgemeine Normalität der politischen Kultur gefunden.

Die Mischung aus amerikanischen Vorbildern und spezifisch deutscher Verarbeitung zeigt sich schließlich auch in einem letzten, wichtigen Bedeutungsstrang des Films: im Familiendiskurs. Familie wird bekanntlich in unzähligen Hollywood-Produktionen als fester Bestandteil einer geglückten menschlichen Existenz vorgeführt. In *Götterdämmerung* kommt die Familie als Sinnstruktur gleich dreifach ins Spiel:

1. Der SS-Mann Lieken, der als Prototyp des amoralischen Bösen, als das schlechthin Andere einer integeren Existenz auftritt, wird in dem Moment verwundbar, als sein Enkelkind bedroht wird. Nun ist er bereit, die »heilige« Apokalypse, auf die er sein gesamtes Leben hingearbeitet hat, der Erhaltung seiner profanen Familienbande zu opfern. Moralität scheint selbst für Bestien verpflichtend, wenn es um die eigene Familie geht.

2. In der Schlußsequenz des Films, als sich Sandra und Alex nach den überstandenen Abenteuern in die Arme fallen, wer-

den Zukunftspläne besprochen. Dabei zeigt sich, daß beide Helden sich nicht nur nach ihrer ruhigeren Alltagsexistenz sehnen, sondern als deren Krönung ein eigenes Baby ansehen. Die Familie wird also auch hier als Zielperspektive einer gelungenen menschlichen Existenz inszeniert. Dabei lassen beide jedoch keinen Zweifel daran, daß dies keinen endgültigen Rückzug ins Private bedeutet. Die wachsamen Bürger werden auch in Zukunft stets bereit sein, zu handeln, wenn es das allgemeine Wohl verlangt.

3. Der spezifisch deutsche familiale Diskurs aber wird zwischen Sandra und ihrem Großvater geführt. Dieser hatte seine Enkelin einst großgezogen. Nachdem Sandra jedoch von der NS-Vergangenheit des alten Mannes erfahren hatte, brach sie den Kontakt ab. Der Fall Lieken nötigt sie, den Großvater wieder aufzusuchen. Im Verlauf des Films werden dann mehrere heftige Streitgespräche zwischen den beiden gezeigt. Dennoch gibt der Großvater schließlich die entscheidenden Hinweise, die zur Enttarnung Liekens und seines Komplotts führen, auch wenn er damit einen Verrat an seinen »alten Kameraden« übt. Die zentrale identitätsstiftende Spannungslinie der politischen Kultur Deutschlands wird hier also anschaulich auf die personale Ebene übersetzt. Die Enkel streiten mit ihren Großeltern, und der Lohn einer solchen Auseinandersetzung – anstelle der Verdrängung – ist der Sieg über die noch immer aktiven alten und neuen Nazis. Sandra geht hier *pars pro toto* den Weg der Aufarbeitung, der für die Nation insgesamt als unverzichtbar erscheint, wenn sie erfolgreich eine gute Zukunft aufbauen will. Daß der Großvater im Rahmen der Thriller-Handlung schließlich von einem Killer-Kommando der Neonazis, also gleichsam durch das eigene Erbe, getötet wird, wirkt wie eine späte Buße für früher begangene Untaten. Das muß nicht einmal als negative Wendung verstanden werden. Denn wir werden Zeugen, wie – gerade auch angesichts der Aussöhnung mit der Enkeltochter – dem alten Mann die übergeordnete Sittlichkeit im He-

gelschen Sinne, das heißt die gerechte Strafe zuteil wird. Diese kann ihm und damit der durch ihn repräsentierten Generation den Seelenfrieden wiedergeben. Der Großvater bringt hier gleichsam ein Menschenopfer, das den zivilreligiösen Bund Nachkriegsdeutschlands auch in der wiedervereinigten Nation auf Dauer zu stellen hilft. Im Mikrokosmos des Familiendramas zeigt die Filmwelt den Weg der Berliner Republik in eine Zukunft auf, die dem problematischen historischen Erbe angemessen ist. Mit einfachen Mitteln leistet der Krimi hier also einen durchaus unterhaltsamen Beitrag zur Reflexion über die politische Identität der Deutschen.

Alltagshelden und Systemkritik

In den 90er Jahren vollzieht sich schließlich noch eine weitere, für die Inszenierung des Politischen zentrale Entwicklung im deutschen Kriminalfilm. War die Aufmerksamkeit zuvor in aller Regel begrenzt auf den mikropolitischen Erfahrungsbereich der Bürger, auf den Umgang mit Außenseitern und Benachteiligten, auf Rechtsradikale im eigenen Umfeld oder Skandale mit kommunalpolitischem Zuschnitt, so wechselt die Perspektive nun und nimmt auch die Themen der »großen Politik« – teilweise mit tagesaktuellen Bezügen – in den Blick. Vorreiter sind dabei weniger die Serien als vielmehr längere Spielfilme. Um die Spezifika dieser neuen deutschen Polit-Thriller herausarbeiten zu können, sollen zunächst zwei typische Beispiele vorgestellt werden.

Im September 1998, kurz vor den Bundestagswahlen, sendet Sat 1 den Film *Macht*, der mit Katja Riemann, Peter Sattmann und Dietmar Schönherr in den Hauptrollen ausgesprochen prominent besetzt ist.[16] In diesem Thriller betritt ein aussichtsreicher Kanzlerkandidat und damit erstmals ein

16 Regie Miguel Alexandre.

Akteur der Spitzenpolitik als Zentralfigur die unterhaltungs-öffentliche Bühne.[17] Peter Sommer ist der junge, dynamische Vorsitzende einer aufstrebenden Partei. Mit seinen populistischen Parolen hat er beste Aussichten, die anstehende Wahl zu gewinnen. In dieser Situation wird er, kurz nach einer Wahlveranstaltung, entführt. Die Kidnapper fordern Geld, eine geplante Übergabe scheitert jedoch. Da die Polizei bei ihrer Fahndung keinerlei Fortschritte vorweisen kann, unternimmt Franziska Sommer, die Ehefrau des entführten Politikers, Recherchen auf eigene Faust. Dieses Muster, nach dem ein Bürger aus Mißtrauen in erfolglose staatliche Institutionen sein Schicksal selbst in die Hand nimmt, ist uns aus zahlreichen amerikanischen Filmen gut vertraut.

Die Protagonistin, die dem Genre gemäß bei ihren Unternehmungen viele gefährliche Situationen zu meistern hat, findet schließlich heraus, daß ein dubioser Waffenhändler hinter der Entführung steckt und daß sowohl ihr Mann wie auch seine Parteifreunde in ebenso illegale wie moralisch verwerfliche Geschäfte verwickelt sind. Mit List und Verhandlungsgeschick kann Franziska ihren Mann freibekommen, doch ein Happy End im traditionellen Sinne bleibt aus: Peter Sommer tritt in einer großen Pressekonferenz vor die Öffentlichkeit und verkündet, daß er nunmehr, trotz erstklassiger Wahlaussichten, aus moralischen Gründen von einer weiteren politischen Karriere absehen möchte. Er legt ein Schuldeingeständnis ab und verspricht, in unmittelbarer Zukunft die gesamten Hintergründe eines großen politischen Skandals offenzulegen. Der Karrierist hat in der Extremsituation der Geiselhaft und geläutert durch den Mut seiner Frau eine

---

17 Möglicherweise ist *Macht* damit zu einem Trendsetter geworden, der weitere Produktionen mit Spitzenpolitikern als Figuren der Krimikonstellation nach sich ziehen wird. So wurde 1999, ebenfalls von Sat 1, ein Thriller mit dem Titel *Der Handymörder* ausgestrahlt, in dem ein ehemaliger Stasi-Agent einen Mordanschlag auf den deutschen Bundeskanzler zur Ausführung bringen soll.

schwerwiegende Konversion erfahren. Aus dem machiavellistisch vorgehenden Populisten, der die Moral zwar stets im Munde führt, sie jedoch nie handlungsleitend werden läßt, ist ein integerer Akteur geworden, der eigene Karrierechancen zugunsten eines übergeordneten Gemeinwohls aufgibt und damit auch das Vertrauen seiner Frau zurückgewinnt, die schon beschlossen hatte, ihn zu verlassen.

Das zweite Beispiel nimmt ein Phänomen auf, das die politische Öffentlichkeit Deutschlands seinerzeit intensiv beschäftigt hat: die sogenannte »dritte Generation« der RAF und die Hintergründe des tödlichen Anschlags auf Alfred Herrhausen im Jahre 1989. *Das Phantom* (Pro 7, gesendet im Mai 2000)[18] erzählt die Geschichte eines Drogenfahnders, der zufällig in eine scheinbar unmotivierte Schießerei hineingerät und dann gewärtigen muß, daß er als unbeabsichtigter Mitwisser einer rätselhaften Aktion mit geheimdienstlichem Hintergrund getötet werden soll. Dem einsamen Fahnder, der sich gejagt in der Illegalität bewegt, gelingt es mit großen Anstrengungen schließlich, die Hintergründe eines Komplotts offenzulegen. Vor vielen Jahren war ein junger Mann aus der Hausbesetzerszene nach seiner Festnahme unter Druck gesetzt und für eine geheimdienstliche Tätigkeit verpflichtet worden. Er wurde in die RAF-nahe Szene eingeschleust, um dort jedoch nicht nur Informationen zu erheben, sondern auch die offenbar eher inaktiven Gruppen zu weiteren Aktionen zu ermuntern. Unter der Federführung dieses *agent provocateur* kommt es dann schließlich zu dem tödlichen Attentat, für das der reale Herrhausen-Mord Pate stand. Im Film wird der Wirtschaftsminister Hausmann getötet, der – so die Verschwörungstheorie – mit seinen Ideen einer Entschuldung der Dritten Welt und anderen Reforminitiativen vielen Mächtigen zum Dorn im Auge geworden war. Drogenfahnder Leo findet heraus, daß die Mordaktion gleich

18 Regie Dennis Gansel.

zwei Funktionen erfüllen sollte: die Beseitigung eines unliebsamen Politikers und den Aufbau der dritten RAF-Generation als Sündenbock, als Verkörperung des Bösen, die der Regierung Unterstützung bringt und die Bevölkerung integriert. Wie in altlinken Theorien ist es hier eine Verschwörung von Staat und Großkapital, die im Hintergrund die Fäden zieht.

Vorlage für das Drehbuch ist die von Gerhard Wisnewski u. a. verfaßte Studie *Das RAF-Phantom* (1992), in der die doch recht abenteuerlich anmutende Verschwörungstheorie ausführlich begründet wird. Der Film macht daraus einen spannenden Thriller. Es wird wieder einmal die Geschichte eines einsamen Helden erzählt, der durch mutiges und engagiertes Handeln die Machenschaften der Mächtigen offenlegt und dabei sein Leben aufs Spiel setzt. Im *Phantom* stirbt die Hauptfigur Leo sogar am Ende, erschossen von korrupten Polizisten, aber doch in der Gewißheit, daß die unliebsame Wahrheit bald ans Licht kommen wird. Die Glaubwürdigkeit der Geschichte wird erhöht durch mehrfache Montagen der Spielhandlung mit dokumentarischen Passagen, die zum großen Teil in schwarzweiß gehalten sind – ein Verfahren, das aus amerikanischen Politfilmen wie Oliver Stones *JFK* oder Spike Lees *Malcom X* bekannt ist.

Ein weiteres Beispiel für derartige Kriminalfilme, die Themen der großen Politik aufgreifen, ist im Einleitungskapitel schon angesprochen worden: *Der Todeszug* (ausgestrahlt im November 1999, ebenfalls von Pro 7)[19] thematisiert die Castor-Transporte und die damit verbundene Atompolitik der 90er Jahre, und auch hier sind es wieder unerschrockene Individuen, die bereit sind zu handeln und ihr Leben zu riskieren, wo die offiziellen Ordnungshüter versagen oder gar selbst in das Intrigenspiel verstrickt sind.

All diesen Produktionen ist zunächst einmal gemein, daß

19 Regie Jörg Lühdorff.

sie von Privatsendern in Auftrag gegeben und ausgestrahlt wurden. Ästhetik und narrative Struktur folgen weitgehend amerikanischen Vorbildern, deren Unterhaltungswert bereits vielfach an den Kinokassen erprobt wurde. Sie bieten Spannung und Action, und sie laden den Zuschauer ein, sich mit der Perspektive der Hauptfigur im Kampf um Wahrheit und Gerechtigkeit zu identifizieren. Held oder Heldin stehen hier, aus der normalen Alltagspraxis durch außergewöhnliche Umstände herausgerissen, allein gegen einen korrupt gewordenen institutionellen Apparat, da die mit der Bewahrung der Ordnung beauftragten Akteure ihre Funktion entweder nicht ausführen können oder aus niederen Beweggründen heraus nicht ausführen wollen.

Diese Konstellation des einsamen Alltagsheroismus, der seine moralische Integrität trotz aussichtslos erscheinender Lage doch behauptet, indem er Mißstände aufdeckt, erinnert stark an ein Grundmuster der amerikanischen Zivilreligion, das in den dortigen Unterhaltungsmedien immer wieder neu inszeniert wird. Gemeint ist der »American Monomyth«.[20] Die Kulturwissenschaftler Jewett und Lawrence (1988) haben diesen Monomyth anhand einer großen Textmenge als dominantes narratives Grundmuster in der amerikanischen Populärkultur herausgearbeitet. Es handelt sich um eine Erzählung, in der eine Gemeinschaft, die moralisch auf Abwege geraten ist, durch das Handeln des heroischen einzelnen gerettet wird und auf den Pfad der Tugend zurückkehrt. Der Held springt im Moment der Gefahr über seinen Schatten, greift ein und kehrt nach getaner Arbeit wieder in seine private Existenz zurück. Der Heroismus ist primär ein Alltagsheroismus, das Charisma ein temporäres, und jeder hat die Möglichkeit, in diese Rolle des Helden hineinzuwachsen.[21] Die typische narrative Grundstruktur des amerikanischen

20 Vgl. dazu ausführlich Dörner (2000: 228ff.).
21 Vgl. auch Nimmo/Combs (1980: 226ff.); zur Funktionsweise politischer Mythen vgl. Münkler (1988).

politischen Films von den Anfängen bis zur Gegenwart sieht ähnlich aus. Der politische Apparat erscheint zunächst als korrupt, bis ein heroischer Einzelkämpfer gegen den moralischen Verfall zu Felde zieht und die politischen Institutionen schließlich wieder funktionsfähig macht.[22]

Die klassische Inszenierung des zivilreligiösen Dramas ist der Film *Mr. Smith Goes to Washington* (1939, Regie Frank Capra). Der naive Held mit dem sprechenden Namen Jefferson Smith – Jefferson war bekanntlich Mitverfasser der Unabhängigkeitserklärung, Präsident und einer der wichtigsten Denker des Verfassungsdiskurses der amerikanischen Gründerzeit – wird von James Stewart gespielt. Dieser Jefferson Smith wird von politischen Freunden als Senator nach Washington geschickt, um dort – was er nicht weiß – als Strohmann für die korrupte Polit-Bürokratie zu arbeiten. Als Smith selbst in den Strudel der Korruption zu fallen droht, entschließt er sich zum Kampf und schafft es schließlich, den Senat zu »säubern« und das politische System wieder funktionsfähig zu machen. Die Handlung kulminiert in einer 23-stündigen Filibuster-Rede,[23] in der alle Tugenden der amerikanischen Demokratie beschworen werden. Hier wird gleichsam der Archetyp des politischen Monomyth gestaltet.

Entscheidend aber ist nun, daß die deutschen Produktionen häufig von der grundsätzlich optimistischen Sichtweise der amerikanischen Filmwelten durch das Fehlen eines Happy End im politischen Sinne abweichen. Zwar sind die Helden erfolgreich darin, daß sie die Wahrheit ans Licht bringen und einen konkreten Mißstand beheben können. Es bleibt jedoch stets die bittere Erkenntnis, daß ein Andauern der

22 Vgl. dazu die Untersuchung von Christensen (1987).
23 So wird im amerikanischen Parlamentsrecht die Möglichkeit für den Abgeordneten bezeichnet, aus strategischen Gründen die Dauer seines Wortbeitrags bis ins Unendliche bzw. bis ans Ende der Kräfte auszuweiten, um so Zeit zu gewinnen oder die anderen Abgeordneten zu zermürben.

moralisch verwerflichen Zustände und ein weitgehendes Verbleiben des korrupten Personals auf den einflußreichen Positionen hinzunehmen ist. Der BND treibt in *Phantom* seine fragwürdigen Projekte ebenso weiter wie im *Tatort: Tödliches Labyrinth*, auch wenn einzelne Bauernopfer der Justiz überantwortet werden. Die Castor-Transporte gehen auch nach dem *Todeszug* weiter, und Spitzenpolitiker Peter Sommer weiß in *Macht* keinen anderen Weg als den des Rückzugs, um seine moralische Integrität wiederzugewinnen.

Die große Politik, so läßt sich die Botschaft der Filme resümieren, ist und bleibt ein schmutziges Geschäft, das »die da oben« ohne größere Einschränkungen im Sinne ihrer Interessen weitertreiben können. Die Kritik erweist sich als Systemkritik, welche die Möglichkeit einer guten Politik, wie sie in *Mr. Smith* und vielen anderen amerikanischen Filmen am Horizont aufscheint, grundsätzlich skeptisch sieht. Die deutschen Helden erhalten, ebenso wie ihr gemächlicher Vorgänger *Derrick*, eine existentialistische Aura, die den Kampf gegen das Böse rechtfertigt, auch wenn er niemals siegreich mit dem Resultat einer guten politischen Ordnung beendet werden kann.

Die Emphase des amerikanischen Traums von der moralischen Politik bleibt diesen deutschen Polit-Thrillern also fremd. Was auf der mikropolitischen Ebene, von der *Lindenstraße* über *Forsthaus Falkenau* bis zu vielen *Tatort*-Folgen möglich scheint und sich vor allem im Abwehrkampf gegen das schlechthin Böse des Alt- und Neonazismus als Grundvoraussetzung der deutschen politischen Kultur erweist, stößt im Raum der »großen Politik« noch auf klare Grenzen. Es bleibt abzuwarten, ob die Unterhaltungsöffentlichkeit der Berliner Republik in Zukunft auch in dieser Dimension eine weitergehende Amerikanisierung erfährt oder ob jene deutsche Tradition stärker ist, deren Skeptizismus schon Thomas Mann in seinen »Bemerkungen eines Unpolitischen« eine paradigmatische Form gegeben hat.

9. Politik im Modus des Außeralltäglichen

Der Kinofilm zwischen Pathos und Ironie

Das Kino als Ort der Inszenierung des Politischen

Der Kinofilm ist das Medium der außeralltäglichen Wirklichkeit von politischer Kultur. Dies zeigt sich schon in der ausgesprochen aufwendigen Produktionsweise. Zur Herstellung eines Kinofilms müssen eine Vielzahl von Akteuren zusammenkommen und ihre teils kreativ-künstlerischen, teils technischen Aktivitäten aufeinander abstimmen.[1] Der Zuschauer sieht nachher nur die Schauspieler, die demgemäß auch in aller Regel den größten Bekanntheitsgrad und den Status von »Stars« haben. Bis die Bildwelten jedoch im Kino erscheinen, hat ein komplexer Produktionsprozeß stattgefunden. An einem relativ unaufwendigen Film wie *Home Alone* (dt. *Kevin allein zu Haus*, 1990) sind nicht weniger als 212 Personen direkt beteiligt gewesen. Dieser Aufwand hat zur Folge, daß die Produktion von Kinofilmen sehr teuer ist. Im Fall von *Home Alone* beliefen sich die Kosten auf gut 47 Mio. Dollar.[2] Daher sind meist große Produktionsfirmen als finanzielle Träger an einer Filmproduktion beteiligt, und diese Firmen sind heute – anders als im früheren Studio-System Hollywoods – Bestandteil von international agierenden Medienkonzernen.

Angesichts derart hoher Investitionssummen ist das entscheidende Kriterium die Verkaufsaussicht auf dem Markt. Produziert wird das, was aufgrund seines Designs hohe Zu-

---

1 Vgl. grundlegend Jarvie (1974: 22 ff.).
2 Das ist gar nicht einmal besonders teuer, wenn man bedenkt, daß der Film *Titanic* im Jahr 1997 gut 200 Mio. Dollar gekostet hat. Diese Summe ist allerdings schnell wieder eingespielt worden. Im März 1998 durchbrach *Titanic* als erster Film die Schallmauer des Erlöses von einer Milliarde Dollar.

schauerzahlen und damit auch gute Verkaufszahlen für die Merchandising-Produkte verspricht. Deshalb sind die Filme in diesem Sektor meist an bestimmten Formeln orientiert, nach denen Spannung oder Komik relativ zuverlässig produziert werden kann. Gleichwohl ist die Berechenbarkeit begrenzt, denn die meisten Filme sind aufgrund des knappen Zeit-, Geld- und Aufmerksamkeitsbudgets der Zuschauer keine großen Erfolge. So ist beispielsweise ein Film wie *Havana* (1990) mit Robert Redford in der Hauptrolle bei Produktionskosten von ca. 67 Mio. Dollar und einem Einspielergebnis von etwas über 9 Mio. Dollar ökonomisch gesehen eine gigantische Fehlinvestition. Wichtig aus der Sicht der politischen Kulturforschung ist dabei, daß die auf kommerziellen Erfolg zielende Filmproduktion in aller Regel darauf achtet, daß die Erwartungen der Zuschauer möglichst genau getroffen werden. Die dargebotenen Filmwelten bewegen sich also stets in dem Bereich dessen, was als kulturelle Normalität mit den bei den Zuschauern vorhandenen Selbstverständlichkeiten übereinstimmt. Der Mainstream des Kinos verweist auf den Mainstream der politischen Kultur.

Außeralltäglichkeit bezieht sich aber vor allem auf die Nutzungsdimension des Kino-Erlebnisses. Anders als das Fernsehen, das unseren Alltag begleitet und strukturiert, ist der Kinofilm auf die Besonderheit des Kinosaals bezogen. Wie bei allen audiovisuellen Medien ist es auch beim Film zunächst einmal die Ähnlichkeitsrelation, die einen besonders intensiven Wirkungseindruck ermöglicht. Wir sehen bewegte Bilder von agierenden Menschen, wir hören sie sprechen und handeln, wir werden Zeugen einer zweiten Wirklichkeit. In den Worten des französischen Filmsemiotikers Christian Metz: »Der Film versteht es, sich an uns zu wenden mit dem Ton der Evidenz und mit der überzeugenden Art des ›es ist so‹.«[3] Der Film wirkt also als Evidenzgenerator, weil wir ja

3 Vgl. Metz (1974: 22).

die Dinge so sehen, wie sie fotografiert wurden – also gibt es diese Realität auch. Daß uns dank digitaler Bildbearbeitung mittlerweile auch märchenhafte Fabelwesen von Spielbergs Dinosauriern bis zu gefährlichen Aliens höchst lebendig auf der Leinwand begegnen, schmälert diesen Realitätseffekt der cinematischen Imagination für die Zeit des Kinoerlebnisses nicht, sondern das Gegenteil ist der Fall: Fiktionen werden real. Hinzu kommt, daß die Leinwand meist sehr groß und der Kinoraum abgedunkelt ist, so daß wir als Zuschauer »hyperrezeptiv« (Metz) sind und von den großen, bunten Bildern in unserer Emotionalität besonders intensiv angesprochen werden. Der Film ist, wenn es sich um einen ästhetisch gelungenen Film handelt, gleichsam wirklicher als die Wirklichkeit.

Der Raum, in dem das Kinoerlebnis stattfindet, verweist schließlich auf einen entscheidenden Aspekt, der den außeralltäglichen Status des Mediums Film maßgeblich begründet. Der Kinosaal ist ein besonderer Ort, und die Filmrezeption ist eingebettet in ein soziales Ritual.[4] Man muß sich aus seiner Wohnung hinausbegeben und zu einem Kino gehen. Dort erfolgt – bei erfolgreichen Filmen – das Schlangestehen, bis man in einem Tauschakt – Geld gegen Eintritt – sein Ticket bekommt. Dann hält man sich zunächst in einem Vorraum auf, der die Menschen mit Filmplakaten oder Filmmusiken einstimmt auf das besondere Erlebnis, das sie erwartet. Anders als die Buchlektüre und das Fernsehen ist dieses Ritual auch in eine Art Öffentlichkeit eingebunden: Man sieht die anderen Zuschauer, und man wird selbst gesehen.[5] Schließlich darf man irgendwann in den sakralen Raum vordringen, wo alle Sitze auf das semantische Zentrum, die Leinwand, ausgerichtet sind. Auch hier muß zunächst ein ritueller Akt durchlaufen werden, indem man das Vorprogramm (früher Wochen-

4 Vgl. Jarvie (1974: 94).
5 Vgl. dazu auch Schneider (1994: 227).

schauen und Vorfilme, heute meist Werbung) verfolgt. Teilweise wird der Raum schon dunkel, danach wieder hell (etwa zum Eiskremverkauf), schließlich wieder dunkel, und der Hauptfilm beginnt. Im sakralen Kinosaal ist das Spektrum möglicher Handlungen deutlich eingeschränkt. Man darf in aller Regel während der Filmvorführung nicht den Sitz wechseln, nicht laut reden oder telefonieren, raus- und reingehen, sondern bleibt – ähnlich dem Theaterbesuch – still auf seinem Platz sitzen und konzentriert sich auf den Film.

Den abgedunkelten Raum hat schon Richard Wagner als angemessene Rahmung für die Oper als Gesamtkunstwerk entworfen. Und auch im Kino bewirkt die Abdunkelung, daß die Alltagswelt einschließlich der eigenen Person ausgeblendet wird. Man ist direkt mit den Bildern auf der Leinwand konfrontiert und wird geradezu mit allen Sinnen in die Filmwelt hineingezogen. Es kommt in der Kino-Rahmung zu einer Entdifferenzierung von Imaginärem und Realem.[6] Dies schafft, in Verbindung mit der oben beschriebenen Konzentrationsphase – man sitzt schließlich im Kinosaal, um den Film zu rezipieren – besonders günstige Bedingungen für Identifikationsprozesse. Der Zuschauerblick wird durch den »Blick« der Kamera gesteuert, und unsere Wahrnehmung verschmilzt in den meisten Fällen mit der im Film konstruierten Perspektive des Helden, der als eine Art idealisierter Stellvertreter des Zuschauers auf der Leinwand agiert.

Dieser Identifikationsprozeß bewirkt schließlich, daß der Zuschauer als ganzer Mensch in die Bildwelt des Films integriert wird und dort im Modus des Als-ob intensive Erfahrungsprozesse durchlaufen kann. Diese konzentriert erlebten Erfahrungen prägen sich ein und sind auch dann noch Teil unserer Welt, wenn wir das Ritual des Kinobesuchs beendet und den Raum des Außeralltäglichen verlassen haben. Die Einwebung der Kinoerlebnisse in die Alltagswelt wird nicht

6 Vgl. Winter (1992: 59).

zuletzt durch die Anschlußkommunikationen an den filmischen Diskurs geleistet: durch Gespräche im Restaurant nach
dem Kinobesuch oder am nächsten Tag mit Arbeitskollegen
und Freunden, aber auch durch öffentliche Deutungen des
Films im Radio, in der Zeitung oder im Fernsehen.

Das ästhetische Potential des Kinoerlebnisses erscheint
also als besonders geeignet, um politisches *Feel Good* zu erzeugen. Von diesem Potential wird in den USA ausgiebig
Gebrauch gemacht. Von *Mr. Smith* bis *Airforce One*, von
Rambo bis *Dave*, von *Independence Day* bis *The American
President* wird dem Zuschauer das Gefühl vermittelt, daß
gute Politik machbar ist und daß es zu einer wirklich erfüll-
ten Existenz dazugehört, sich in Gefahrensituationen einzumischen und für das Gemeinwohl zu kämpfen. Durch Identifikationsprozesse wird mir klar gemacht, daß es auf *mich*
ankommt. Beim Happy End kann ich dementsprechend am
Triumph des Guten über das Böse partizipieren. Vor diesem
Hintergrund stellt sich nun die Frage, ob das deutsche Kino,
das gerade in den 90er Jahren einen nicht unbedeutenden
ökonomischen Aufstieg erfahren hat, ähnliche Gefühlsqualitäten bereithält.

Vom Privatismus zum *Feel-Bad*-Faktor

Die Entwicklung des Kinofilms nach 1945 ist wie die der politischen Kultur insgesamt definiert durch den Bezug auf die
politische Vergangenheit, auf den Nationalsozialismus und
den verlorenen Zweiten Weltkrieg. In der unmittelbaren
Nachkriegszeit lassen sich drei wichtige Varianten dieses
Vergangenheitsbezugs unterscheiden, die in unterschiedlicher Weise Stellung beziehen und so unterschiedliche Identitätsangebote an das Publikum herangetragen: (1) Filme mit
einem kritischen Bezug auf Nazi-Regime und Krieg; (2)
Filme mit einer expliziten Thematisierung der Politik, die

aber eine exkulpierende Perspektive entwickeln; (3) schließlich eine große Anzahl von Filmen, die der bedrückenden Gegenwart und deren politischer Genese durch den Blick auf heimatliche Idyllen und unverbindlich-vergnügliche Unterhaltungswelten zu entfliehen suchen; letztere konnten nahtlos an die Unterhaltungsfilmproduktion in der NS-Zeit anknüpfen.[7]

Die meisten derjenigen Produktionen, die sich kritisch mit deutscher Gegenwart und ihren historischen Wurzeln auseinandersetzten, sind von der DEFA in die Kinos gebracht worden. Vor allem die Filme von Kurt Maetzig und Wolfgang Staudte[8] haben sich mit politischen Schuldfragen sowie mit gewollten und ungewollten Kontinuitäten in der deutschen Gesellschaft beschäftigt. Dieser kritische Faden wurde teilweise später in Produktionen wie *Wir Wunderkinder* (1958) und *Das Mädchen Rosemarie* (1958) fortgesetzt, die sich mit den Restaurationstendenzen in der westdeutschen Gesellschaft beschäftigten.[9] Weniger scharf in der Auseinandersetzung, eher melancholisch-tröstend angelegt waren demgegenüber die sogenannten »Trümmerfilme«,[10] in denen eine Konzentration auf das Menschliche, auf Überlebensfragen im Nachkriegschaos und auch auf die Möglichkeit vollzogen wurde, die eigene moralische Integrität ungeachtet großpolitischer Wetterlagen zu bewahren. Hier wurde in häufig sozialromantisch angelegten Erzählungen der Mut zum Wei-

---

7 Zum deutschen Nachkriegsfilm liegt mittlerweile ein umfangreiches Schrifttum vor; vgl. etwa Bliersbach (1985), Seidl (1987), Westermann (1990), Jary (1993) und Becker/Schöll (1995).

8 So führten vor allem die Staudte-Filme *Die Mörder sind unter uns* (1946), *Der Untertan* (1951) und *Rosen für den Staatsanwalt* (1959) zu heftigen öffentlichen Diskussionen, in denen der (westdeutsche) Regisseur der Nestbeschmutzung bezichtigt wurde; vgl. Hoffmann (1995: 253 ff.).

9 Regie Kurt Hoffmann und Rolf Thiele.

10 Typische Beispiele sind *In jenen Tagen* (1947, Regie Helmut Käutner), *Und über uns der Himmel* (1947, Regie Josef von Baky) oder *Berliner Ballade* (1948, Regie R. A. Stemmle).

terleben gepriesen und gezeigt, daß in den meisten Deutschen doch ein guter Kern steckt.

Die exkulpierende Variante entfaltete sich vor allem im Genre des Militärfilms. Hier sollte auf unterhaltsame Weise gezeigt werden, daß der aufrecht kämpfende deutsche Soldat selbst zum Opfer der nationalsozialistischen Führung geworden war. *08/15*, *Canaris* oder *Des Teufels General* (alle 1954) inszenierten Offiziere und Mannschaften als letztlich integere, im Sinne der preußischen Militärtradition ehrenhafte Soldaten, die auf je eigene Weise Widerstand gegen das unmenschliche Regime leisteten. Damit haben weite Teile der unter einem massiven Sinnproblem leidenden Frontkämpfer in der Unterhaltungsöffentlichkeit eine Art symbolische Rehabilitation erfahren.

Die quantitativ wie kommerziell bedeutsamste Variante war aber ohne jeden Zweifel der »unpolitische« Unterhaltungsfilm, allen voran in den 5oer Jahren der Heimatfilm. Beginnend mit dem Überraschungserfolg *Schwarzwaldmädel* (1950, Regie Hans Deppe) eroberte eine ganze Welle von einfach strukturierten Erzählungen die deutschen Leinwände, in denen die »Reinheit« der idyllischen, meist süddeutschen oder österreichischen Landschaften mit der moralischen Reinheit der Helden korrespondierte. Ökologischer und sozialer Konservatismus gingen hier Hand in Hand, wobei einige Filme ihr besonderes Augenmerk auf die Integration der Ostflüchtlinge in die neue bayerische Heimat legten und auch auf diese Weise politische Identitätsangebote machten. Die Grundstruktur der Heimatfilme, die sich meist um eine männliche Autoritätsfigur gruppierten und ein traditionelles Familienideal inszenierten, hat sich dann auch in anderen Genres fortgesetzt. Wichtig war hier vor allem der Arztfilm, etwa *Dr. Holl* (1951) und *Sauerbruch – Das war mein Leben* (1954), konnte doch hier im besonderen eine unhinterfragte, auch durch die politischen und kriegsbedingten Wirren nicht in Zweifel gezogene Autoritätsposition mit großem moralischem Kapital als modellhaft vorgeführt werden. Wer Leben rettet, der darf auch Befehle geben und eine widerspruchsresistente Kompetenzhierarchie behaupten. Führerschaft, zumindest im Sinne des sozialen *leadership*, erschien als legitimes Ordnungsmodell aufgrund der sachbezogenen Autorität der Akteure. Ärzte, aber auch Förster und Priester lebten auf der Kinoleinwand das vor, was im Fernsehen meist den Kommissaren und Familienvätern oblag: einen selbstverständlich gegebenen, moralisch integeren (männlichen) Führungsanspruch, der als Garant einer stabilen Ordnung betrachtet werden konnte.

In den 60er Jahren wurde das Heile-Welt-Idyll des Heimatfilms schließlich zunehmend abgelöst durch den Eskapismus der immer populärer werdenden Urlaubsfilme. Den Problemen der Nachkriegsgesellschaft und der Tristesse des arbeitsreichen Alltags im Wirtschaftswunderland konnte man hier, vorzugsweise an den Stränden Italiens, entkommen. Die Urlaubsreise, die ja auch mit immer größerer Selbstverständlichkeit zum realen Leben der Zuschauer gehörte, definierte eine überschaubare Ausnahmesituation, in der eine kleine Dosis Exotik und Abenteuer mit den hedonistischen Bedürfnissen der Kriegsgeneration auf unbedenkliche Weise kombiniert werden durfte. Die pittoresken Schauplätze der Filme verlängerten die relativ problembereinigte Reisesituation über die wenigen Wochen des je eigenen Urlaubsanspruchs hinaus in den abendlich besuchten Kinosaal und ermöglichten so politikfernes *Feel Good* in der Heimat. Später hat sich dieser Reise-Eskapismus stärker in den Bereich des Fernsehens verlagert, wo das *Traumschiff* oder die *Sterne des Südens* die Zuschauer an immer exotischere Schauplätze entführten, ohne doch an den üblichen Grundkonstellationen der familienseriellen Dramaturgie im wesentlichen etwas zu ändern.

Parallel zum wirtschaftlichen Niedergang von »Papas Kino« zu Beginn der 60er Jahre setzte dann jedoch eine

Revolutionierung des Filmschaffens ein, die unter dem Etikett »neuer deutscher Film« mit dem Oberhausener Manifest von 1962 ihren Anfang nahm.[11] Den Illusionskünsten des traditionellen Films sollten hier ein gesellschaftskritischer Impetus, größere Realitätsnähe und ein teilweise ausgesprochen politischer Anspruch entgegengesetzt werden. Gleichzeitig suchten Filmemacher wie Alexander Kluge, Edgar Reitz und Peter Schamoni auch ästhetisch neue Wege zu gehen, um einen anderen Zugang zur Realität zu eröffnen. Vor allem Kluges Filme verbanden politische Themen und Fragen nach der deutschen Geschichte mit innovativen Montage-Verfahren.[12] Diese Politisierung des Films wurde dann in den 70er und 80er Jahren in Produktionen fortgesetzt, die sich explizit in den aktuellen politischen Diskurs einmischten. Berühmt geworden sind die Gemeinschaftswerke *Deutschland im Herbst* (1978), *Der Kandidat* (1980) sowie *Krieg und Frieden* (1983).[13]

Thematisiert wurde aber vor allem das Problem des Terrorismus und der polizeistaatlichen Maßnahmen, die in Deutschland als Reaktion auf die gewaltsamen Provokationen ergriffen wurden. Filme wie *Die verlorene Ehre der Katharina Blum* nach einer Vorlage von Heinrich Böll (1975, Regie Volker Schlöndorff), *Messer im Kopf* (1978, Regie Reinhard Hauff), *Die bleierne Zeit* (1981, Regie Margarethe von Trotta) und *Stammheim* (1986, Regie Reinhard Hauff) zeichneten ein düsteres Bild von der politischen Wirklichkeit in Deutschland.[14] Politische Veränderung erschien hier nicht als eine reale Option für engagierte Akteure, sondern als das verzweifelte Ziel einer moralisch integeren, in den Mitteln

11 Vgl. dazu Franklin (1983).
12 Vgl. etwa *Abschied von Gestern* (1966), *Die Artisten in der Zirkuskuppel, ratlos* (1968), *Gelegenheitsarbeit einer Sklavin* (1973) und *Die Patriotin* (1979).
13 Bei allen drei Produktionen waren Alexander Kluge und Volker Schlöndorff mit Buch und Regie beteiligt.
14 Zum Terrorismus im deutschen Film vgl. Kraus (1997).

jedoch irregeleiteten und durch den Staat in voller Härte verfolgten Generation von Idealisten, die letztlich den Herrschenden nur die Legitimation für ihre machtpolitischen Maßnahmen lieferten. Auch wenn später, etwa in den Filmen von Rainer Werner Fassbinder, das Unterhaltungsmotiv in melodramatisch angelegten Spielfilmen stärker akzentuiert wurde, so blieb doch ein Merkmal des politischen Films in Deutschland durchweg konstant: die kritische, in großen Teilen pessimistische Konstruktion politischer Wirklichkeit.

Dem *Feel Good* unzähliger amerikanischer Produktionen, die einen vorübergehenden Krisenzustand des politischen Systems oder der politischen Moral noch stets in den Optimismus des Alltagshelden wenden, der durch sein Eingreifen die gesamte Gemeinschaft wieder auf den Weg der Tugend zurückbringt, steht hier in der deutschen Filmszene eine Dominanz des *Feel Bad* gegenüber. Politik ist als Raum des Scheiterns oder der moralischen Prostitution definiert, nicht jedoch als ein Raum der individuellen und kollektiven Selbstverwirklichung. Diese kann hier allenfalls in politikfernen Gefilden oder im mikropolitischen Bereich der Lebensstile gelingen. Der *Feel-Good*-Faktor bleibt damit weitgehend auf den privaten Bereich der menschlichen Existenz beschränkt.

Ironie statt Pathos

Die 90er Jahre markieren für das deutsche Filmschaffen einen erneuten Einschnitt. War in den beiden Jahrzehnten zuvor durch anspruchsvolle, dezidiert hochkulturelle Projekte ein hohes Renommee vor allem bei der ausländischen Filmkritik aufgebaut worden, so begann in den 90er Jahren eine Kommerzialisierung, die dazu geführt hat, daß zeitweise ein vorher für unmöglich gehaltener Marktanteil von fast 40 Prozent an den deutschen Kinokassen erreicht wurde.[15] Das typische Genre dieses neuen deutschen Filmwunders ist die Komödie. Mit Beziehungskomödien wie *Abgeschminkt* (1993), *Ein Mann für jede Tonart* (1993), *Der bewegte Mann* (1994) oder *Stadtgespräch* (1995) – allesamt mit Katja Riemann in der Hauptrolle, die folgerichtig zur Galionsfigur der neuen deutschen Komödienkultur wurde – vermochte man das Publikum in Scharen in die Kinosäle zu locken. In diesen Komödien wird die Leichtigkeit des (post-)modernen Seins zelebriert, alle Probleme kreisen um Selbstverwirklichung und Liebesglück. Die Filme sind dabei nicht realitätsfern, konzentrieren sich aber auf den Bereich des Beziehungswirrwarrs und lassen gesellschaftliche wie politische Fragen weitgehend außen vor.

Gleichwohl hat das Komödiengenre in den 90ern auch zu einer neuen Annäherung an das Politische geführt, welche die in der Tat »bleierne« Schwere der Terroristen-Filme zugunsten ironisch-satirischer Distanz weit hinter sich läßt.[16] Die wichtigsten Beispiele für diese neue Kultur der Polit-Komödie thematisieren zugleich die zwei Problembereiche, die für die politische Kultur Deutschlands in der Gegenwart von zentraler Relevanz sind: die deutsche Vereinigung (*Go, Trabi, Go*) und das noch immer identitätsstiftende NS-Erbe (*Schtonk*).

Die gewaltlose Revolution der DDR-Bürger gegen ihre Obrigkeit – die erste erfolgreiche Revolution auf deutschem Boden überhaupt – gäbe sicher mancherlei Anlaß zur pathetisch-monumentalistischen Mythenbildung im Rahmen der neuen Berliner Republik. Hier hat immerhin ein Volk im Angesicht einer starken Staatsmacht und kurz nach der Erfah-

---

15 Vgl. dazu auch die Beiträge in Amend/Bütow (1997).
16 Das bedeutet nicht, daß ernsthafte bis tragische Gestaltungen der Vergangenheit gar nicht vorhanden wären; Josef Vilsmaiers Schlachtgemälde *Stalingrad* (1992) etwa wäre hier zu nennen. Den herrschenden Ton aber geben ohne Zweifel die Komödien an.

rung der gewaltsamen »chinesischen Lösung« auf dem Tiananmen-Platz seine Souveränität erkämpft und ein ganzes politisches System zum friedlich verlaufenden Kollaps gebracht. Die beim Publikum erfolgreichen filmischen Konstruktionen dieses Revolutions- und des anschließenden Vereinigungsprozesses sind jedoch komödiantisch. Sie vermeiden das Pathos und suchen die ironische Distanz, um so die vielen kleinen Probleme der »großen Politik« zur Geltung kommen zu lassen und dennoch eine positive Grundstimmung zu bewahren.[17]

Go, Trabi, Go[18] ist ein Road-Movie, das zugleich an der klassischen Reiseliteratur und dem Bildungsroman anknüpft. Der Film erzählt die Geschichte der dreiköpfigen Bitterfelder Familie Struutz, die kurz nach der Wende mit ihrem Trabant aufbricht, um nach dem Vorbild von Goethes *Italienischer Reise* den Weg über die Alpen ans Mittelmeer zu nehmen.[19] Die Reise, die der Deutschlehrer Udo Struutz (Wolfgang Stumph) nach literarischem Muster plant und unternimmt, ist natürlich zugleich eine Reise der Ossis in den Westen. Die-

17 Neben dem im folgenden genauer zu behandelnden *Trabi*-Film ist hier u. a. *Helden wie wir* (1999) zu nennen, der an den Kinokassen zum Überraschungserfolg wurde. Typisch für die komödiantische Verarbeitung ist auch der zum Mehrteiler ausgebaute Fernsehfilm *Schulz und Schulz*, der zunächst mit einer Verwechslungskomödie zwischen Ost und West noch zu DDR-Zeiten beginnt und dann geschickt den unerwarteten historischen Gang der Dinge aufgreift, um satirisch-unterhaltsam die kulturellen Probleme des Vereinigungsprozesses zu thematisieren (Teil I 1989; die späteren Teile wurden 1991, 1992 und 1993 gesendet). Ernsthafte Gestaltungen der revolutionären Ereignisse wie beispielsweise der Film *Nikolaikirche* (1995, Regie Frank Beyer) vermeiden ebenso die große pathetische Geste à la Hollywood, obwohl der Mut und das hohe Wagnis der ungehorsamen DDR-Bürger hier deutlich herausgearbeitet werden.

18 1991, Regie Peter Timm. Ein Jahr später gab es eine, allerdings weniger erfolgreiche Fortsetzung der Trabi-Saga mit dem Zusatztitel *So war der wilde Osten* (Regie Wolfgang Büld und Reinhard Klooss).

19 Das früher zwischen Ost und West so heftig umstrittene klassische Erbe wird hier also im Verlauf des Films zu einer Integrationsagentur, denn Goethe ist es letztlich, der den Struutzens über den Umweg Italien den Weg in den Westen weist.

ser Trip ist mit vielerlei Desillusionierung, letztlich aber doch auch mit einer positiven Grundbotschaft verbunden. Udo, seine Frau Rita (Marie Gruber) und Tochter Jacqueline (Claudia Schmutzler) erweisen sich, mit sächsischer Pfiffigkeit ausgerüstet, als durchaus überlebensfähig im wilden Westen. Die Grundstimmung des Aufbruchs wird in der Anfangssequenz des Films sinnlich spürbar gemacht, als die Kamera über die schon vom Verfall gekennzeichnete industrielle Großarchitektur des Chemiestandortes Bitterfeld schwenkt. Aus dieser lebensfeindlichen Tristesse heraus, die hier *pars pro toto* für den grauen DDR-Alltag steht, erscheint in der Tat die Reise über die Alpen als eine Erlösung.

Die Hauptfigur des Films aber ist ohne Zweifel Trabi »Schorsch«. Der Trabant war seit den Bildern aus dem November 1989, als zahllose Zweitakter den Weg über die gerade geöffneten Grenzen fanden, zum Kollektivsymbol der friedlichen Revolution geworden. Früher der Inbegriff von Häßlichkeit und bescheidenen technischen Mitteln, avancierte der Trabant nach der Wende zu einem Zeichen für die leise Revolution und die Öffnung zum Westen. Trabi Schorsch entspricht diesem Bild, indem das unscheinbare blau-graue Vehikel die wildesten Fahrten und haarsträubendsten Abenteuer übersteht. Wie der Ossi sich aus der zugeschriebenen Rolle des hilfsbedürftigen »kleinen Bruders« emanzipiert, so zeigt sich der zähe Schorsch als den westlichen Großkarossen nicht nur ebenbürtig, sondern sogar überlegen.

Der Wandel, den die Familie auf ihrer Bildungsreise in den Westen durchläuft, ist dann auch an der äußeren Gestalt des Fahrzeugs genau abzulesen. In Rom erhält der Trabant, nachdem er bei einer wilden Fahrt über Hänge und Treppen fast die Hälfte seiner Karosserie eingebüßt hat, durch notdürftige Reparatur auf dem Schrottplatz mit alten Fiat-Teilen ein ausgesprochen farbenfrohes Erscheinungsbild. Später, als die Familie in Neapel, dem Ziel der Reise, angekommen ist und den Blick auf den Vesuv genießt, löst sich durch eine Unachtsamkeit des Fahrers die Handbremse, und der Wagen rollt führerlos einen Hang herab. Nach dem Schnitt zeigt die Kamera am Fuße der Klippen ein Autowrack, das der Familie wie dem Zuschauer suggeriert, der Trabant sei nun endgültig kaputt und damit gleichsam auch die alte Identität der Ostdeutschen verloren. Die Schlußpointe jedoch zeigt Schorsch leicht lädiert zwischen Bäumen hängend – wie sich erweist, noch immer fahrbereit. Das Dach allerdings ist abgerissen, so daß der Trabant nunmehr nicht nur bunt, sondern auch mit der Silhouette eines Cabrios in der Landschaft steht. Dieses Schlußbild mit fröhlicher Familie im Trabi als »fun car«, dessen geöffnetes Gehäuse den frischen Wind der westlichen Lebensweise hineinläßt, zeigt: Die Ossis sind nun im Westen angekommen, ohne doch ihre ostdeutsche Identität zu verleugnen. In dieser vor dem Hintergrund vieler Vereinigungsprobleme kontrafaktischen Wendung wird das utopische Potential des filmischen *Feel-Good*-Faktors voll ausgespielt. Die gesamtdeutsche Integration scheint in Italien, Ziel nicht nur Goethescher Sehnsüchte, sondern auch Ziel der bundesrepublikanischen Toscana-Fraktion, vollends gelungen.

Wichtig ist in diesem utopischen Szenario der Faktor Generation. In verschiedenen Problemsituationen ist es nämlich immer wieder die siebzehnjährige Tochter, die durch Eigeninitiative Lösungen und Auswege findet. Als die Struutzens von einer Autowerkstatt abgezockt werden und in akute Geldnöte kommen, hat die Tochter die Idee, »peepen« zu gehen – was als »Trabi-Peep-Show« mit Hilfe eines freundlichen Automonteurs in die einträgliche Tat umgesetzt wird. Später werden dem Fahrzeug auf einem Campingplatz am Gardasee sämtliche Reifen abmontiert. Tochter Jacqueline gelingt es, mit ihrer Gitarre durch den Vortrag von Liedern genug Geld einzuspielen, um einen neuen Satz Reifen zu kaufen.

Als Udo schließlich mitten auf der Straße der Fotoapparat gestohlen wird, macht sich das Mädchen eigenhändig an die

Verfolgung des Diebs. Sie wartet nicht auf Behörden und Polizei, sondern nimmt die Ordnungsfunktion selbst in die Hand. Als Jacqueline den Übeltäter schließlich mit Hilfe ihrer Mutter stellt und der bei wilder Flucht eine prall gefüllte Brieftasche mit Diebesgut zurückläßt, schafft dieses Geld die Grundlage für einen Selbstverwirklichungs-Trip der beiden Frauen. So wird vor allem die Mutter neu frisiert und eingekleidet, und zur Nacht mietet man sich in einem Luxushotel mit Blick auf die »ewige Stadt« ein. Mit dem Champagnerglas in der Hand zeigen Mutter und Tochter, daß sie sich – auf Initiative der Tochter hin – schnell einfügen können in der westlichen Konsum- und Erlebnisgesellschaft. Den Integrationsprozeß bewerkstelligt also hauptsächlich die junge Generation, indem sie die Alten mitreißt und ihnen die Vorzüge des westlichen Lebensstils sinnlich erfahrbar macht.

Mit *Schtonk* (1992, Regie Helmut Dietl) greift die neue deutsche Komödienkultur auf das heikle Thema des Alt- und Neonazismus zu. Das Böse wird hier nicht, wie in den oben behandelten Krimi-Produktionen, dämonisiert und verfolgt, sondern eingehegt, indem es lächerlich gemacht wird. Der Kult um den Führer, der auch in den 8oer Jahren bei bestimmten Publikumsgruppen wenig von seiner Faszination verloren zu haben scheint, erfährt mit *Schtonk* seine Steigerung ins Groteske, wobei die eigentliche Pointe darin besteht, daß der Filmhandlung eine reale Affäre in der bundesdeutschen Öffentlichkeit zugrunde liegt. Im Jahr 1983 war die linksliberale Illustrierte *Stern* mit der Veröffentlichung angeblich wiederentdeckter Tagebücher des Adolf Hitler vorgeprescht. In der Folge dieses Medienereignisses wurde bald deutlich, daß es sich um Fälschungen des Kunstmalers und Militaria-Händlers Konrad Kujau handelte. Der Ruf des *Stern* hat sich von dieser Blamage seither nicht mehr erholt.

Der Film greift diese Begebenheiten auf, um in grellem Licht nicht nur die durch Geschäftsinteressen völlig in den

Hintergrund getretene publizistische Moral einer prominenten Institution der deutschen Medienöffentlichkeit anzuprangern. Er zeigt auch, in welch eigentümlichen Formen der Führerkult noch 40 Jahre nach dem Ende des Zweiten Weltkriegs auftritt. Die Rolle des gewitzten Fälschers Kujau nimmt in der Satire der Kunstmaler Fritz Knobel (Uwe Ochsenknecht) ein, der als Kunstexperte mit fingiertem Professorentitel gefälschte Gemälde aus der Nazizeit an interessierte Sammler verkauft. Als bei einer dieser Verkaufsaktionen der renommierte Gutachter Professor Strasser ein von Knobel produziertes Bildnis Eva Brauns als zweifelsfrei vom Führer selbst gemalt erkennt und ausführt, daß er selbst bei der Entstehung des Bildes zugegen gewesen sei, kommt der Fälscher auf eine zündende Idee: Warum soll man nicht auch die »verschollenen« Tagebücher Hitlers fälschen?

Bei der festlichen Präsentation des ersten Bandes dieser »authentischen« Tagebücher befindet sich auch der erfolglose Journalist und NS-Nostalgiker Hermann Willié (Götz George) im Publikum. Dieser läßt anschließend nicht mehr locker, bis er dem »Professor« Knobel vertraglich und mit viel Vorschuß die Rechte für einen Abdruck dieser Weltsensation abgekauft hat. Genüßlich wird in der Folge ausgemalt, wie der arme Fälscher sich nun mühsam des Führers Tagebuchgedanken aus den Fingern saugt und den aus DDR-Beständen bezogenen Manuskriptkladden mit Hilfe von schwarzem Tee und Bügeleisen die Aura des entsprechenden Alters verleiht. Der bis in die kleinsten Nebenrollen hinein prominent besetzte Film versteht es, dem NS-Phänomen in der historischen Distanz jeglichen Glanz des Dämonischen zu nehmen und die bizarren Seiten des Kults der Lächerlichkeit preiszugeben.

Willié und seinem Ressortchef Kummer (Harald Juhnke) gelingt es, die skeptische Chefredaktion des Blattes zu umgehen und die Verlagsleitung in Person von Dr. Lentz (Ulrich Mühe) direkt von dem Wert des »Fundes« zu überzeugen.

Die Szene, in der die Journalisten erstmals ihrem Chef ein Exemplar der Tagebücher vorführen, legt das Groteske des Vorgangs exemplarisch offen. In sakralem Ton hält der knallharte Geschäftsmann Dr. Lentz die Kladde hoch: »Wenn ich denke, daß wir hier in Händen halten, was *seine* Hände berührten…« Auf die Frage, was denn inhaltlich drin stehe, antwortet Willié: »Ich habe nicht gewagt, die Siegel zu erbrechen, mein Führer – äh, Herr Doktor.« Als dann die erste Eintragung, in altdeutscher Schrift und daher schwer zu lesen,[20] entziffert ist, geraten die Herren ins Schwärmen: »Blähungen im Darmbereich – das ist ja toll!… Das ist ja ungeheuer!… Das ist von einer solchen menschlichen Größe…« Da der Zuschauer kurz zuvor Zeuge der Produktion dieser Zeilen geworden war, in denen der jämmerliche Autor Knobel tatsächlich unter Blähungen und Mundgeruch gelitten hatte, ist der Lacherfolg hier garantiert.

Wie weit der Kult zum Realitätsverlust führen kann, wird schließlich gegen Ende des Films deutlich. Nachdem Chefredaktion und Verlagsleitung mit der Publikation vorgeprescht sind und seriöse Gutachten bald gezeigt haben, daß es sich offensichtlich um Fälschungen handelt, bleibt Willié wie ein später Don Quijote bei seiner Wirklichkeitsversion:[21] Wenn nämlich zweifelsfrei nachgewiesen sei, daß das Papier lange Zeit nach dem Kriegsende produziert wurde, dann sei nur eine einzige Schlußfolgerung möglich: Der Führer lebt!

---

20 Dieser Pointe, die zugleich den Anachronismus der verspäteten Führer-Verehrer vorführt, verdankt sich auch der kryptische Titel des Films. »Schtonk!« deklamiert der Fabrikant Karl Lentz bei der weihevollen Präsentation des ersten Tagebuch-Bandes aus Anlaß des 90. Führer-Geburtstages in die ratlosen Gesichter seiner Zuhörer hinein – ein Lesefehler, der zugleich an die verballhornten pseudodeutschen Lautgebilde des Führers in *The Great Dictator* (1940) von Charlie Chaplin erinnert und somit den Film in der wichtigen Tradition der komödiantischen Beschäftigung mit dem Nationalsozialismus verortet.

21 Zur paradigmatischen Bedeutung von Don Quijote für das Prinzip einer »realitätsfernen« Konstruktion von Realität vgl. die Abhandlung von Alfred Schütz (1971).

Und wie der spanische Ritter gegen Windmühlen ritt, so sehen wir den gläubigen Journalisten schließlich am Ruder seiner Yacht, der restaurierten »Carin II« des verblichenen Reichsmarschalls Göring, nach Südamerika aufbrechen, um dort das exilierte Idol ausfindig zu machen.

Schtonk ist ein zutiefst in der bundesrepublikanischen Kultur verwurzelter Film, weil er vor allem getragen wird durch das Anliegen, die Monumentalität und das politische Pathos der nationalsozialistischen Selbstinszenierung außer Kraft zu setzen.[22] Der gesamte politische Stil der Bundesrepublik war ja bis in die Einzelheiten der Bonner Architektur hinein geprägt durch die Intention, mit Nüchternheit und profaner Modernität den radikalen Bruch mit der Zeit des »Tausendjährigen Reichs« zu symbolisieren. *Schtonk* erreicht die Entzauberung des Bösen durch die Kraft des Humors und stellt dabei gleichzeitig die Kommerzorientierung der Medien an den Pranger, die freilich in diesem konkreten Fall publizistischer und verlegerischer Nachlässigkeit auch hart bestraft wurde. Wichtig ist dabei, daß der Film nur den Schatten des Nationalsozialismus, seinen anachronistischen Kult in der Gegenwart lächerlich macht. Sowohl die Nazi-Zeit selbst als auch der gewaltsam auftretende Neonazismus bleiben hier gleichsam in der ernsten, tabuisierten Zone des politisch-kulturell Anderen unter Verschluß. Erst Roberto Benignis KZ-Komödie *La vita è bella* (dt. *Das Leben ist schön*, 1997) hat, nicht zufälligerweise als eine ausländische Produktion, dieses Komödien-Tabu in bezug auf den Nationalsozia-

---

22 Es ist bemerkenswert, daß ein weiterer erfolgreicher Film, der die Aufarbeitung der NS-Vergangenheit in Deutschland thematisiert, ebenfalls als Satire konzipiert ist. *Das schreckliche Mädchen* (1990, Regie Michael Verhoeven) wurde ausgezeichnet mit dem Silbernen Bären, dem Bundesfilmpreis und einer Oscar-Nominierung. Der Film rekonstruiert im komödiantischen Genre den realen Leidensweg der jungen Passauerin Anja Elisabeth Rosmus, die es gewagt hatte, die braune Vergangenheit vieler Bürger in ihrer Heimat offen anzuprangern und dafür als »Nestbeschmutzerin« terrorisiert wurde.

lismus und seine Verbrechen mit breiter Zustimmung von Publikum und Kritik durchbrechen können.[23]

Am Ende der 90er Jahre hat sich das Spektrum der Genres, die im deutschen Kino den Nationalsozialismus thematisieren, deutlich erweitert. So konstatiert Georg Seeßlen: »Zur Zeit erleben wir so etwas wie eine Welle von Filmen, die sich nicht mehr scheuen, die traditionellen Erzählformen des Genrekinos, das Courtroomdrama, das Melodram, die Komödie, sogar den ›Heimatfilm‹ zu verwenden, um eine Erinnerungsarbeit zu leisten, an der die politische Öffentlichkeit ebenso wie die Sinnsysteme von Wissenschaft und Kunst so heftig zu scheitern scheinen.«[24] Auffällig ist, daß in vielen Filmen der Nationalsozialismus nunmehr als eine Rahmengröße herangezogen wird, innerhalb deren sich Liebes- und Leidensgeschichten nach klassischem Muster entfalten können. Das Böse ist dabei als Hintergrund und als gelegentlich intervenierende Variable präsent, steht aber nicht mehr im Zentrum und agiert meist eher unspektakulär. Typische Beispiele sind hierfür die biographisch angelegten Filme von Joseph Vilsmaier über die *Comedian Harmonists* (1997) und über *Marlene* Dietrich (2000). Diese Lebensläufe sind zwar ohne den Nationalsozialismus in dieser Weise nicht denkbar, im Zentrum stehen aber eher persönliche Dramen und Konflikte, die sich ähnlich auch in anderen Kontexten hätten

---

23 Was den deutschen Rechtsradikalismus betrifft, so hat hier immerhin im gleichen Jahr (1992) Ralf Huettner mit *Der Papagei* eine treffende Satire plazieren können, in der vor allem die populistischen Techniken der neuen Rechten bloßgestellt werden.

24 Seeßlen (1999: 43); mit dem Courtroomdrama ist der Film *Nichts als die Wahrheit* gemeint, der in einem fiktiven Prozeß den berüchtigten KZ-Arzt Mengele vor Gericht stellt und eine Auseinandersetzung um dessen Rechtfertigungsargumente zeigt. Dieser Film stellt insofern unter den aktuellen Produktionen eine Ausnahme dar, als er ganz bewußt die dämonisch-irrationale Seite des Nationalsozialismus in ihrer morbiden Faszination herausstellt (vgl. dazu schon die Ausführungen in Kap. 1). Die Kategorie Heimatfilm bezieht sich u. a. auf *Viehjud Levi* von Didi Danquart (1999).

abspielen können. Das Böse wird hier gleichsam »normalisiert«, veralltäglicht und entdramatisiert. Das weist auf ein verändertes Verhältnis zur eigenen Vergangenheit hin, das jedoch keinesfalls mit Verharmlosung ineins zu setzen ist.

Auch die als Verfilmung der Tagebücher von Victor Klemperer 1999 ausgestrahlte Fernsehserie *Klemperer: Ein Leben in Deutschland* hat scheinbar banale und auch humoristische Elemente des Alltags unter dem nationalsozialistischen Terrorregime herausgearbeitet, ohne doch die Schrecken der Zeit herunterzuspielen. Hannah Arendts Diktum von der »Banalität des Bösen«, seinerzeit auf den mit nüchterner Beamtenmentalität ausgeführten Massenmord gemünzt, kann diese Dimension des Nazismus in einem anderen Sinne durchaus treffend benennen. Das Banale, das unspektakulär Alltägliche gehört wie das Dämonische zur Realität des Bösen dazu.[25] Erst im Zusammenspiel beider Dimensionen wird das Phänomen als das radikal Andere unserer politischen Kultur in seiner ganzen Komplexität erfahrbar. Insofern liegen tatsächlich in der populären Medienkultur trotz oder gerade wegen der unhinterfragten Unterhaltungsimperative Erfahrungspotentiale, die auf dem Wege der traditionellen Politikvermittlung oder politischen Bildung nicht in den Blick kämen.

Ein interessantes Indiz für eine größere Unbefangenheit im Umgang mit deutschen Vergangenheiten hat sich im Bereich des Spielfilms schließlich im Januar 2000 gezeigt. Das ZDF strahlte den Zweiteiler *Die Wüstenrose* aus, ein Melodram, das als Setting der Spielhandlung die deutsche Kolonialepisode in Südwest-Afrika einführt. Der deutsche Kolonialismus ist, wohl auch aufgrund seiner eher geringen historischen Bedeutung und vergleichsweise kurzen Dauer, noch nie zuvor als Rahmen einer unterhaltungskulturellen Inszenierung gewählt worden. In der *Wüstenrose* nun wird versucht, ein wenig von jenem Flair einzufangen, das Filme

25 Vgl. dazu auch Safranski (1997: 285).

wie *Out of Africa* oder *The English Patient* so bekannt und erfolgreich gemacht hat. Großartige Landschaftsaufnahmen, eine wohlkalkulierte, emotionalisierende Filmmusik, dramatische Liebesbeziehungen vor dem Hintergrund weltpolitischer Auseinandersetzungen, Fragen der Moral und der politischen Korrektheit sind auch hier eingebracht worden.

Die junge Ärztin Klara von Sellin geht voller Ideale nach Deutsch-Südwestafrika, um dort allen Bedürftigen, das heißt vor allem auch schwarzen Patienten zu helfen. Sie wird jedoch im Krankenhaus von ihrem patriarchalischen Chefarzt tyrannisiert und später entlassen, weil niemand – und schon gar nicht eine Frau – solche »kaffernfreundliche« Dinge tun dürfe. Zu allem Unglück wird Klara auch noch vom Sohn des Chefarztes vergewaltigt. Erst der aufrechte Siedler Richard bietet der jungen Frau schließlich eheliche Geborgenheit und unterstützt sie bei ihrer Arbeit in einer kleinen Krankenstation. Ungeachtet weiterer dramatischer Verwicklungen, die Klara sogar wegen einer Mordklage unter den Galgen bringen, kommt es schließlich zu einem Happy End.

Die atmosphärische Dichte der großen Hollywoodproduktionen will bei diesem Fernsehfilm vor dem Hintergrund des verspäteten deutschen Kolonialabenteuers trotz aller kalkulierten Zutaten nicht so recht aufkommen.[26] Entscheidend aber ist, daß sich die Macher der deutschen Medienunterhaltung an neue Genres und neue, politisch dimensionierte Themen wagen. Hier deutet sich an, daß dem Politainment im Bereich des deutschen Spielfilms noch ein weites Betätigungsfeld offensteht, das sich auch jenseits der noch immer zentralen NS-Thematik entfalten kann. Politikvermittlung durch melodramatisches Gefühlsmanagement erscheint durchaus als eine Branche mit Zukunft.

26 Vgl. dazu auch den Beitrag von Christian Bartels in der *Süddeutschen Zeitung*. Ein »Markstein der deutschen Fernsehunterhaltung«, so der Kritiker, sei aufgrund ästhetischer Unzulänglichkeiten »in den Sand Südwestafrikas« gesetzt worden (SZ, 5./6. Januar 2000).

10. Politainment in Deutschland
Eine vorläufige Bilanz

In den 90er Jahren des 20. Jahrhunderts wurde die Unterhaltungsindustrie gleichsam zum Verschwörungstheoretiker in eigener Sache. Die Medien als große Täuschungsmaschinerie, das ist das zugleich erschreckende wie faszinierende Bild, das die Macher in monumentalen Allmachtsphantasien von sich selbst entwarfen. Zwei erfolgreiche Filmproduktionen führten dem verblüfften Zuschauer vor, daß er als hilfloses Objekt medialer Manipulationen ein bedauernswertes Leben fristet. Dieser Ohnmacht gegenüber trat Hollywood als Descartesscher »dieu trompeur« auf, als täuschender Gott, der den Menschen je nach Belieben die Welt mit souveräner Technik in der einen oder in der anderen Weise erscheinen lassen kann.

In *Wag the Dog!*[1] ist es die PR-Maschinerie des amerikanischen Präsidenten, die dem Volk zur Ablenkung von einem drohenden Sexskandal einen fiktiven Krieg gegen das weit entfernte und unbekannte Albanien serviert, inklusive erfundener Kriegshelden und patriotischer Lieder. Mit der Hilfe eines Hollywood-Profis gelingt es dem Spin Doctor des Präsidenten, den Wahlkampf auf diese Weise gleichsam Lewinski-frei und damit erfolgreich zu gestalten.[2] Niemand aus dem mediengläubigen Publikum kommt in dieser negativen

---

1 1997, Regie Barry Levinson, mit Dustin Hoffman und Robert DeNiro in den Hauptrollen.
2 Bemerkenswerterweise ist die Buchvorlage des Films von Larry Beinhart weit *vor* der realen Clinton-Lewinski-Affäre erschienen. Als sich der amerikanische Präsident in der Folgezeit seines Sex-Skandals für die Intervention in Jugoslawien mit ausführlichen Bombardements stark machte, hielten findige Demonstranten in Belgrad Plakate in die Kameras, auf denen der Filmtitel *Wag the Dog!* als kritischer Kommentar gegen Clinton präsentiert wurde.

Utopie auf die Idee, die politische Realität der Bildschirme zu hinterfragen. Einzig den Filmproduzent treibt es, das Geheimnis zu lüften, um öffentliche Anerkennung für sein meisterhaftes Illusionstheater zu bekommen – genau dies jedoch müssen die machtbewußten Polit-Manager verhindern, so daß der Hollywood-Star seine Eitelkeit schließlich mit dem Leben bezahlt.

Noch einen Schritt weiter geht *The Truman Show*.[3] Hier wird das gesamte Leben eines Versicherungsvertreters als Erfindung und perfekte Inszenierung einer Fernsehproduktion gezeigt. Truman Burbank fungiert seit Geburt ohne sein Wissen als Star einer Soap Opera. Um ihn herum agieren ausschließlich Schauspieler, und der Himmel ist aus Beleuchtungsgründen künstlich, so daß der Regisseur jederzeit die Sonne aufgehen und die Lichtverhältnisse ändern lassen kann. Das gesamte Leben ist hier eine Medienfiktion! Diese Vorstellung hat im Zeitalter von *Big Brother* und zahlreichen anderen Docu-Soaps durchaus ein Gutteil ihrer Absurdität verloren. Immerhin wird den Zuschauern, die am Ende Trumans Flucht aus der für ihn geschaffenen Kunstwelt verfolgen können, dann doch die tröstende Botschaft geboten, daß der Täuschung letztlich zu entkommen sei, wenn man es nur fest genug will.

Bei näherem Hinsehen wirken *Wag the Dog!* und *The Truman Show* wie eine Verfilmung jener großen Verblendungsszenarien, die das ideologiekritische Denken von Karl Marx über die Frankfurter Schule bis zu Pierre Bourdieu formuliert hat. Mit Bourdieu ergriff noch kürzlich eine der prominentesten Stimmen der sozialwissenschaftlichen Intelligenz das Wort, um das Fernsehen als »eine sehr große Gefahr« für Kunst, Literatur, Wissenschaft und für das öffentliche Leben insgesamt zu geißeln.[4] In Bourdieus Sicht sind es jedoch

3 1998, Regie Peter Weir, mit Jim Carrey in der Hauptrolle.
4 Vgl. Bourdieu (1998: 9).

nicht Akteure, die als Drahtzieher im Hintergrund fungieren, sondern das Böse materialisiert sich in Strukturen, und sein perfides Steuerungsinstrument sind Einschaltquoten und Marktanteile. Die Befunde, die der Soziologe anführt, sind freilich genauer und differenzierter allesamt schon andernorts als Resultate empirischer Forschung präsentiert worden, ohne daß sich die pauschalkritische Folgerung eines großen Verblendungszusammenhangs zwingend ergeben hätte. In bester ideologiekritischer Tradition ereifert sich Bourdieu als ein Apokalyptiker,[5] der den Akteuren, das heißt den Machern und ihrem Publikum, eine Einsicht in ihre Tätigkeit und die sie rahmenden Feldbedingungen gar nicht erst zutraut und ihre Erlösung aus der Unwissenheit allein als Resultat der Bourdieuschen Aufklärungsmission zu denken weiß.[6] Das Fernsehen jedenfalls habe ein »faktisches Monopol bei der Bildung der Hirne eines Großteils der Menschen« und entfalte daher eine »Wirkung ohnegleichen«.[7]

Bourdieu greift ohne Zweifel wichtige Fragen auf, aber beantwortet er sie auch überzeugend? Abgesehen davon, daß die furiosen Thesen zum Teil auf unhaltbaren Aussagen beruhen,[8] ist mit dem Wirkungsaspekt zugleich ein Knackpunkt des ideologiekritischen Paradigmas angesprochen. »Wirkung ohnegleichen« nämlich, wie sie schon die Klassiker der Frankfurter Schule in ähnlicher Weise unterstellten, konnte

---

5 Vgl. dazu Umberto Ecos Differenzierung zwischen »Apokalyptikern« und »Integrierten« im zeitdiagnostischen Diskurs über die moderne Kulturentwicklung (Eco 1984).

6 Bourdieu (1998: 57).

7 Bourdieu (1998: 23, 27).

8 So behauptet Bourdieu, als »Kollaborateure« – man beachte die martialische Wortwahl – träten im Fernsehen vor allem solche Experten und Wissenschaftler auf, die innerhalb der eigenen Disziplin kaum anerkannt seien (1998: 89). Das aber ist, zieht man als Beispiel etwa die medienpräsente deutsche Politikwissenschaft heran, schlicht falsch. Jürgen W. Falter, Christine Landfried oder Heinrich Oberreuter, die in Talk-Shows und Magazinen der 90er Jahre gern eingeladen wurden, sind ohne Zweifel ebenso anerkannte wie seriöse Vertreter der Profession.

empirisch nie nachgewiesen werden.[9] Statt dessen zeigt die neuere Rezeptions- und Aneignungsforschung ein komplexeres Bild. Die Zuschauer bauen die medialen Angebote in den alltäglichen Prozeß der Kommunikation ein, ohne die Vorgaben einfach zu übernehmen. Sie nutzen die Materialien zur Konstruktion von Realität und Identität. Sie deuten die Bilder vor dem Horizont der eigenen Lebensgeschichte und im Rahmen der aktuellen Lebenssituation. Sie selektieren und montieren, wie es ihnen gerade paßt. Gleichwohl sind die Ausgangsmaterialien, die massenmedialen Texte, jeweils die gleichen.

Diese Objekte, die den öffentlichen Wahrnehmungsraum gestalten und damit so etwas wie die kulturelle Normalität einer Gesellschaft definieren, sind auch ohne die methodischen Untiefen der Wirkungsanalyse gut erfaßbar, so daß die Frage nach der Haltbarkeit des ideologiekritischen Generalverdachts auf dieser Ebene abschließend durchaus beantwortet werden kann. Schon der erste Blick auf die oben erwähnten Hollywood-Produktionen zeigt, daß die Antwort allemal nicht so eindeutig ausfallen kann, wie dies Bourdieu und Vorgänger glauben machen wollen. Sowohl *Wag the Dog!* als auch *The Truman Show* erzählen Geschichten, die in deutliche Warnungen an den Zuschauer münden: »Rechne stets damit, getäuscht und betrogen zu werden, damit Du Dich nicht in einer medial konstruierten Scheinwelt verlierst. Bewahre Dein Mißtrauen und nimm die Medienrealität als eine von mehreren möglichen Welten wahr, die weiterer Beglaubigungen bedarf, bevor Du ihr den handlungsleitenden Status der Wirklichkeit verleihst.«

Man muß freilich nicht auf diese, in einer langen Tradition des kritischen Films stehenden Beispiele rekurrieren. Auch die Untersuchung von deutschen Talk-Shows und Serien, von

9 Vgl. etwa die neueren Studien von Merten (1999) und Grimm (1999) zum vieldiskutierten Thema der Wirkung von Fernsehgewalt.

Fernsehkrimis und Kinofilmen, wie sie in den vorangehenden Kapiteln geboten wurde, zeigt ein differenzierteres Bild. Die Unterhaltungsöffentlichkeit, wie wir sie im Deutschland der 90er Jahre vorfinden, ist keinesfalls durchgehend durch Eskapismus, eine Abwesenheit des Politischen, durch autoritäre Handlungsmuster oder durch realitätsferne Verzerrungen gekennzeichnet.

Es muß festgehalten werden, daß Politainment primär Unterhaltungszwecke verfolgt. Entsprechend wird das Politische nicht in der Form von anspruchsvollen Hintergrundberichten und Analysen präsentiert, sondern in Form von Unterhaltungsformaten. Seriöse Informationen sind daher an anderen Programmplätzen zu finden, wobei die Frage durchaus berechtigt ist, ob diese Informationsfunktion bei stetig fortschreitender Expansion des Unterhaltungssektors nicht auf Dauer viel zu kurz kommt. Dies ist jedoch eine andere Fragestellung. Hier geht es darum zu klären, wie das Politische im Unterhaltungsformat konstruiert wird. Und da zeigen sich in der Tat interessante Befunde.

Erstens ist deutlich geworden, daß Politik im Unterhaltungsformat immer eine personalisierte und auf einfache Grundkonstellationen reduzierte Wirklichkeit darstellt. Einfache Erzählungen, Anekdoten und pointiert zugespitzte Aussagen konstituieren hier den Normalmodus des Politischen. In dieser Reduktion liegen zweifellos Verzerrungen und Verkürzungen dessen, was die Komplexität politischer Prozesse in der außermedialen Realität ausmacht. Im Grenzfall kann Personalisierung auch eine Entpolitisierung im Privaten bewirken. All das, was sich dem Erzählmodus unterhaltender Politikpräsentation nicht fügt, wird in der Regel ausgeblendet. Diesem Manko steht jedoch eine Veranschaulichung und Verlebendigung der politischen Welt gegenüber. Unterhaltsame Anekdoten und fiktionale Erzählungen können politische Probleme und auch Lösungsperspektiven mit einer Reichweite vermitteln, die sonst unvorstellbar wäre.

Politainment bewirkt eine Visualisierung des Politischen. Nicht nur politische Akteure, sondern auch Positionen und Konfliktlinien werden etwa in der Talk-Kultur sichtbar gemacht. Damit ist eine nicht geringzuschätzende Orientierungsleistung für das Publikum verbunden. Die relevanten Akteure wiederum, die gesellschaftlichen und politischen Eliten, stehen gleichsam unter medialer Dauerbeobachtung. Jürgen W. Möllemanns süffisanter Vorschlag, Politiker zu Wahlkampfzeiten in einen *Big-Brother*-Container zu sperren, ist nur die konsequente Zuspitzung dieser Beobachtungssituation in der Mediendemokratie.

Der politische Diskurs wird im Politainment ausgesprochen inklusiv gestaltet, weil er auch unterhaltungsorientierte Mediennutzer einbezieht und ihnen nicht zuletzt über die Kanäle der Anschlußkommunikation eine Teilnahme an der gemeinsamen Problemreflexion ermöglicht. Politainment ist somit ein relevanter Teil des gesellschaftlichen Interdiskurses, der Kommunikationsräume über die Grenzen von Subsystemen, ideologischen Milieus und sozialstrukturellen Formationen hinweg eröffnet. Der Marktmechanismus des Entertainment bewirtschaftet Aufmerksamkeiten, setzt Themen und ermöglicht darüber Konsonanzbildungsprozesse im Bereich der öffentlichen Meinung. Die große Reichweite wiederum ist in der symbiotischen Struktur des Politainment sowohl für Medienmacher als auch für politische Akteure von erheblichem Vorteil: Die einen steigern ihre Quoten und Marktanteile, die anderen erreichen einen Teil der Wählerschaft, der über die traditionellen Kommunikationskanäle nicht mehr zugänglich wäre.

Zweitens konnte herausgearbeitet werden, daß die emotionale Dimension ganz im Vordergrund steht. Die Techniken des Entertainment ermöglichen es, das Politische im Modus des *Feel Good* darzubieten und dadurch eine positive Grundstimmung zu produzieren, die Entfremdungs- und Ablehnungstendenzen im Sinne der weitverbreiteten Politikverdrossenheit durchaus entgegenwirken kann. Vor allem verknüpft mit den Effekten der Serialität, die ein Gefühl von Kontinuität und Verläßlichkeit produzieren, kann Politainment auch als ein Stabilisator von politischem Systemvertrauen fungieren. Mediales *Feel Good* ist zwar seinerseits, etwa im Kontext von Wahlkämpfen, instrumentalisierbar. Zudem entsteht die ernsthafte Gefahr einer Unterhaltungsfalle, in die zeitweise auch Gerhard Schröder nach seinem entertainisierten Wahlkampf 1998 hineingetappt ist. Die Fiktionalisierung des Politischen im Modus des *Feel Good* nämlich kann Erwartungshorizonte aufbauen, die später mit der grauen Realität des politischen Alltags heftig kollidieren. Hier muß von den Akteuren zumindest geduldige Übersetzungsarbeit geleistet werden, damit das *Feel Good* nicht in den großen Frust der Bürger übergeht. Grundsätzlich jedoch ist die Gefühlsqualität unterhaltender Politik und politischer Unterhaltung als Integrationsfaktor einer modernen Massendemokratie keineswegs von geringem Wert. Dies gilt um so mehr, wenn man sich die auf diese Weise emotionalisierten Inhalte des Politainment anschaut.

Hier wurde nämlich *drittens* erkennbar, daß vor allem in den Unterhaltungsserien politische Modellidentitäten angeboten werden, die Moralität, Engagementbereitschaft und Zivilcourage propagieren. Diese Dispositionen erscheinen in der deutschen Serienwelt nicht nur als gut und sinnhaft, sondern auch als verbunden mit Spaß und Spannung. Politisches Engagement erfüllt hier durchaus die Anforderungen der Erlebnisgesellschaft. Die Botschaft lautet: Engagement, Selbstverwirklichung und hedonistische Momente widersprechen sich nicht, sondern sie sind bestens miteinander zu verbinden.

Freilich ist zu beobachten, daß diese Synthese einer zeitgemäßen politischen Identität vor allem im mikropolitischen Bereich, in der Politik »vor Ort« zum Zuge kommt und nur selten – wie in der amerikanischen Medienwelt – auch in die Sphäre der großen Politik vorstößt. Letztere nämlich erweist sich in Deutschland häufiger als die Sphäre eines großen Mißtrauens gegenüber den Machenschaften der Mächtigen. Dieser im Gegensatz zu vielen Simplifikationen stehende Hang zur Systemkritik, der sich pikanterweise gerade in den Thriller-Produktionen der privaten Fernsehanbieter nachweisen läßt, mag aber auch gerade als Vorteil des deutschen Politainment erscheinen, insistiert er doch auf kritischer Aufmerksamkeit als wichtigem Grundton der politischen Existenz. In die gleiche Richtung weist auch die Abstinenz von monumental-pathetischen Gesten im Kinofilm. Es ist kein Zufall, daß deutsche Regisseure wie Roland Emmerich ein politisches Filmepos wie *Independence Day* in den USA produzieren. In Deutschland dominieren demgegenüber Distanz und Ironie, was freilich im Modus des Komödiantischen eine positive Grundstimmung nicht ausschließt, wie nicht zuletzt die DDR- und Vereinigungskomödien zeigen.

Vor allem die Serien offenbaren *viertens* ein Bild der Möglichkeit von »guter Politik«, das in seiner konkreten Anschaulichkeit auch ermutigend wirken kann. Die professionell inszenierten Fernseherzählungen verbinden den *Feel-Good*-Faktor mit alltagsnahen Erzählungen, die uns immer wieder zeigen, daß das Engagement in kleinen Schritten durchaus Früchte trägt. Vom umweltpolitischen Einsatz des Waldarbeiters im *Forsthaus Falkenau* bis zur Bürgerinitiative in der *Lindenstraße* lautet die Moral: Der Einsatz lohnt sich! Bemerkenswert vor dem Hintergrund der deutschen Tradition erscheint dabei, daß politisches Handeln auch mit Aktionen zivilen Ungehorsams und mit Formen des Insurrektionshandelns verbunden ist, das sich nicht länger durch Vorschriften und Vorgesetzte binden läßt, wenn das gemeinwohlorientierte Gewissen Handlungsbedarf anzeigt. Damit aber verliert spätestens hier die Unterhaltungskultur den häufig unterstellten affirmativen Charakter. Republikanismus als politische Identität, wie sie im Politainment propagiert wird, ist immer auch eine kritische und auf Veränderung zielende Identität.

Damit kommt *fünftens* die Dimension der politischen Kultur in den Blick. Unterhaltungsöffentlichkeit, wie sie hier beschrieben wurde, stellt ein zentrales Forum zur Vermittlung politisch-kultureller Traditionsbestände und Selbstverständlichkeiten dar. Politainment bietet einen Rahmen zur Inszenierung von »Normalität« und damit auch zur Abgrenzung politisch-kultureller Legitimität. Dies wird besonders deutlich anhand der zivilreligiösen Kategorisierung des Alt- und Neonazismus als das schlechthin Böse in der deutschen Kultur. Hier greifen rigide Ausgrenzungsmechanismen, die durch das Bild des Anderen zugleich erlauben, das je Eigene genauer zu bestimmen. Insofern spielen das Böse und die Werte des politisch Korrekten Hand in Hand. Der Kanon politischer Korrektheit, wie er fast überall in den Unterhaltungsformaten dargeboten wird, bestimmt sich nämlich durch Werte wie Vielfalt der Lebensstile und Interessen, Multikulturalität, Anerkennung des jeweils Anderen, Rehabilitation von Außenseitern, Einsatz für die Schwachen – allesamt Werte, die für das Zusammenleben einer Großgesellschaft im Zeitalter der Globalisierung von großer Relevanz sind. Hier wird schließlich auch die Integrationsfunktion des Politainment sichtbar. Die große Bedrohung für dieses Anerkennungsparadigma stellt in der deutschen Öffentlichkeit nach wie vor das Erbe des historischen Sündenfalls im Nationalsozialismus dar. Vor allem die kriminologischen Ordnungshüter, die mit großem Eifer dem so definierten Bösen nachstellen, erscheinen in diesem Sinne tatsächlich als heilige Krieger der deutschen Zivilreligion.

Unterhaltungsöffentlichkeit ist, dies sei nochmals betont, nicht primär eine aufklärerische Öffentlichkeit. Wer dies erwartet, geht von einer falschen Funktionsbestimmung aus. Und dennoch ist, so viel sollte nach den vorangehenden Untersuchungen festzuhalten sein, kein Grund für apokalyptische Verfallsszenarien gegeben. Denn die Unterhaltungsöffentlichkeit bietet Bilder des Politischen, die im Sinne einer republikanischen politischen Kultur positiv gewertet werden können. Nicht mehr der deutsche Untertan, nicht der Unpolitische oder der politikferne Quietist bevölkern die öffentliche Wahrnehmungswelt deutscher Leinwände und Bildschirme, sondern gewissenhafte Moralisten und engagierte Republikaner.

Das Politische hat sich in der medialen Erlebnisgesellschaft verändert. Politische Akteure müssen sich, wie die Akteure anderer Felder auch, auf stark veränderte Kommunikations- und Vermittlungsbedingungen einstellen. Veränderung ist jedoch nicht immer auch als Verfall zu interpretieren. Politische Öffentlichkeit war etwa zu Zeiten der Versammlungen in der athenischen Polis ganz anders strukturiert als im Diskurs der Flugschriften in der frühen Neuzeit oder im Zeitalter der Massenpresse des 19. Jahrhunderts, ohne daß hier eindimensional ein »Verfall« diagnostiziert werden könnte. Was auf der einen Seite als Defizit erscheint, ist auf der anderen Seite oft mit erweiterten Chancen, neuen Reichweiten und Kommunikationsmöglichkeiten verbunden. Die genaue Bilanz über Vor- und Nachteile des gegenwärtigen Politainment läßt sich jedenfalls weder aus der Perspektive geschichtsphilosophischer Höhenflüge noch aus der Distanz intellektualistischer Kulturkritik, sondern nur aus der konkreten Auseinandersetzung mit den unterhaltungskulturellen Objekten gewinnen. In diesem Sinne wird auch das 21. Jahrhundert genau zu beobachten sein.

Truman Burbank, der unfreiwillige Star einer lebenslänglichen Seifenoper, erlebt seine Flucht aus der *Truman Show* als Befreiung. Die realen Bürger, Wähler und Fernsehzuschauer dagegen suchen immer mehr den Weg in die Medien hinein. Partizipative Formate wie Game- und Talk-Shows oder Docu-Soaps verzeichnen einen ungebrochenen Zulauf, der die Maxime des Medienzeitalters – »ich werde gesendet, also bin ich« – Tag für Tag eindrucksvoll bestätigt. Und diese Verflechtung von Alltag und Medienrealität wird mit der Koppelung von Fernsehen und Internet in den kommenden Jahren weiter voranschreiten. Es ist absehbar, daß die medialen Unterhaltungsimperative das öffentliche Leben dieser Republik in Zukunft noch stärker bestimmen und dafür sorgen, daß die Wahrnehmungswelt des Politischen ohne professionelles Politainment nicht mehr vorstellbar sein wird.

Literatur

Almond, Gabriel A./Verba, Sidney (1963): *The Civic Culture. Political Attitudes and Democracy in Five Nations*. Princeton.

Amend, Heike/Bütow, Michael (Hg.) (1997): *Der bewegte Film. Aufbruch zu neuen deutschen Erfolgen*. Berlin.

Ang, Ien (1985): *Watching Dallas. Soap Opera and the Melodramatic Imagination*. London.

Ault, Wayne Harold (1981): *Show Business and Politics. The Influence of Television, Entertainment Celebrities, and Motion Pictures in American Public Opinion and Political Behavior*. Ph. D. Saint Louis University.

Bailo, Andreas (1996): »TV-Drehs auf Kosten der Steuerzahler«. In: *TV Today* Nr. 24 (1996), 32-34.

Barwise, Patrick T./Ehrenberg, Andrew S. C. (1988): *Television and Its Audience*. London u. a.

Bauman, Zygmunt (1999): »Zerstreuung der Macht«. In: *Die Zeit* Nr. 47, 18. November 1999, 14.

Beck, Ulrich (1986): *Risikogesellschaft. Auf dem Weg in eine andere Moderne*. Frankfurt/M.

– /Beck-Gernsheim, Elisabeth (Hg.) (1994): *Riskante Freiheiten. Individualisierung in modernen Gesellschaften*. Frankfurt/M.

Becker, Wolfgang/Schöll, Norbert (1995): *In jenen Tagen... Wie der deutsche Nachkriegsfilm die Vergangenheit bewältigte*. Opladen.

Bliersbach, Gerhard (1985): *So grün war die Heide. Der deutsche Nachkriegsfilm in neuer Sicht*. Weinheim u. a.

Bonfadelli, Heinz (1994): *Die Wissenskluft-Perspektive. Massenmedien und gesellschaftliche Information*. Konstanz.

Bourdieu, Pierre (1982): *Die feinen Unterschiede. Kritik der gesellschaftlichen Urteilskraft*. Frankfurt/M.

– (1998): *Über das Fernsehen*. Frankfurt/M.

Brownstein, Ronald (1990): *The Power and the Glitter. The Hollywood-Washington Connection*. New York.

Bude, Heinz/Greiner, Thomas (Hg.) (1999): *Westbindungen. Amerika in der Bundesrepublik*. Hamburg.

Cannon, Lou (1982): *Reagan*. New York.

Christensen, Terry (1987): *Reel Politics. American Political Movies from ›Birth of a Nation‹ to ›Platoon‹*. London.

Combs, James (1984): *Polpop. Politics and Popular Culture in America*. Bowling Green.

Dahlgren, Peter (1995): *Television and the Public Sphere. Citizenship, Democracy and the Media*. London u. a.

Dehm, Ursula (1984): *Fernsehunterhaltung: Zeitvertreib, Flucht oder Zwang? Eine sozial-psychologische Studie zum Fernseh-Erleben.* Mainz.

Dichanz, Horst (Hg.) (1998): *Medienforschung. Konzepte, Themen, Ergebnisse.* Bonn.

Dörner, Andreas (1995): »›Rechts‹, aber nicht ›draußen‹. Zur Selbstverortung in den Parteiprogrammen der REPUBLIKANER«. In: Andreas Dörner/Ludgera Vogt (Hg.): *Sprache des Parlaments und Semiotik der Demokratie. Studien zur politischen Kommunikation in der Moderne.* Berlin/New York, 364-395.

– (1998): »Zivilreligion als politisches Drama. Politisch-kulturelle Traditionen in der amerikanischen Medienkultur«. In: Herbert Willems/Martin Jurga (Hg.): *Inszenierungsgesellschaft. Ein einführendes Handbuch.* Opladen/Wiesbaden, 543-565.

– (1999): »Medien und Mythen. Zum politischen Emotionsmanagement in der populären Medienkultur am Beispiel des amerikanischen Films«. In: Ansgar Klein/Frank Nullmeier (Hg.): *Masse – Macht – Emotionen. Zu einer politischen Soziologie der Emotionen.* Opladen, 308-329.

– (2000): *Politische Kultur und Medienunterhaltung. Zur Inszenierung politischer Identitäten in der amerikanischen Film- und Fernsehwelt.* Konstanz.

– /Rohe, Karl (1991): »Politikbegriffe«. In: Everhard Holtmann (Hg.): *Politik-Lexikon.* München/Wien, 449-454.

Dubiel, Helmut (1991): »Zivilreligion in der Massendemokratie?« In: *Soziale Welt* 41 (1991), 124-143.

Durzak, Manfred (1990): »Kojak, Columbo und deutsche Kollegen. Überlegungen zum Fernseh-Serial«. In: Helmut Kreuzer/Karl Prüm (Hg.): *Fernsehsendungen und ihre Formen. Typologie, Geschichte und Kritik des Programms in der Bundesrepublik Deutschland.* Paderborn, 71-93.

Dyer, Richard (1981): »Entertainment and Utopia«. In: Rick Altman (Hg.): *Genre: The Musical. A Reader.* London u. a., 175-189.

Eco, Umberto (1984): *Apokalyptiker und Integrierte. Zur kritischen Kritik der Massenkultur.* Frankfurt/M.

Edelman, Murray (1976): *Politik als Ritual. Die symbolische Funktion staatlicher Institutionen und politischen Handelns.* Frankfurt/New York.

Elsner, Monika u. a. (1994): »Zur Kulturgeschichte der Medien«. In: Klaus Merten u. a. (Hg.): *Die Wirklichkeit der Medien. Eine Einführung in die Kommunikationswissenschaft.* Opladen, 163-187.

Elster, Jon (1998): *Deliberative Democracy*. Cambridge u. a.

Fiske, John (1993): *Power Plays, Power Works*. London.

– (1996): *Media Matters. Race and Gender in U. S. Politics*. Überarb. Auflage. Minneapolis/London.

– (1997): »Populäre Texte, Sprache und Alltagskultur«. In: Andreas Hepp/Rainer Winter (Hg.): *Kultur – Medien – Macht. Cultural Studies und Medienanalyse*. Opladen, 65-84.

Foltin, Hans-Friedrich (1994): »Die Talkshow. Geschichte eines schillernden Genres«. In: Hans Dieter Erlinger/Hans-Friedrich Foltin (Hg.): *Unterhaltung, Werbung und Zielgruppenprogramme* (= Geschichte des Fernsehens der Bundesrepublik Deutschland, Bd. 4). München, 69-111.

Foucault, Michel (1977): *Überwachen und Strafen. Die Geburt des Gefängnisses*. Frankfurt/M.

Franklin, James (1983): *New German Cinema. From Oberhausen to Hamburg*. Boston.

Frey-Vor, Gerlinde (1996): *Langzeitserien im deutschen und britischen Fernsehen. Lindenstraße und East Enders im interkulturellen Vergleich*. Berlin.

Fuller, Linda K. (1992): *The Cosby Show. Audiences, Impact, and Implications*. Westport/London.

Gamson, William A. (1992): *Talking Politics*. Cambridge u. a.

Gebauer, Matthias (1999): »Liebling der Zuschauer«. In: *Die Zeit* Nr. 47, 18. Nov. 1999, 20.

Geißendörfer, Hans W. (1990): »Wie Kunstfiguren zum Leben erwachen – zur Dramaturgie der ›Lindenstraße‹«. In: *Rundfunk und Fernsehen* 38 (1990), 48-55.

Gendron, Bernard (1986): »Theodor Adorno Meets the Cadillacs«. In: Tania Modleski (Hg.): *Studies on Entertainment. Critical Approaches to Mass Culture*. Bloomington/Indianapolis, 18-36.

Giesenfeld, Günter/Prugger, Prisca (1994): »Serien im Vorabend- und Hauptprogramm«. In: Helmut Schanze, Bernhard Zimmermann (Hg.): *Das Fernsehen und die Künste*. München, 349-386.

Goodhardt, Gerald J. u. a. (1987): *The Television Audience. Patterns of Viewing. An Update*. 2. Auflage. Aldershot.

Göttlich, Udo/Nieland, Jörg-Uwe (1997): »Politischer Diskurs als Unterhaltung? Präsentationslogiken von Daily Soaps als Wegweiser«. In: Heribert Schatz u. a. (Hg.): *Machtkonzentration in der Multimediagesellschaft? Beiträge zu einer Neubestimmung des Verhältnisses von politischer und medialer Macht*. Opladen, 188-200.

– (1999): »Politik in der Pop-Arena. Neue Formen der Politikvermittlung«. In: *Transit* 17 (1999), 110-123.

Grimm, Dieter (1996): »Die Marktwirtschaft wird's nicht richten« (Interview). In: *Die Zeit* Nr. 47, 15. Nov. 1996, 59.

Grimm, Jürgen (1999): *Fernsehgewalt. Zuwendungsattraktivität, Erregungsverläufe, sozialer Effekt*. Opladen.

Gross, Peter (1994): *Die Multioptionsgesellschaft*. Frankfurt/M.

Grossberg, Lawrence u. a. (Hg.) (1992): *Cultural Studies*. New York/London.

Hallenberger, Gerd/Foltin, Hans-Friedrich (1990): *Unterhaltung durch Spiel. Die Quizsendungen und Game Shows des deutschen Fernsehens*. Berlin.

Hart, R. P. (1984): *Verbal Style and the Presidency. A Computer-Based Analysis*. Orlando.

Hartley, John (1992): *The Politics of Pictures. The Creation of the Public in the Age of Popular Media*. London/New York.

Hasebrink, Uwe (1994): »Das Publikum verstreut sich. Zur Entwicklung der Fernsehnutzung«. In: Otfried Jarren (Hg.): *Medienwandel – Gesellschaftswandel? 10 Jahre dualer Rundfunk in Deutschland. Eine Bilanz*. Berlin, 265-287.

– (1998): »Politikvermittlung im Zeichen individualisierter Mediennutzung. Zur Informations- und Unterhaltungsorientierung des Publikums«. In: Ulrich Sarcinelli (Hg.): *Politikvermittlung und Demokratie in der Mediengesellschaft. Beiträge zur politischen Kommunikationskultur*. Bonn, 345-367.

Hepp, Andreas (1999): *Cultural Studies und Medienanalyse. Eine Einführung*. Opladen/Wiesbaden.

– /Winter, Rainer (Hg.) (1999): *Kultur – Medien – Macht. Cultural Studies und Medienanalyse*. 2., überarb. und erw. Auflage. Opladen/Wiesbaden.

Hickethier, Knut (1991): *Die Fernsehserie und das Serielle des Fernsehens*. Lüneburg.

– (1992): »Das Programm: Fluß und Gitter«. In: Ders. (Hg.): *Fernsehen. Wahrnehmungswelt, Programminstitution und Marktkonkurrenz*. Frankfurt/M. u. a., 173-180.

Hildebrandt, Matthias (1996): *Politische Kultur und Zivilreligion*. Würzburg.

Hirsch, Alan (1991): *Talking Heads. Political Talk Shows and Their Star Pundits*. New York.

Hitzler, Ronald/Pfadenhauer, Michaela (2000): »Die Lage ist hoffnungslos, aber nicht ernst. (Erwerbs-)Probleme junger Leute heute und die anderen Welten von Jugendlichen«. In: Robert Hettlage/Ludgera Vogt (Hg.): *Identitäten im Umbruch*. Wiesbaden.

Hoffmann, Hilmar (1995): *100 Jahre Film von Lumière bis Spielberg*.

Der deutsche Film im Spannungsfeld internationaler Trends. Düsseldorf.

Hoffmann, Jochen/Sarcinelli, Ulrich (1999): »Politische Wirkungen der Medien«. In: Jürgen Wilke (Hg.): *Mediengeschichte der Bundesrepublik Deutschland*. Bonn, 720-750.

Holtz-Bacha, Christina (1990): *Ablenkung oder Abkehr von der Politik? Mediennutzung im Geflecht politischer Orientierungen*. Opladen.

– (1996): »Massenmedien und Wahlen. Zum Stand der deutschen Forschung – Befunde und Desiderata«. In: Dies./Lynda Lee Kaid (Hg.): *Wahlen und Wahlkampf in den Medien. Untersuchungen aus dem Wahljahr 1994*. Opladen, 9-44.

– (1997): »Das fragmentierte Medien-Publikum. Folgen für das politische System«. In: *Aus Politik und Zeitgeschichte* B42/97, 13-21.

– (1999): »Bundestagswahlkampf 1989 – Modernisierung und Professionalisierung«. In: Dies. (Hg.): *Wahlkampf in den Medien – Wahlkampf mit den Medien. Ein Reader zum Wahljahr 1998*. Opladen/Wiesbaden, 9-23.

Horkheimer, Max/Adorno, Theodor W. (1947): *Dialektik der Aufklärung. Philosophische Fragmente*. Frankfurt/M. 1971.

Jarvie, I. C. (1974): *Film und Gesellschaft. Struktur und Funktion der Filmindustrie*. Stuttgart.

Jary, Micaela (1993): *Traumfabriken made in Germany. Die Geschichte des deutschen Nachkriegsfilms*. Berlin.

Jeismann, Michael (1999): »Ermitteln in der Walpurgisnacht. Die Heilige Johanna der Berliner Republik: ›Wintersaat‹ (ZDF)«. In: *Frankfurter Allgemeine Zeitung*, 16. Januar 1999, 23.

Jewett, Robert/Lawrence, James Shelton (1988): *The American Monomyth*. 2. Auflage. Lanham u. a.

Jhally, Sut/Lewis, Justin (1992): *Enlightened Racism. The Bill Cosby Show, Audiences, and the Myth of the Amerian Dream*. Boulder u. a.

Jurga, Martin (Hg.) (1995): *Lindenstraße. Produktion und Rezeption einer Erfolgsserie*. Opladen.

Just, Marion R. u. a. (1996): *Crosstalk. Citizens, Candidates, and the Media in a Presidential Campaign*. Chicago.

Kalverkämper, Hartwig (1990): »Talk-Show. Eine Gattung in der Antithese«. In: Helmut Kreuzer/Hartmut Prümm (Hg.): *Fernsehsendungen und ihre Formen. Typologie, Geschichte und Kritik des Programms in der Bundesrepublik Deutschland*. Paderborn, 406-426.

Kellner, Douglas (1995): *Cultural Studies, Identity and Politics Between the Modern and the Postmodern*. London/New York.

Kepplinger, Hans Mathias (1998): *Die Demontage der Politik in der Informationsgesellschaft*. Freiburg.

- (1998a): »Zum eigenen Vorteil auf Kosten der Institution. Warum das Ansehen der Führungselite langsam, aber stetig verfällt«. In: *Frankfurter Allgemeine Zeitung*, 18. August 1998.
- /Tullius, Christiane (1995): »Fernsehunterhaltung als Brücke zur Realität. Wie die Zuschauer mit der *Lindenstraße* und dem *Alten* umgehen«. In: *Rundfunk und Fernsehen* 43 (1995), 139-157.

Kiefer, Marie Luise (1999): »Hörfunk- und Fernsehnutzung«. In: Jürgen Wilke (Hg.): *Mediengeschichte der Bundesrepublik Deutschland*. Bonn, 426-447.

Klages, Helmut (1984): *Wertorientierungen im Wandel. Rückblick, Gegenwartsanalyse, Prognosen*. Frankfurt/New York.

- (1994): »Werden wir alle Egoisten? Über die Zukunft des Wertewandels«. In: *Politische Studien* 45 (1994), Heft 336, 35-43.

Kottlorz, Peter (1993): *Fernsehmoral. Ethische Strukturen fiktionaler Fernsehunterhaltung*. Berlin.

Kraus, Petra u. a. (Hg.) (1997): *Deutschland im Herbst. Terrorismus im Film*. München.

Kurt, Ronald (1998): »Der Kampf um Inszenierungsdominanz: Gerhard Schröder im ARD-Politmagazin *ZAK* und Helmut Kohl im *Boulevard Bio*«. In: Herbert Willems/Martin Jurga (Hg.): *Inszenierungsgesellschaft. Ein einführendes Handbuch*. Opladen/Wiesbaden, 565-583.

Lau, Jörg (1998): »Ende einer Dienstfahrt. Eine deutsche Allegorie: Oberinspektor Derrick hängt nach 24 Jahren das Toupet an den Nagel«. In: *Die Zeit* Nr. 15, 2. April 1998, 59.

Leuchtenberg, W. E. (1983): *In the Shadow of FDR – from Harry Truman to Ronald Reagan*. Ithaca, N. Y.

Liebes, Tamar/Katz, Elihu (1993): *The Export of Meaning. Cross-Cultural Readings of Dallas*. Cambridge.

Link, Jürgen/Link-Heer, Ursula (1990): »Diskurs/Interdiskurs und Literaturanalyse«. In: *Zeitschrift für Literaturwissenschaft und Linguistik* 20 (1990), Heft 77, 88-99.

Lübbecke, Ronald (1991): »Helden im grünen Rock. *Forsthaus Falkenau* und *Forstinspektor Buchholz*«. In: *medien praktisch* 4 (1991), 35-38.

Ludes, Peter (1991): *Kulturtransfer und transkulturelle Prozesse. Amerikanisierung und Europäisierung des Fernsehprogramms in der Bundesrepublik*. Heidelberg.

Lüdtke, Alf u. a. (Hg.) (1996): *Amerikanisierung. Traum und Alptraum im Deutschland des 20. Jahrhunderts*. Stuttgart.

Luhmann, Niklas (1996): *Die Realität der Massenmedien*. 2., erw. Auflage. Opladen.

Lüke, Reinhard (1996): »Kanzler auf allen Kanälen«. In: *TV Today*, Heft 22 (1996), 8-10.

Macho, Thomas H. (1993): »Von der Elite zur Prominenz. Zum Strukturwandel politischer Herrschaft«. In: *Merkur* 47 (1993), 762-769.

Maltby, Richard (1995): *Hollywood Cinema. An Introduction*. Oxford/Cambridge.

Martenstein, Harald (1996): *Das hat Folgen. Deutschland und seine Fernsehserien*. Leipzig.

Marx, Karl (1859): »Zur Kritik der Politischen Ökonomie«. In: Karl Marx/Friedrich Engels: *Werke*. Hg. vom Institut für Marxismus-Leninismus beim ZK der SED. Bd. 13. Berlin 1971, 3-161.

– /Engels, Friedrich (1845/46): *Die deutsche Ideologie. Kritik der neuesten deutschen Philosophie in ihren Repräsentanten Feuerbach, B. Bauer und Stirner, und des deutschen Sozialismus in seinen verschiedenen Propheten* (= Karl Marx/Friedrich Engels: *Werke*. Hg. vom Institut für Marxismus-Leninismus beim ZK der SED. Bd. 3). Berlin 1969.

Menefee-Libey, David (2000): *The Triumph of Campaign Centered Politics*. New York u. a.

Merten, Klaus (1977): *Kommunikation. Eine Begriffs- und Prozeßanalyse*. Opladen.

– (1999): *Gewalt durch Gewalt im Fernsehen?* Opladen.

Metz, Christian (1974): *Semiologie des Films*. München.

Meyer, Thomas/Kampmann, Martina (1998): *Politik als Theater. Die neue Macht der Darstellungskunst*. Berlin.

Meyer, Thomas u. a. (2000): *Die Inszenierung des Politischen. Zur Theatralität von Mediendiskursen*. Wiesbaden.

Meyn, Hermann (1999): *Massenmedien in Deutschland*. Überarb. und aktualisierte Auflage. Konstanz.

Meyrowitz, Joshua (1985): *No Sense of Place. The Impact of Electronic Media on Social Behavior*. New York/Oxford.

Montgomery, Kathryn C. (1989): *Target Prime Time. Advocacy Groups and the Struggle over Entertainment Television*. New York/Oxford.

Morley, David (1980): *The Nationwide Audience*. London.

– (1986): *Family Television. Cultural Power and Domestic Leisure*. London.

– (1992): *Television, Audiences, and Cultural Studies*. London/New York.

Müller, Albrecht (1999): *Von der Parteiendemokratie zur Mediendemokratie. Beobachtungen zum Bundestagswahlkampf 1998 im Spiegel früherer Erfahrungen*. Opladen.

Müller, Marion G. (1999): »Parteienwerbung im Bundestagswahlkampf

1998. Eine qualitative Produktionsanalyse politischer Werbung«. In: *Media Perspektiven* 9 (1999), 251-261.

Münkler, Herfried (1988): »Siegfrieden«. In: Ders./Wolfgang Storch: *Siegfrieden. Politik mit einem deutschen Mythos*. Berlin, 49-142.

– (1995): »Die Visibilität der Macht und die Strategien der Machtvisualisierung«. In: Gerhard Göhler (Hg.): *Macht der Öffentlichkeit – Öffentlichkeit der Macht*. Baden-Baden, 213-230.

– (1997): »Der kompetente Bürger«. In: Ansgar Klein/Rainer Schmalz-Bruns (Hg.) (1997): *Politische Beteiligung und Bürgerengagement in Deutschland*. Bonn.

Munson, Wayne (1993): *All Talk. The Talk Show in Media Culture*. Philadelphia.

Murdock, Graham/Golding, Peter (1977): »Capitalism, Communication and Class Relations«. In: James Curran u. a. (Hg.): *Mass Communication and Society*. London, 12-44.

Neckel, Sighard (1995): »Krähwinkel und Kabylei. Mit Pierre Bourdieu durch Deutschlands Kultursoziologie«. In: *Merkur* 49 (1995) (Themenheft: Unterschiede. Über Kulturkämpfe), 935-941.

Neidhardt, Friedhelm (1994): »Öffentlichkeit, öffentliche Meinung, soziale Bewegungen«. In: Ders. (Hg.): *Öffentlichkeit, öffentliche Meinung, soziale Bewegungen* (= Kölner Zeitschrift für Soziologie und Sozialpsychologie, Sonderheft 34). Opladen, 7-41.

Neverla, Irene (1992): *Fernseh-Zeit. Zuschauer zwischen Zeitkalkül und Zeitvertreib. Eine Untersuchung zur Fernsehnutzung*. München.

Nieland, Jörg-Uwe/Schicha, Christian (Hg.) (2000): *Infotainment und Aspekte medialer Wahrnehmung* (= RISP Arbeitspapier 1/2000). Duisburg.

Nimmo, Dan D./Combs, James E. (1980): *Subliminal Politics. Myths and Mythmakers in America*. Englewood Cliffs.

Norris, Pippa (1996): »Does Television Erode Social Capital? A Reply to Putnam«. In: *PS: Political Science & Politics* 29 (1996), 474-480.

Peters, Bernhard (1994): »Der Sinn von Öffentlichkeit«. In: Friedhelm Neidhardt (Hg.): *Öffentlichkeit, öffentliche Meinung, soziale Bewegungen* (= Kölner Zeitschrift für Soziologie und Sozialpsychologie, Sonderheft 34). Opladen, 42-76.

Pfetsch, Barbara (1991): *Politische Folgen der Dualisierung des Rundfunksystems in der Bundesrepublik Deutschland. Konzepte und Analysen zum Fernsehangebot und zum Publikumsverhalten*. Baden-Baden.

Plake, Klaus (1999): *Talkshows. Die Industrialisierung der Kommunikation*. Darmstadt.

Pross, Harry (1984): *Medium Kitsch und Medienkitsch*. Berlin.

Radunski, Peter (1996): »Politisches Kommunikationsmanagement. Die Amerikanisierung der Wahlkämpfe«. In: Bertelsmann Stiftung (Hg.): *Politik überzeugend vermitteln. Wahlkampfstrategien in Deutschland und den USA*. Gütersloh, 33-52.

Reichertz, Jo (1996): »Trauung, Trost und Wunder. Formen, Praktiken und Funktion des Religiösen im Fernsehen«. In: *medien praktisch 20* (1996), Heft 4, 4-10.

– (2000): Alles wird gut. Konstanz.

Rosenstiel, Tom (1993): *Strange Bedfellows. How Television and the Presidential Candidates Changed American Politics*. New York.

Rybarczyk, Christoph (1997): *Great Communicators? Der Präsident, seine PR, die Medien und ihr Publikum. Eine Studie zur politischen Kommunikation in den USA*. Hamburg.

Safranski, Rüdiger (1997): *Das Böse oder Das Drama der Freiheit*. München, Wien.

Sarcinelli, Ulrich (1987): *Symbolische Politik. Zur Bedeutung symbolischen Handelns in der Wahlkampfkommunikation der Bundesrepublik Deutschland*. Opladen.

– (Hg.) (1998): *Politikvermittlung und Demokratie in der Mediengesellschaft*. Bonn.

– (1998a): »Repräsentation oder Diskurs? Legitimität und politische Kommunikation«. In: *Zeitschrift für Politikwissenschaft* 8 (1998), 549-569.

– (1998b): »Politische Inszenierung im Kontext des aktuellen Politikvermittlungsgeschäfts«. In: Sabine Arnold u. a. (Hg.): *Politische Inszenierung im 20. Jahrhundert*. Frankfurt/M. u. a., 146-157.

Saxer, Ulrich (1998): »Mediengesellschaft. Verständnisse und Mißverständnisse«. In: Ulrich Sarcinelli (Hg.): *Politikvermittlung und Demokratie in der Mediengesellschaft. Beiträge zur politischen Kommunikationskultur*. Bonn, 52-71.

Schieder, Rolf (1987): *Civil Religion. Die religiöse Dimension der politischen Kultur*. Gütersloh.

Schildt, Axel (1995): *Moderne Zeiten. Freizeit, Massenmedien und »Zeitgeist« in der Bundesrepublik der 50er Jahre*. Hamburg.

Schmidt, Siegfried J. (1994): *Kognitive Autonomie und soziale Orientierung. Konstruktivistische Bemerkungen zum Zusammenhang von Kognition, Kommunikation, Medien und Kultur*. Frankfurt/M.

Schneider, Irmela (Hg.) (1992): *Amerikanische Einstellung. Deutsches Fernsehen und US-amerikanische Produktionen*. Heidelberg.

– (1994): »Ein Weg zur Alltäglichkeit. Spielfilme im Fernsehprogramm«. In: Helmut Schanze/Bernhard Zimmermann (Hg.): *Das Fernsehen und die Künste*. München, 227-302.

– (Hg.) (1995): *Serien-Welten. Strukturen US-amerikanischer Serien aus vier Jahrzehnten*. Opladen.

Schulz, Winfried (1997): *Politische Kommunikation. Theoretische Ansätze und Ergebnisse empirischer Forschung zur Rolle der Massenmedien in der Politik*. Opladen.

– (1998): »Wahlkampf unter Vielkanalbedingungen. Kampagnenmanagement, Informationsnutzung und Wählerverhalten«. In: *Media Perspektiven* 8 (1998), 378-391.

Schulze, Gerhard (1992): *Die Erlebnisgesellschaft. Kultursoziologie der Gegenwart*. Frankfurt/New York.

Schümer, Dirk (1992): *Gott ist rund. Die Kultur des Fußballs*. Berlin.

Schütz, Alfred (1971): *Gesammelte Aufsätze*, Bd. 1: »Das Problem der sozialen Wirklichkeit«. Amsterdam.

Seeßlen, Georg (1999): »Jakob und seine Brüder. Neue Spielfilm-Bilder von Faschismus und Holocaust«. In: *Die Zeit*, Nr. 46, 11. Nov. 1999, 43-44.

Seidl, Claudius (1987): *Der deutsche Film der fünfziger Jahre*. München.

Sennett, Richard (1983): *Verfall und Ende des öffentlichen Lebens. Die Tyrannei der Intimität*. Frankfurt/M.

Simmel, Georg (1917): *Grundfragen der Soziologie. Individuum und Gesellschaft*. Leipzig.

Soeffner, Hans-Georg (Hg.) (1988): *Kultur und Alltag* (= Soziale Welt, Sonderheft 6). Göttingen.

– (1992): »Die Inszenierung von Gesellschaft – Wählen als Freizeitgestaltung«. In: Ders.: *Die Ordnung der Rituale. Die Auslegung des Alltags* 2. Frankfurt/M., 157-176.

Strasser, Hermann/Graf, Achim (2000): »Schmidteinander ins 21. Jahrhundert? Auf dem Weg in die Spaß- und Spottgesellschaft«. In: *Aus Politik und Zeitgeschichte* B12/2000, 7-16.

Stumm, Mascha-Maria (1996): *Unterhaltungstheoreme bei Platon und Aristoteles. Eine Rückkehr zu den Ursprüngen der Diskussion um Funktionen und Wirkungen von Unterhaltung und der Versuch einer Auswertung fachfremder Literatur als Beitrag zur Klärung des kommunikationswissenschaftlichen Unterhaltungsbegriffes*. Berlin.

Thomsen, Christian W. (Hg.) (1989): *Cultural Transfer or Electronic Imperialism? The Impact of American Television Programs on European Television*. Heidelberg.

Turner, Graeme (1996): *British Cultural Studies. An Introduction*. 2. Auflage. London.

Virtel, Martin (1996): »Teure Klinik unter Palmen«. In: *Die Zeit* Nr. 40, 27. September 1996, 36.

Vogt, Ludgera (1994): »›Kunst‹ oder ›Kitsch‹ – ein ›feiner Unterschied‹?

Zur Soziologie ästhetischer Wertung«. In: *Soziale Welt* 45 (1994), 363-384.

– (1995): »Die Hüter der Differenz. Über televisionäre Literaturkritik«. In: *Merkur* 49 (1995, Themenheft: Unterschiede. Über Kulturkämpfe), 942-948.

– (1999): »›Wunder gibt es immer wieder‹. Zur Wiederverzauberung der Welt in der deutschen Unterhaltungskultur – das Guildo-Horn-Phänomen«. In: Anne Honer u. a. (Hg.): *Diesseitsreligion. Zur Deutung der Bedeutung moderner Kultur* (Festschrift zum 60. Geburtstag von Hans-Georg Soeffner). Konstanz, 305-321.

Weber, Max (1976): *Wirtschaft und Gesellschaft. Grundriß der verstehenden Soziologie.* 5. Auflage. Tübingen.

Westermann, Bärbel (1990): *Nationale Identität im Spielfilm der fünfziger Jahre.* Frankfurt/M. u. a.

Wichterich, Christa (1979): *Unsere Nachbarn heute Abend. Familienserien im Fernsehen.* Frankfurt/New York.

Wildavsky, Aaron (1987): »Choosing Preferences by Constructing Institutions. A Cultural Theory of Preference Formation«. In: *American Political Science Review* 81 (1987), 3-22.

Williams, Raymond (1974): *Television. Technology and Cultural Form.* London.

Winter, Rainer (1992): *Filmsoziologie. Eine Einführung in das Verhältnis von Film, Kultur und Gesellschaft.* Berlin.

Wisnewski, Gerhard u. a. (1992): *Das RAF-Phantom. Wozu Politik und Wirtschaft Terroristen brauchen.* München.

Wittwen, Andreas (1995): *Infotainment. Fernsehnachrichten zwischen Information und Unterhaltung.* Bern u. a.

Zeh, Reimar/Hagen, Lutz M. (1999): »›Nun zum Sport...‹ und andere kurzfristige Effekte von Fernsehnachrichten auf die Wahlabsicht im Bundestagswahlkampf 1998«. In: Christina Holtz-Bacha (Hg.): *Wahlkampf in den Medien – Wahlkampf mit den Medien. Ein Reader zum Wahljahr 1998.* Opladen/Wiesbaden, 188-217.

NF 318/1/12.00

Geschichte und Politik
in der edition suhrkamp
Eine Auswahl

Hannah Arendt revisited. »Eichmann in Jerusalem« und die
Folgen. Herausgegeben von Gary Smith. es 2135. 320 Seiten

Stephen Bronner. Augenblicke der Entscheidung. Übersetzt
von Petra Willim. es 1981. 247 Seiten

Marie-Janine Calic. Der Krieg in Bosnien-Hercegovina.
Ursachen – Konfliktstrukturen – Internationale Lösungsver-
suche. es 1943. 256 Seiten

Lorraine Daston. Vom Nutzen und Nachteil der Historie für
die Wissenschaften. es 2199. 80 Seiten

Kurt Eisner. Zwischen Kapitalismus und Kommunismus.
Herausgegeben und mit einer biographischen Einführung
versehen von Freya Eisner. Mit Abbildungen.
es 1982. 311 Seiten

Europa im Krieg. Die Debatte über den Krieg im ehemaligen
Jugoslawien. es 1809. 157 Seiten

Richard J. Evans. Im Schatten Hitlers? Historikerstreit und
Vergangenheitsbewältigung in der Bundesrepublik. Übersetzt
von Jürgen Blasius. es 1637. 283 Seiten

Fluchtpunkt Europa. Migration und Multikultur. Herausgegeben von Martina Fischer. es 2062. 248 Seiten

NF 315/3/11.00

Von der Risikogesellschaft zur Chancengesellschaft. Herausgegeben von Erwin Teufel. es 2209. 300 Seiten

Was hält die moderne Gesellschaft zusammen? Herausgegeben von Erwin Teufel. es 1977. 340 Seiten

Der Zusammenbruch der DDR. Soziologische Analysen. Herausgegeben von Hans Joas und Martin Kohli. es 1777. 325 Seiten

Eine kleine Geschichte ...

Eine kleine Geschichte Brasiliens. Von Walther L. Bernecker, Horst Pietschmann und Rüdiger Zoller. es 2150. 368 Seiten

Kleine Geschichte Haitis. Von Walther L. Bernecker. Unter Mitarbeit von Sören Brinkmann und Patrick Ernst. Mit Abbildungen. es 1994. 220 Seiten

Eine kleine Geschichte Polens. Von Rudolf Jaworski, Christian Lübke. Michael G. Müller. es 2179. 384 Seiten

Eine kleine Geschichte der Schweiz. Der Bundesstaat und seine Traditionen. Von Manfred Hettling, Mario König, Martin Schaffner, Andreas Suter, Jakob Tanner. es 2079. 322 Seiten

Eine kleine Geschichte Ungarns. Von Holger Fischer und Konrad Gündisch. es 2114. 302 Seiten

Neuere deutschsprachige Literatur
im Suhrkamp Verlag
Eine Auswahl

Kurt Aebli
- Frederik. Erzählung. 109 Seiten. Gebunden
- Küß mich einmal ordentlich. Prosa. es 1618. 106 Seiten
- Mein Arkadien. Prosa. es 1885. 115 Seiten
- Die Uhr. Gedichte. es 2186. 90 Seiten

Gion M. Cavelty
- ad absurdum oder Eine Reise ins Buchlabyrinth.
  es 2031. 110 Seiten
- Endlich Nichtleser. st 3131. 120 Seiten
- Quifezit oder Eine Reise im Geigenkoffer.
  es 2001. 106 Seiten
- Tabula rasa oder Eine Reise ins Reich des Irrsinns.
  es 2076. 107 Seiten

Kurt Drawert
- Alles ist einfach. Stück in sieben Szenen. es 1951. 116 Seiten
- Haus ohne Menschen. Zeitmitschriften. es 1831. 120 Seiten
- Privateigentum. Gedichte. es 1584. 138 Seiten
- Spiegelland. Ein deutscher Monolog. es 1715. 157 Seiten
- Steinzeit. es 2151. 160 Seiten

Esther Dischereit
- Joëmis Tisch. Eine jüdische Geschichte. es 1492. 122 Seiten
- Merryn. 118 Seiten. Gebunden
- Übungen, jüdisch zu sein. Aufsätze. es 2067. 150 Seiten

Oswald Egger
- Herde der Rede. Poem. es 2109. 380 Seiten

Werner Fritsch
- Aller Seelen. Golgatha. Stücke und Materialien.
  es 3402. 200 Seiten
- Cherubim. 254 Seiten. Gebunden
- Es gibt keine Sünde im Süden des Herzens. Stücke.
  es 2117. 302 Seiten
- Fleischwolf. Gefecht. es 1650. 112 Seiten
- Jenseits. Erzählung. 72 Seiten. Gebunden.
- Die lustigen Weiber von Wiesau. Stück und Materialien.
  es 3400. 189 Seiten
- Stechapfel. Legende. 102 Seiten. Gebunden
- Steinbruch. es 1554. 53 Seiten

Rainald Goetz
- Abfall für alle. Roman eines Jahres. 800 Seiten. Broschur
- Celebration. Texte und Bilder zur Nacht. es 2118. 286 Seiten
- Dekonspiratione. Erzählung. 140 Seiten
- Festung. Stücke. es 1793. 295 Seiten
- Hirn/Krieg. es 1320. 508 Seiten
- Irre. Roman. Mit zahlreichen Abbildungen.
  st 1224. 331 Seiten
- Jeff Koons. Stück. 159 Seiten. Englische Broschur
- Kontrolliert. st 1836. 281 Seiten
- Kronos. Berichte. es 1795. 401 Seiten
- Rave. Erzählung. 1998. 271 Seiten. Leinen

Durs Grünbein
- Falten und Fallen. Gedichte. 124 Seiten. Gebunden
- Galilei vermißt Dantes Hölle und bleibt an den Maßen hängen. Aufsätze 1989-1995. 269 Seiten. Gebunden
- Grauzone morgens. Gedichte. es 1507. 93 Seiten
- Nach den Satiren. Gedichte. 1999. 250 Seiten. Gebunden
- Schädelbasislektion. Gedichte. 154 Seiten. Gebunden
- Den Teuren Toten. 33 Epitaphe. 48 Seiten. Büttenbroschur

NF 313/2/6.00

Norbert Gstrein
- Anderntags. Erzählung. es 1625. 116 Seiten
- Einer. Erzählung. es 1483. 118 Seiten
- Die englischen Jahre. Roman. 360 Seiten. Gebunden
- Der Kommerzialrat. Bericht. st 2718. 148 Seiten
- O2. Novelle. st 2476. 170 Seiten
- Das Register. Roman. st 2298. 230 Seiten
- Selbstportrait mit einer Toten. Roman. 112 Seiten. Gebunden

Katharina Hacker
- Der Bademeister. Roman. 210 Seiten. Gebunden
- Morpheus oder Der Schnabelschuh. es 2092. 126 Seiten
- Tel Aviv. Eine Stadterzählung. es 2008. 145 Seiten

Joachim Helfer
- Cohn & König. Roman. st 3120. 232 Seiten
- Du Idiot Roman. st 2998. 268 Seiten

Peter Henning
- Aus der Spur. Erzählung. st 3156. 120 Seiten
- Tod eines Eisvogels. Roman. st 2908. 135 Seiten

Daniel Kehlmann
- Beerholms Vorstellung. Roman. 288 Seiten
- Mahlers Zeit. Roman. 160 Seiten. Gebunden
- Unter der Sonne. Erzählungen. 112 Seiten

Gerhard Kelling
- Beckersons Buch. Roman. 1999. 269 Seiten. Gebunden

Ady Henry Kiss
- Atlantic City. Erzählungen. st 2838. 230 Seiten
- Baker's Barn. Roman. st 2633. 338 Seiten
- Canyons. Roman. st 3096. 160 Seiten
- Manhatten II. Roman. st 2416. 152 Seiten

NF 313/3/6.00

Barbara Köhler
- Blue Box. Gedichte. 59 Seiten. Leinen
- Deutsches Roulette. Gedichte. es 1642. 85 Seiten
- Wittgensteins Nichte. vermischte schriften / mixed media.
  es 2153. 175 Seiten

Uwe Kolbe
- Abschiede. Und andere Liebesgedichte. es 1178. 82 Seiten
- Bornholm II. Gedichte. es 1402. 106 Seiten
- Hineingeboren. Gedichte. 1975-1979. es 1110. 137 Seiten
- Nicht wirklich platonisch. Gedichte. 98 Seiten
- Renegatentermine. 228 Seiten
- Vaterlandkanal. Ein Fahrtenbuch. 86 Seiten
- Vineta. Gedichte. 1998. 68 Seiten. Gebunden

Christian Lehnert
- Der Augen Aufgang. Gedichte. es 2101. 100 Seiten
- Der gefesselte Sänger. Gedichte. es 2028. 92 Seiten

Jo Lendle
- Unter Mardern. es 2111. 100 Seiten

Andreas Maier
- Wäldchestag. Roman. 350 Seiten

Thomas Meinecke
- The Church of John F. Kennedy. Roman. 245 Seiten
- Holz. Erzählung. st 3010. 112 Seiten
- Mode & Verzweiflung. st 2821. 129 Seiten
- Tomboy. Roman. st 3118. 251 Seiten

Bodo Morshäuser
- Die Berliner Simulation. Erzählung. 138 Seiten
- Blende. Erzählung. 161 Seiten. Broschur
- Hauptsache Deutsch. 1992. es 1626. 205 Seiten

NF 313/6/6.00